全国计算机技术与软件专业技术资格（水平）考试指定用书

信息系统项目管理师
2018至2022年试题分析与解答

计算机技术与软件专业技术资格考试研究部　主编

U0299207

清華大学出版社
北京

内 容 简 介

信息系统项目管理师考试是计算机技术与软件专业技术资格（水平）考试的高级职称考试，是历年各级考试报名的热点之一。本书汇集了从2018年到2022年的所有试题和权威的解析，欲参加考试的考生认真读懂本书的内容后，将会更加深入理解考试的出题思路，发现自己的知识薄弱点，使学习更加有的放矢，对提升通过考试的信心会有极大的帮助。

本书适合参加信息系统项目管理师考试的考生备考使用。

图书在版编目（CIP）数据

信息系统项目管理师2018至2022年试题分析与解答/计算机技术与软件专业技术资格考试研究部主编.—北京：清华大学出版社，2024.5

全国计算机技术与软件专业技术资格（水平）考试指定用书

ISBN 978-7-302-66332-4

Ⅰ.①信... Ⅱ.①计... Ⅲ.①信息系统－项目管理－资格考试－题解 Ⅳ.①G202-44

中国国家版本馆CIP数据核字(2024)第105903号

责任编辑：杨如林 邓甄臻
封面设计：杨玉兰
责任校对：胡伟民
责任印制：刘海龙

出版发行：清华大学出版社
　　　　　网　　址：https://www.tup.com.cn，https://www.wqxuetang.com
　　　　　地　　址：北京清华大学学研大厦A座　　　　邮　　编：100084
　　　　　社 总 机：010-83470000　　　　　　　　　　邮　　购：010-62786544
　　　　　投稿与读者服务：010-62776969，c-service@tup.tsinghua.edu.cn
　　　　　质量反馈：010-62772015，zhiliang@tup.tsinghua.edu.cn
印 装 者：三河市人民印务有限公司
经　　销：全国新华书店
开　　本：185mm×230mm　　　印　张：20.25　　　防伪页：1　　字　数：515千字
版　　次：2024年5月第1版　　　　　　　　　　　印　次：2024年5月第1次印刷
定　　价：79.00元

产品编号：103170-01

前　言

根据国家有关的政策性文件，全国计算机技术与软件专业技术资格（水平）考试（以下简称"计算机软件考试"）已经成为计算机软件、计算机网络、计算机应用、信息系统、信息服务领域高级工程师、工程师、助理工程师（技术员）国家职称资格考试。而且，根据信息技术人才年轻化的特点和要求，报考这种资格考试不限学历与资历条件，以不拘一格选拔人才。现在，软件设计师、程序员、网络工程师、数据库系统工程师、系统分析师、系统架构设计师和信息系统项目管理师等资格的考试标准已经实现了中国与日本互认，程序员和软件设计师等资格的考试标准已经实现了中国和韩国互认。

计算机软件考试规模发展很快，年报考规模已超过 100 万人，至今累计报考人数超过 900 万。

计算机软件考试已经成为我国著名的 IT 考试品牌，其证书的含金量之高已得到社会的公认。计算机软件考试的有关信息见网站www.ruankao.org.cn中的资格考试栏目。

对考生来说，学习历年试题分析与解答是理解考试大纲的最有效、最具体的途径之一。

为帮助考生复习备考，计算机技术与软件专业技术资格考试研究部汇集了信息系统项目管理师2018 至 2022 年的试题分析与解答，以便于考生测试自己的水平，发现自己的弱点，更有针对性、更系统地学习。

计算机软件考试的试题质量高，包括了职业岗位所需的各个方面的知识和技术，不但包括技术知识，还包括法律法规、标准、专业英语、管理等方面的知识；不但注重广度，而且还有一定的深度；不但要求考生具有扎实的基础知识，还要具有丰富的实践经验。

这些试题中，包含了一些富有创意的试题，一些与实践结合得很好的试题，一些富有启发性的试题，具有较高的社会引用率，对学校教师、培训指导者、研究工作者都是很有帮助的。

由于编者水平有限，时间仓促，书中难免有错误和疏漏之处，诚恳地期望各位专家和读者批评指正，对此，我们将深表感激。

编　者

2024 年 4 月

目　录

第1章 2018 上半年信息系统项目管理师
上午试题分析与解答

试题（1）

我国在"十三五"规划纲要中指出要加快信息网络新技术开发应用，以拓展新兴产业发展空间。纲要中提出将培育的新一代信息技术产业创新重点中不包括__(1)__。

(1) A．人工智能 　　　　　　　　B．移动智能终端
　　 C．第四代移动通信 　　　　　 D．先进传感器

试题（1）分析

参考《信息系统项目管理师教程》（第 3 版）[①]1.7.1 小节。

我国在"十三五"规划纲要中将培育人工智能、移动智能终端、第五代移动通信（5G）、先进传感器等作为新一代信息技术产业创新重点发展，拓展新兴产业发展空间。

参考答案

（1）C

试题（2）

智能具有感知、记忆、自适应等特点，能够存储感知到的外部信息及由思维产生的知识，同时能够利用已有的知识对信息进行分析、计算、比较、判断、联想和决策属于智能的__(2)__能力。

(2) A．感知 　　　　　　　　　　B．记忆和思维
　　 C．学习和自适应 　　　　　　D．行为决策

试题（2）分析

参考《信息系统项目管理师教程》（第 3 版）1.7.6 小节。

智能一般具有这样一些特点：一是具有感知能力，即具有能够感知外部世界、获取外部信息的能力，这是产生智能活动的前提条件和必要条件；二是具有记忆和思维能力，即能够存储感知到的外部信息及由思维产生的知识，同时能够利用已有的知识对信息进行分析、计算、比较、判断、联想、决策；三是具有学习能力和自适应能力，即通过与环境的相互作用，不断学习、积累知识，使自己能够适应环境变化；四是具有行为决策能力，即对外界的刺激做出反应，形成决策并传达相应的信息。

参考答案

（2）B

---

① 本章提及的《信息系统项目管理师教程》（第 3 版）为全国计算机技术与软件专业技术资格（水平）考试指定用书，由清华大学出版社出版。

试题（3）

某快消品连锁企业委托科技公司 A 开发部署电子商务平台。A 公司根据系统设计任务书所确定的范围，确定系统的基本目标和逻辑功能要求，提出新系统的逻辑模型。这属于信息系统生命周期中　(3)　阶段的工作。

（3）A．系统规划　　　　　　　　　　B．系统分析

　　　C．系统设计　　　　　　　　　　D．系统实施

试题（3）分析

参考《信息系统项目管理师教程》（第 3 版）1.1.4 小节。

系统分析阶段又称为逻辑设计阶段。系统分析阶段的任务是根据系统设计任务书所确定的范围，对现行系统进行详细调查，描述现行系统的业务流程，指出现行系统的局限性和不足之处，确定新系统的基本目标和逻辑功能要求，即提出新系统的逻辑模型。

参考答案

（3）B

试题（4）

区块链 2.0 技术架构自下而上分为数据层、网络层、共识层、激励层、智能合约层。数据传播机制、数据验证机制属于其中的　(4)　。

（4）A．数据层　　　　B．网络层　　　　C．共识层　　　　D．激励层

试题（4）分析

参考工信部指导发布的《中国区块链技术和应用发展白皮书（2016）》。

数据传播机制、数据验证机制属于区块链 2.0 技术架构中的网络层。

参考答案

（4）B

试题（5）

区块链是　(5)　、点对点传输、共识机制、加密算法等计算机技术的新型应用模式。

（5）A．数据仓库　　　　　　　　　　B．中心化数据库

　　　C．非链式数据结构　　　　　　　D．分布式数据存储

试题（5）分析

参考《2014—2016 全球比特币发展研究报告》。

区块链是一种按照时间顺序将数据区块以顺序相连的方式组合成的链式数据结构。区块链的技术特点是分布式数据存储。《2014—2016 全球比特币发展研究报告》提到区块链本质上是一个去中心化的数据库。

参考答案

（5）D

试题（6）

某云计算服务商向电信运营商提供计算能力、存储空间及相应的运营管理服务。按照云计算服务提供的资源层次，该服务类型属于　(6)　。

（6）A．IaaS　　　　B．CaaS　　　　C．PaaS　　　　D．SaaS

试题（6）分析

参考《信息系统项目管理师教程》（第 3 版）1.5.2 小节。

IaaS（基础设施即服务）向用户提供计算能力、存储空间等基础设施方面的服务。这种服务模式需要较大的基础设施投入和长期运营管理经验。

参考答案

（6）A

试题（7）

老于是某银行的系统架构师，他为银行投资管理系统设计的软件架构包括进程通信和事件驱动的系统，该软件架构风格属于　(7)　。

（7）A．数据流风格　　　B．独立构件风格　　　C．仓库风格　　　D．虚拟机风格

试题（7）分析

参考《信息系统项目管理师教程》（第 3 版）1.4.2 小节。

架构风格反映了领域中众多系统所共有的结构和语义特性。独立构件风格包括进程通信和事件驱动的系统。

参考答案

（7）B

试题（8）

办公软件开发公司 A 非常重视软件过程管理，按照 CMMI（能力成熟度模型）逐步进行过程改进，刚刚实现了组织级过程性能、定量项目管理，按照 CMMI，A 公司达到了　(8)　级别。

（8）A．CMMI2　　　B．CMMI3　　　C．CMMI4　　　D．CMMI5

试题（8）分析

参考《信息系统项目管理师教程》（第 3 版）1.4.4 小节。

CMMI4 级是量化管理级，可进行组织级过程性能、定量项目管理。

参考答案

（8）C

试题（9）

软件测试是发现软件错误（缺陷）的主要手段，软件测试方法可分为静态测试和动态测试，其中　(9)　属于静态测试。

（9）A．代码走查　　　B．功能测试　　　C．黑盒测试　　　D．白盒测试

试题（9）分析

参考《信息系统项目管理师教程》（第 3 版）1.4.5 小节。

代码的静态测试一般采用桌前检查、代码走查、代码审查。动态测试一般采用白盒测试和黑盒测试方法。白盒测试也称为结构测试。

参考答案

（9）A

试题（10）

结束软件测试工作时，应按照软件配置管理的要求，将 （10） 纳入配置管理。

（10）A．全部测试工具　　　　　　　　　B．被测试软件

　　　　C．测试支持软件　　　　　　　　　D．以上都是

试题（10）分析

参考《信息系统项目管理师教程》（第 3 版）1.4.5 小节中的软件测试管理。

结束软件测试工作，一般应达到准出条件，其中包括全部测试工具、被测试软件、测试支持软件、评审结果已纳入配置管理。

参考答案

（10）D

试题（11）

企业应用集成技术（EAI）可以消除信息孤岛，将多个企业信息系统连接起来，实现无缝集成。EAI 包括多个层次和方面，其中在业务逻辑层上对应用系统进行黑盒集成的，属于 （11） 。

（11）A．数据集成　　B．控制集成　　C．表示集成　　D．业务流程集成

试题（11）分析

参考《信息系统项目管理师教程》（第 3 版）1.4.6 小节。

控制集成也称为功能集成或应用集成，是在业务逻辑层上对应用系统进行集成。

参考答案

（11）B

试题（12）

根据 GB/T 11457—2006《软件工程术语》，由某人、某小组或借助某种工具对源代码进行的独立的审查，以验证其是否符合软件设计文件和程序设计标准，称为 （12） 。

（12）A．桌面检查　　B．代码评审　　C．代码走查　　D．代码审计

试题（12）分析

参考《信息系统项目管理师教程》（第 3 版）26.5.2 小节。

代码审计：由某人、某小组或借助某种工具对源代码进行的独立的审查，以验证其是否符合软件设计文件和程序设计标准，还可能对正确性和有效性进行估计。

参考答案

（12）D

试题（13）

根据 GB/T 16260.1—2006《软件工程 产品质量》，软件产品使用质量特性中的可靠性，是指与软件在规定的一段时间内和规定的条件下维持其性能水平有关的一组软件属性。 （13） 不属于可靠性质量特性。

（13）A．安全性　　　　B．成熟性　　　　C．容错性　　　　D．可恢复性

试题（13）分析

参考《信息系统项目管理师教程》（第 3 版）26.5.5 小节。

可靠性包括成熟性、容错性、可恢复性。安全性属于功能性质量特性。

参考答案

（13）A

试题（14）

根据 GB/T 14394—2008《计算机软件可靠性和可维护性管理》，软件开发各阶段都要进行评审，与软件可靠性和可维护性有关的评审要求中，　（14）　不属于需求评审的内容。

（14）A. 测试用例　　　　　　　　　　　B. 可靠性和可维护性目标

　　　C. 实施计划　　　　　　　　　　　D. 验证方法

试题（14）分析

参考《计算机软件可靠性和可维护性管理》4.1.3.2 小节。

GB/T 14394—2008《计算机软件可靠性和可维护性管理》4.1.3.2 小节指出：在需求活动中的可靠性和可维护性管理要求为，分析和确定软件可靠性和可维护性的具体设计目标，确保与研制任务书或合同中相应要求的可追踪性，制订实施计划，制定各实施阶段的基本准则，确定各实施阶段的验证方法。

参考答案

（14）A

试题（15）

信息系统设备安全是信息系统安全的重要内容，其中设备的　（15）　是指设备在一定时间内不出故障的概率。

（15）A. 完整性　　　　B. 稳定性　　　　C. 可靠性　　　　D. 保密性

试题（15）分析

参考《信息系统项目管理师教程》（第 3 版）1.6.1 小节。

信息系统设备的稳定性是指设备在一定时间内不出故障的概率。

参考答案

（15）B

试题（16）

信息系统安全技术中，关于信息认证、加密、数字签名的描述，正确的是　（16）　。

（16）A. 数字签名具备发送方不能抵赖、接收方不能伪造的能力

　　　B. 数字签名允许收发双方互相验证其真实性，不准许第三方验证

　　　C. 认证允许收发双方和第三方验证

　　　D. 认证中用来鉴别对象真实性的数据是公开的

试题（16）分析

参考《信息系统项目管理师教程》（第 3 版）1.6.2 小节中的认证的概念。

数字签名具有发送方不能抵赖、接收方不能伪造和能在公证人前解决纠纷的能力，认证则不一定具备该能力。认证允许收发双方互相验证其真实性，不准许第三方验证。数字签名允许收发双方和第三方验证。认证中用来鉴别对象真实性的数据是保密的。

参考答案

（16）A

试题（17）

在网络安全防护中， ___(17)___ 注重对网络安全状况的监管，通过监视网络或系统资源，寻找违反安全策略的行为或攻击迹象，并发出报警。

（17）A．防火墙　　　　B．蜜罐技术　　　　C．入侵检测系统　　　　D．入侵防护系统

试题（17）分析

参考《信息系统项目管理师教程》（第 3 版）1.6.3 小节中的网络安全。

入侵检测系统注重的是对网络安全状况的监管，通过监视网络或系统资源，寻找违反安全策略的行为或攻击迹象，并发出报警。入侵防护系统倾向于提供主动防护，注重对入侵行为的控制。

参考答案

（17）C

试题（18）

___(18)___ 不属于网页防篡改技术。

（18）A．时间轮询　　　　　　　　B．事件触发
　　　　C．文件过滤驱动　　　　　　D．反间谍软件

试题（18）分析

参考《信息系统项目管理师教程》（第 3 版）1.6.3 小节中的应用系统安全。

网页防篡改技术包括时间轮询技术、核心内嵌技术、事件触发技术、文件过滤驱动技术等。反间谍软件属于内容安全管理的技术之一。

参考答案

（18）D

试题（19）

TCP/IP 是 Internet 的核心协议，应用程序通过应用层协议利用网络完成数据交互的任务。其中， ___(19)___ 是用来在客户机与服务器之间进行简单文件传输的协议，提供不复杂、开销不大的文件传输服务。

（19）A．FTP　　　　　B．TFTP　　　　　C．HTTP　　　　　D．SMTP

试题（19）分析

参考《信息系统项目管理师教程》（第 3 版）1.3.1 小节中的 TCP/IP。

FTP 是两台计算机传送文件的协议。TFTP 是在客户机与服务器之间进行简单文件传输的协议。HTTP 是超文本传输协议。SMTP 是简单邮件传输协议。

参考答案

（19）B

试题（20）

在开放系统互连参考模型（OSI）中， ___(20)___ 的主要功能是将网络地址翻译成对应的物理地址，并决定如何将数据从发送方经路由送达接收方。

（20）A．数据链路层　　　B．物理层　　　　　C．网络层　　　　　　D．传输层

试题（20）分析

参考《信息系统项目管理师教程》（第 3 版）1.3.1 小节。

物理层包括物理连网媒介。数据链路层控制网络层与物理层之间的通信。传输层负责确保数据可靠、顺序、无错地从 A 点传输到 B 点。网络层的主要功能是将网络地址翻译成对应的物理地址，并决定如何将数据从发送方路由到接收方。

参考答案

（20）C

试题（21）

IEEE 802 规范定义了网卡如何访问传输介质，以及如何在传输介质上传输数据的方法。其中，　（21）　是重要的局域网协议。

（21）A．IEEE 802.1　　　　　　　　B．IEEE 802.3

　　　C．IEEE 802.6　　　　　　　　D．IEEE 802.11

试题（21）分析

参考《信息系统项目管理师教程》（第 3 版）1.3.1 小节。

IEEE 802.1 是 802 协议概论。IEEE 802.3 是以太网的 CSMA/CD 载波监听多路访问/冲突检测协议。IEEE 802.6 是城域网 MAN 协议。IEEE 802.11 是无线局域网 WLAN 标准协议。

参考答案

（21）B

试题（22）

大型信息系统具备的特点包括：　（22）　。

①规模庞大，包含的独立运行和管理的子系统多

②跨地域性，系统分布广阔，部署不集中

③提供的业务种类繁多，业务的处理逻辑复杂

④采用虚拟化技术管理软硬件环境

⑤采用国际领先的软硬件设备

⑥处理的业务和信息量大，存储的数据复杂、内容多且形式多样

（22）A．①②③⑥　　　　　　　　B．②③⑤⑥

　　　C．②③④⑤　　　　　　　　D．①②③④⑤⑥

试题（22）分析

参考《信息系统项目管理师教程》（第 3 版）1.9.1 小节。

采用虚拟化技术和采用国际领先的软硬件设备并不是大型信息系统的特点。④⑤不应选择。

参考答案

（22）A

试题（23）

企业系统规划（Business System Planning，BSP）方法包含一定的步骤，完成准备工作

后，需要进行的四个步骤依次是： __(23)__ 。

    （23）A．定义企业过程，识别定义数据类，确定管理部门对系统的要求，分析现有系统

          B．识别定义数据类，定义企业过程，确定管理部门对系统的要求，分析现有系统

          C．定义企业过程，识别定义数据类，分析现有系统，确定管理部门对系统的要求

          D．识别定义数据类，定义企业过程，分析现有系统，确定管理部门对系统的要求

试题（23）分析

    参考《信息系统项目管理师教程》（第 3 版）1.9.2 小节中的图 1-17。

    BSP 方法的步骤为：项目确定—准备工作—定义企业过程—识别定义数据类—分析现有系统—确定管理部门对系统的要求—提出判断和结论……

参考答案

    （23）C

试题（24）

    在信息系统的规划工具中，下表是 __(24)__ 。

		总经理	财务总监	业务总监
人事	人员计划	√	*	
	招聘培训			
	合同支付	√	*	+

说明："√"代表负责和决策，"*"代表过程主要涉及，"+"代表过程有涉及，空白代表过程不涉及

    （24）A．过程/组织矩阵　　　　　　　B．资源/数据矩阵

          C．优先矩阵　　　　　　　　　　D．过程/数据矩阵

试题（24）分析

    参考《信息系统项目管理师教程》（第 3 版）1.9.3 小节。

    题中的表格反映了企业组织结构和企业过程的联系，属于过程/组织矩阵。

    优先矩阵属于质量管理过程中的新七工具之一。

参考答案

    （24）A

试题（25）

    在面向对象的基本概念中， __(25)__ 体现对象间的交互，通过它向目标对象发送操作请求。

    （25）A．继承　　　　B．多态　　　　C．接口　　　　D．消息

试题（25）分析

    参考《系统集成项目管理工程师教程》（第 2 版）[①]3.4.1 小节。

    本题主要考查消息的定义。消息体现对象间的交互，通过它向目标对象发送操作请求。

参考答案

    （25）D

---

① 本章提及的《系统集成项目管理工程师教程》（第 2 版）为全国计算机技术与软件专业技术资格（水平）考试指定用书，由清华大学出版社出版。

试题（26）

关于 UML 的描述，不正确的是：＿＿（26）＿＿。

（26）A．UML 是一种可视化编程语言

　　　B．UML 适用于各种软件开发方法

　　　C．UML 用于对软件进行可视化描述

　　　D．UML 适用于软件生命周期的各个阶段

试题（26）分析

参考《系统集成项目管理工程师教程》（第 2 版）3.4.2 小节。

UML 不是编程语言，而是一种建模语言。

参考答案

（26）A

试题（27）

UML 图不包括＿＿（27）＿＿。

（27）A．用例图　　　　　B．序列图　　　　　C．组件图　　　　　D．继承图

试题（27）分析

参考《系统集成项目管理工程师教程》（第 2 版）3.4.2 小节。

UML 图主要包括用例图、类图、对象图、组件图、部署图、状态图、序列图、协作图、活动图等。

参考答案

（27）D

试题（28）

在合同履行过程中，当事人就有关合同内容约定不明确时，不正确的是：＿＿（28）＿＿。

（28）A．价款或者报酬不明确的，按照订立合同时履行地的市场价格履行

　　　B．履行地点不明确，给付货币的，在支付货币一方所在地履行

　　　C．履行方式不明确的，按照有利于实现合同目的的方式履行

　　　D．履行费用的负担不明确的，由履行义务一方负担

试题（28）分析

参考《信息系统项目管理师教程》（第 3 版）26.1.3 小节。

当事人就有关合同内容约定不明确，适用下列规定：

- 价款或者报酬不明确的，按照订立合同时履行地的市场价格履行；
- 履行地点不明确，给付货币的，在接受货币一方所在地履行；
- 履行方式不明确的，按照有利于实现合同目的的方式履行；
- 履行费用的负担不明确的，由履行义务一方负担。

参考答案

（28）B

试题（29）

关于招投标的描述，不正确的是：＿＿（29）＿＿。

（29）A．招标人采用邀请招标方式的，应当向三个以上具备承担项目的能力、资信良好的特定法人或者其他组织发出投标邀请书

　　　B．招标人对已发出的招标文件进行必要的澄清或者修改的，应当在招标文件要求提交投标文件截止时间至少十五日前，以书面形式通知所有招标文件收受人

　　　C．投标人在招标文件要求提交投标文件的截止时间前，可以补充、修改或者撤回已提交的投标文件，并书面通知招标人

　　　D．依法必须进行招标的项目，其评标委员会由招标人的代表和有关技术、经济等方面的专家组成，成员人数为五人以上单数，其中技术、经济等方面的专家不得少于成员总数的一半

试题（29）分析

参考《信息系统项目管理师教程》（第 3 版）26.2 节。

招标人采用邀请招标方式的，应当向三个以上具备承担项目的能力、资信良好的特定法人或者其他组织发出投标邀请书。

招标人对已发出的招标文件进行必要的澄清或者修改的，应当在招标文件要求提交投标文件截止时间至少十五日前，以书面形式通知所有招标文件收受人。

投标人在招标文件要求提交投标文件的截止时间前，可以补充、修改或者撤回已提交的投标文件，并书面通知招标人。

依法必须进行招标的项目，其评标委员会由招标人的代表和有关技术、经济等方面的专家组成，成员人数为五人以上单数，其中技术、经济等方面的专家不得少于成员总数的三分之二。

参考答案

（29）D

试题（30）

信息系统可行性研究包括很多方面的内容。　（30）　中经常会用到敏感性分析。

（30）A．技术可行性分析　　　　　　　　　B．经济可行性分析

　　　C．运行环境可行性分析　　　　　　　D．社会可行性分析

试题（30）分析

参考《信息系统项目管理师教程》（第 3 版）3.2.1 小节。

经济可行性分析主要是对项目的投资及所产生的经济效益进行分析，包括支出分析、收益分析、投资回报分析和敏感性分析。

参考答案

（30）B

试题（31）

关于项目评估和项目论证的描述，不正确的是：　（31）　。

（31）A．项目论证应该围绕市场需求、开发技术、财务经济三个方面展开调查和分析

　　　B．项目论证一般可分为机会研究、初步可行性研究和详细可行性研究三个阶段

C．项目评估由项目建设单位实施，目的是审查项目可行性研究的可靠性、真实性和客观性，为银行的贷款决策或行政主管部门的审批决策提供依据

D．项目评估的依据包括项目建议书及其批准文件、项目可行性研究报告、报送单位的申请报告及主管部门的初审意见等一系列文件

试题（31）分析

参考《信息系统项目管理师教程》（第 3 版）3.3 节。

项目评估指在项目可行性研究的基础上，由第三方（国家、银行或有关机构）对拟建项目的必要性、建设条件、生产条件、产品市场需求等进行评价、分析和论证，进而判断其是否可行的一个评估过程。

参考答案

（31）C

试题（32）

____（32）____不是 V 模型的特点。

（32）A．体现了开发和测试同等重要的思想

　　　B．测试是开发生命周期中的阶段

　　　C．针对每个开发阶段，都有一个测试级别与之相对应

　　　D．适用于用户需求不明确或动态变化的情形

试题（32）分析

参考《信息系统项目管理师教程》（第 3 版）2.7.4 小节。

V 模型的特点：

- V 模型体现的主要思想是开发和测试同等重要。
- V 模型针对每个开发阶段，都有一个测试级别与之相对应。
- 测试依旧是开发生命周期中的阶段。
- V 模型适用于需求明确和需求变更不频繁的情形。

参考答案

（32）D

试题（33）

识别项目干系人是____（33）____中的子过程。

（33）A．启动过程组　　　　　　　　B．计划过程组

　　　C．执行过程组　　　　　　　　D．监督与控制过程组

试题（33）分析

参考《信息系统项目管理师教程》（第 3 版）2.8.1 小节。

识别项目干系人是启动过程组的过程之一。

参考答案

（33）A

试题（34）

项目管理计划的内容不包括____（34）____。

（34）A. 沟通管理计划　　　　　　　　　B. 选择的生命周期模型

　　　　C. 资源日历　　　　　　　　　　D. 成本基准

试题（34）分析

参考《信息系统项目管理师教程》（第 3 版）4.3.1 小节。

资源日历是项目实施过程中产生的文件，属于项目文件，不属于项目管理计划的内容。

参考答案

（34）C

试题（35）

关于项目目标的描述，不正确的是：＿＿(35)＿＿。

（35）A. 项目可以有一个目标，也可以有多个目标

　　　　B. 项目目标可以量化，也可以不量化

　　　　C. 项目的成果目标与约束目标可能会冲突

　　　　D. 项目目标应该是具体的、可实现的

试题（35）分析

参考《信息系统项目管理师教程》（第 3 版）4.2.6 小节。

项目目标应该是量化的，否则无法判定项目的目标是否能够实现。

参考答案

（35）B

试题（36）

关于变更申请的描述，不正确的是：＿＿(36)＿＿。

（36）A. 实施整体变更控制过程贯穿项目始终

　　　　B. 变更请求可能包括纠正措施、预防措施和缺陷补救

　　　　C. 变更请求必须由 CCB 来负责审查、评价、批准或否决

　　　　D. 实施整体变更过程中涉及的配置管理活动包括配置识别、配置状态记录、配置核实与审计

试题（36）分析

参考《信息系统项目管理师教程》（第 3 版）4.5.3 小节。

应根据变更控制文件中规定的内容来决定变更的审批人，如果项目是根据合同进行的，则提出的某些变更必须由客户批准。

参考答案

（36）C

试题（37）、（38）

某项目包含 A、B、C、D、E、F、G 七个活动。各活动的历时估算和活动间的逻辑关系如下表所示，活动 C 的总浮动时间是＿＿(37)＿＿天，该项目工期是＿＿(38)＿＿天。

活动名称	活动历时/天	紧前活动
A	2	—
B	4	A
C	5	A
D	6	A
E	4	B
F	4	C、D
G	3	E、F

（37）A. 0　　　　　　B. 1　　　　　　C. 2　　　　　　D. 3
（38）A. 13　　　　　　B. 14　　　　　　C. 15　　　　　　D. 16

试题（37）、（38）分析

参考《信息系统项目管理师教程》（第 3 版）6.3.3 小节。

试题（37），绘制该项目的网络图如下，可见活动 C 的总浮动时间为 1 天。

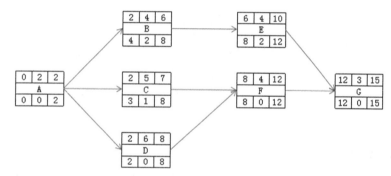

试题（38），根据该项目的网络图可知，项目的关键路径为 A-D-F-G，总工期为 2+6+4+3=15 天。

参考答案

（37）B　　（38）C

试题（39）

关于 WBS 的描述，不正确的是：　（39）　。

（39）A. WBS 必须且只能包括 100%的工作

　　　B. WBS 的元素必须指定一个或多个负责人

　　　C. WBS 应该由全体项目成员、用户和项目干系人一致确认

　　　D. 分包出去的工作也应纳入 WBS 中

试题（39）分析

参考《信息系统项目管理师教程》（第 3 版）5.5.2 小节和 5.5.3 小节。

WBS 的元素必须有人负责，且只由一人负责，可以有多人参与。

参考答案

（39）B

试题（40）

　　____(40)____ 属于控制范围的活动。

　　（40）A. 与客户仔细讨论项目范围说明书，并请客户签字

　　　　　B. 当客户提出新的需求时，说服用户放弃新的需求

　　　　　C. 确认项目范围是否覆盖了需要完成的产品或服务进行的所有活动

　　　　　D. 确认每项工作是否有明确的质量标准

试题（40）分析

　　参考《信息系统项目管理师教程》（第 3 版）5.7 节。

　　A 讨论项目范围说明书属于定义范围的工作。C 活动属于确认范围的工作。D 活动属于确认范围的工作。

参考答案

　　（40）B

试题（41）

　　从参与者的观点来看，____(41)____ 沟通方式的参与程度最高。

　　（41）A. 叙述　　　　B. 推销　　　　C. 征询　　　　D. 讨论

试题（41）分析

　　参考《系统集成项目管理工程师教程》（第 2 版）12.1.2 小节。

　　从参与者（发送信息方）的观点来看，参与讨论的方式控制力最弱，但参与程度最高。

参考答案

　　（41）D

试题（42）

　　在项目沟通过程中，会使用各种沟通方法。电子邮件沟通属于 ____(42)____ 。

　　（42）A. 实时沟通　　　B. 推式沟通　　　C. 拉式沟通　　　D. 情境式沟通

试题（42）分析

　　参考《信息系统项目管理师教程》（第 3 版）10.3 节中的沟通方法。

　　推式沟通可以确保信息的发送，但不能确保信息送达受众或被目标受众理解。推式沟通包括信件、备忘录、报告、电子邮件、传真、语音邮件、日志、新闻稿等。

参考答案

　　（42）B

试题（43）

　　在了解和管理干系人期望时，可以采用多种分类方法对干系人进行分类管理。其中 ____(43)____ 方法是根据干系人主动参与项目的程度以及改变项目计划或执行的能力进行分组。

　　（43）A. 权力/利益方格　　　　　　　　B. 权力/影响方格

　　　　　C. 影响/作用方格　　　　　　　　D. 凸显模型

试题（43）分析

　　参考《信息系统项目管理师教程》（第 3 版）10.6 节。

　　影响/作用方格根据干系人主动参与项目的程度以及改变项目计划或执行的能力进行

分组。

参考答案

（43）C

试题（44）

A 公司承接了某银行网上银行系统的建设项目，包括应用软件开发、软硬件集成适配、系统运维等多项工作内容。针对该项目，不正确的是：　（44）　。

（44）A．该项目的干系人包括客户、公司高层领导、项目成员以及网上银行用户

　　　　B．干系人管理工作应由该项目成员分工负责

　　　　C．干系人管理有助于为项目赢得更多的资源

　　　　D．通常来说，干系人对项目的影响能力在项目启动阶段最大，随着项目的进展逐渐减弱

试题（44）分析

参考《系统集成项目管理工程师教程》（第 2 版）12.5 节。

干系人管理应当由项目经理负责，而不是由团队成员分工负责。

参考答案

（44）B

试题（45）

人们对风险事件都有一定的承受能力，当　（45）　时，人们愿意承担的风险越大。

（45）A．项目活动投入得越多

　　　　B．项目的收益越大

　　　　C．个人、组织拥有的资源越少

　　　　D．组织中高级别管理人员相对较少

试题（45）分析

参考《信息系统项目管理师教程》（第 3 版）11.1.2 小节。

对于项目风险，人们的承受能力主要受下列几个因素的影响：

（1）收益的大小。收益越大，人们愿意承担的风险也就越大。

（2）投入的大小。投入越多，人们对成功所抱的希望也就越大，愿意承担的风险也就越小。

（3）项目活动主体的地位和拥有的资源。管理人员中级别高的同级别低的相比，能够承担大的风险。个人或组织拥有的资源越多，其风险承受能力也越大。

参考答案

（45）B

试题（46）

　（46）　不属于风险识别的依据。

（46）A．成本管理计划　　　　　　　B．范围基准

　　　　C．采购文件　　　　　　　　　D．风险类别

试题（46）分析

参考《信息系统项目管理师教程》（第 3 版）11.3 节。

风险识别的依据如下：风险管理计划，成本管理计划，进度管理计划，质量管理计划，人力资源管理计划，范围基准，活动成本估算和活动持续时间估算，干系人登记册，项目文件，采购文件，事业环境因素，组织过程资产。

参考答案

（46）D

试题（47）

通过概率和影响级别定义以及专家访谈，有助于纠正该过程所使用的数据中的偏差属于 ___（47）___ 。

（47）A. 定性风险分析　　　　　B. 识别风险

　　　　C. 定量风险分析　　　　　D. 风险监控

试题（47）分析

参考《信息系统项目管理师教程》（第 3 版）11.4 节。

定性风险分析包括为了采取进一步行动，对已识别风险进行优先排序的方法。实施定性风险分析可通过概率和影响级别定义以及专家访谈，有助于纠正该过程所使用的数据中的偏差。

参考答案

（47）A

试题（48）

项目人力资源管理中对团队进行有效的指导和管理，以保证团队可以完成项目任务。关于项目人力资源管理的描述，正确的是：___（48）___ 。

（48）A. 新团员加入到项目团队中，他们的经验水平将会降低项目风险

　　　　B. 项目人力资源管理包括规划人力资源管理、组建项目团队、建设项目团队三个过程

　　　　C. 项目经理对于所有冲突要设法解决或减少，鼓励团队成员良性竞争

　　　　D. 项目团队中项目经理的管理能力和领导能力二者缺一不可

试题（48）分析

参考《信息系统项目管理师教程》（第 3 版）9.2 节。

新团员加入到团队中，他们的经验水平将会降低或增加项目风险，从而有必要进行额外的风险规划。

项目人力资源管理包括规划人力资源管理、组建项目团队、建设项目团队、管理项目团队四个过程。

项目经理对于有害的冲突要设法加以解决或减少，对有益的冲突要加以利用，要鼓励团队成员良性竞争。

项目经理具有领导者和管理者的双重身份。对于项目经理而言，管理能力和领导能力二者均不可或缺。

参考答案

（48）D

试题（49）

建设项目团队过程所使用的技术不包括___（49）___。

（49）A．人际关系技能　　　　　　　　B．基本规则

　　　C．人事评测工具　　　　　　　　D．项目人员分派

试题（49）分析

参考《信息系统项目管理师教程》（第 3 版）9.2.3 小节。

建设项目团队的工具与技术包括：人际关系技能、培训、团队建设活动、基本规则、集中办公、认可与奖励、人事评测工具。

项目人员分派属于建设项目团队的输入。

参考答案

（49）D

试题（50）

某项目团队每周组织羽毛球活动，根据马斯洛需求层次理论，该活动满足了项目成员___（50）___的需求。

（50）A．生理　　　　B．受尊重　　　　C．社会交往　　　D．自我实现

试题（50）分析

参考《信息系统项目管理师教程》（第 3 版）9.3.8 小节。

马斯洛需求层次理论中由低到高的需求为：

（1）生理需求：对衣食住行等的需求，如员工宿舍、工作餐、班车、补贴等；

（2）安全需求：对人身安全、生活稳定、不致失业等的需求，如养老保险、医疗保险、长期劳动合同、失业保险等；

（3）社会交往的需求：对友谊、爱情及隶属关系的需求，如定期员工活动、聚会、比赛、俱乐部等；

（4）受尊重的需求：自尊心和荣誉感，如荣誉性奖励、作为导师培训别人等；

（5）自我实现的需求：实现自己的潜力，使自己逐渐成为自己所期盼的人物，如参与公司的管理会议、参与公司的决策、成为智囊团等。

参考答案

（50）C

试题（51）

某软件开发项目在测试时发现需求需要调整，涉及需求规格说明书、概要设计、详细设计及代码等相关文档的变更，需要对___（51）___进行变更控制。

（51）A．知识库　　　　B．配置库　　　　C．产品库　　　　D．数据库

试题（51）分析

参考《信息系统项目管理师教程》（第 3 版）14.2.3 小节。

信息系统在一处出现了变更，经常会连锁引起多处变更，会涉及参与开发工作的许多人

员，基于配置库的变更控制可以解决这一问题。

参考答案

（51）B

试题（52）

做好变更管理可以使项目的质量、进度、成本管理更加有效，关于变更工作程序的描述，不正确的是：___（52）___。

①及时、正式地提出变更，且留下书面记录

②变更初审的常见方式为变更申请文档的格式校验

③变更方案论证首先是对变更请求是否可行进行论证

④审查过程中，客户根据变更申请及评估方案，决定是否变更项目基准

⑤发出变更通知并组织实施

⑥变更实施的过程监控，配置管理员负责基准的监控

⑦变更效果评估中的首要评估依据是项目的基准

⑧基准调整后，需要判断项目是否已纳入正轨

（52）A．②③⑤　　　　B．②④⑥　　　　C．①②③④　　　　D．⑤⑥⑦⑧

试题（52）分析

参考《信息系统项目管理师教程》（第 3 版）16.3.2 小节。

变更管理的工作程序如下：

（1）变更提出应当及时以正式方式进行，并留下书面记录；

（2）变更初审的常见方式为变更申请文档的审核流转；

（3）变更方案的主要作用，首先是对变更请求是否可行进行论证；

（4）审查过程是项目所有者根据变更申请及评估方案，决定是否变更项目基准；

（5）发出变更通知并组织实施；

（6）变更实施的过程监控，通常由项目经理负责基准的监控；

（7）变更效果的评估，首要的评估依据是项目的基准；

（8）判断发生变更后的项目是否已纳入正常轨道。

参考答案

（52）B

试题（53）

供应商战略伙伴关系是企业与供应商之间达成的最高层次的合作关系。有关战略合作管理的描述，不正确的是：___（53）___。

（53）A．战略合作管理的管理模式是"以企业为中心"

　　　B．可以缩短供应商的供应周期，提高供应灵活性

　　　C．可以与供应商共享管理经验，推动企业整体管理水平的提高

　　　D．可以降低企业采购设备的库存水平，降低管理费用，加快资金周转

试题（53）分析

参考《信息系统项目管理师教程》（第 3 版）12.2 节。

必须摈弃"以企业为中心"的传统管理模式，代之以战略合作的管理模式。建立供应商战略合作伙伴关系的意义包括：

可以缩短供应商的供应周期，提高供应灵活性；

可以降低企业采购设备的库存水平，降低管理费用，加快资金周转；

提高采购设备的质量；

可以加强与供应商沟通，改善订单的处理过程，提高设备需求的准确度；

可以共享供应商技术与革新成果，加快产品开发速度，缩短产品开发周期；

可以与供应商共享管理经验，推动企业整体管理水平的提高。

参考答案

（53）A

试题（54）

关于合同管理的描述，不正确的是：　（54）　。

①合同管理包括：合同签订管理、合同履行管理、合同变更管理、合同档案管理、合同违约索赔管理

②对于合同中需要变更、转让、解除等内容应有详细说明

③如果合同中有附件，对于附件的内容也应精心准备，当主合同与附件产生矛盾时，以附件为主

④为了使签约各方对合同有一致的理解，合同一律使用行业标准合同

⑤签订合同前应了解相关环境，做出正确的风险分析判断

（54）A．①②　　　　B．③④　　　　C．②⑤　　　　D．①⑤

试题（54）分析

参考《信息系统项目管理师教程》（第 3 版）13.2.1 小节。

合同管理包括：合同签订管理、合同履行管理、合同变更管理、合同档案管理、合同违约索赔管理。

签订合同前应了解相关环境，做出正确的风险分析判断。

为了使签约各方对合同有一致理解，建议使用国家或行业标准的合同格式。

对于合同中需要变更、转让、解除等内容应有详细说明。

如有合同附件，对于附件的内容也应精心准备，并注意保持与主合同一致，不要相互之间产生矛盾。

参考答案

（54）B

试题（55）

关于组织战略的描述，不正确的是：　（55）　。

（55）A．战略目标根据特定时期的战略形式和组织的利益需要确定

　　　　B．战略方针在分析当前组织面临战略形势和外部竞争等诸多因素基础上制定，具有较强的针对性，在不同的环境下应采取不同的战略方针

　　　　C．战略实施能力根据组织战略目标和战略方针要求，确定战略规模、发展方向和

　　　重点，是组织自身拥有的，无法通过外部获得

　　D．战略措施是组织决策机构根据战略实施的需要，在组织架构、权利分配、监督机制、授权环境等方面的安排

试题（55）分析

参考《信息系统项目管理师教程》（第 3 版）17.1.2 小节。

战略实施能力根据组织战略目标和战略方针要求，确定战略规模、发展方向和重点，是组织战略实施的物质基础，这种物质基础既可以是组织自身拥有的，也可能是组织外部的，但可以被组织协商获得的资源。

参考答案

（55）C

试题（56）

　　__（56）__ 是为了从流程角度衡量流程的"瓶颈"活动，通过评价相关活动的三个参数—r（价值系数）、f（贡献）、c（成本），衡量活动的运行效果。所谓"瓶颈"活动，是指那些制约业务流程运行的关键活动。

（56）A．供应链分析　　　　　　　　　　　B．增值性分析

　　　　C．挣值分析　　　　　　　　　　　　D．净现值分析

试题（56）分析

参考《信息系统项目管理师教程》（第 3 版）19.2.4 小节。

增值性分析是为了从流程角度衡量流程的"瓶颈"活动，通过评价相关活动的三个参数—r（价值系数）、f（贡献）、c（成本），衡量活动的运行效果。所谓"瓶颈"活动，是指那些制约业务流程运行的关键活动。

参考答案

（56）B

试题（57）

小李作为项目经理需要从以下四个项目方案中选择项目，已知项目周期均为 2 年且期初投资额都是 30 000 元，折现率均为 10%。项目情况如下：

方案 A：第一年现金流为 14 000 元，第二年现金流 19 000 元

方案 B：第一年现金流为 23 000 元，第二年现金流 20 000 元

方案 C：第一年现金流为 18 000 元，第二年现金流 24 000 元

方案 D：第一年现金流为 21 000 元，第二年现金流 22 000 元

则小李应该优先选择 __（57）__ 。

（57）A．方案 A　　　　B．方案 B　　　　C．方案 C　　　　D．方案 D

试题（57）分析

参考《信息系统项目管理师教程》（第 3 版）4.2.4 小节。

折现因子：$1/(1+0.1)$ 设为 a；$1/(1+0.1)^2$ 设为 b；a>b

计算步骤：A=（−30 000）+14 000a+19 000b

　　　　　　B=（−30 000）+23 000a+20 000b

$$C=(-30\,000)+18\,000a+24\,000b$$
$$D=(-30\,000)+21\,000a+22\,000b$$

A 最小，排除 A。优先选择 B 的 23 000a，B 与 C 比较，23 000–18 000=5000，20 000–24 000=–4000，a>b，所以 B>C。B 与 D 比较，23 000–21 000=2000，20 000–22 000=–2000，a>b，所以 B>D。

参考答案

（57）B

试题（58）

　　__（58）__ 不属于制定预算过程的输出。

（58）A．成本基准　　　　　　　　　　　　B．范围基准

　　　　C．项目资金需求　　　　　　　　　　D．更新的活动成本估算

试题（58）分析

参考《信息系统项目管理师教程》（第 3 版）7.2.3 小节。

制定预算过程的输出包括：成本基准、项目资金需求、项目文件更新（风险登记册、活动成本估算、项目进度计划）。

参考答案

（58）B

试题（59）

某信息系统集成项目计划 6 周完成，项目经理就前 4 周的项目进展情况进行分析和汇报，情况如下，项目的成本执行指数 CPI 为　__（59）__ 。

周	计划投入成本值/元	实际投入成本值/元	完成百分比
1	1000	1000	100%
2	3000	2500	100%
3	8000	10 000	100%
4	13 000	15 000	90%
5	17 000		
6	19 000		

（59）A．0.83　　　　　　B．0.87　　　　　　C．0.88　　　　　　D．0.95

试题（59）分析

参考《信息系统项目管理师教程》（第 3 版）7.3.2 小节。

AC=1000+2500+10 000+15 000=28 500

EV=1000×100%+3000×100%+8000×100%+13 000×90%=23 700

CPI=EV/AC=23 700/28 500=0.83

参考答案

（59）A

试题（60）

　　__（60）__ 是项目集的决策机构，负责为项目集的管理方式提供支持。

　　（60）A．项目集指导委员会　　　　　　B．项目治理委员会
　　　　　C．项目集变更控制委员会　　　　D．项目管理办公室

试题（60）分析

参考《信息系统项目管理师教程》（第 3 版）20.3 节。

项目集指导委员会（或项目集治理委员会、项目集董事会）是项目集的决策机构，负责为项目集的管理方式提供支持。

参考答案

（60）A

试题（61）

项目组合管理实施的主要过程不包括　（61）　。

　　（61）A．评估项目组合管理战略计划
　　　　　B．定义项目组合管理的愿景和计划
　　　　　C．实施项目组合管理过程
　　　　　D．改进项目组合管理过程

试题（61）分析

参考《信息系统项目管理师教程》（第 3 版）21.4 节。

项目组合管理实施的主要过程包括：（1）评估项目组合管理过程的当前状态；（2）定义项目组合管理的愿景和计划；（3）实施项目组合管理过程；（4）改进项目组合管理过程。

参考答案

（61）A

试题（62）

　（62）　：按时间顺序统计被发现缺陷的数量分布。

　　（62）A．缺陷分布密度　　　　　　　　B．缺陷修改质量
　　　　　C．缺陷趋势分析　　　　　　　　D．缺陷存活时间

试题（62）分析

参考《信息系统项目管理师教程》（第 3 版）23.3.3 小节。

缺陷分布密度：判断缺陷是否集中在某项需求上。

缺陷修改质量：评价开发部门修改缺陷的质量。

缺陷趋势分析：按时间顺序统计被发现缺陷的数量分布，判断测试是否结束。

缺陷存活时间：表明修改缺陷的效率。

参考答案

（62）C

试题（63）

规划质量管理的输入不包含　（63）　。

　　（63）A．质量测量指标　　　　　　　　B．项目管理计划
　　　　　C．需求文件　　　　　　　　　　D．风险登记册

试题（63）分析

参考《信息系统项目管理师教程》（第 3 版）8.2.1 小节。

规划质量管理的输入包括项目管理计划、干系人登记册、风险登记册、需求文件等。质量测量指标是规划质量管理的输出。

参考答案

（63）A

试题（64）

___（64）___ 是一种统计方法，用于识别哪些因素会对正在生产的产品或正在开发的流程的特定变量产生影响。

（64）A．过程分析　　　　B．实验设计　　　　C．标杆对照　　　　D．质量审计

试题（64）分析

参考《信息系统项目管理师教程》（第 3 版）8.3.1 小节和 8.3.2 小节。

过程分析是指按照过程改进计划中概括的步骤来识别所需的改进。

实验设计是一种统计方法，用于识别哪些因素会对正在生产的产品或正在开发的流程的特定变量产生影响。

标杆对照是将实际或计划的项目实践与可比项目的实践进行对照，以便识别最佳实践，形成改进意见，为绩效考核提供依据。

质量审计又称质量保证体系审核，是对具体质量管理活动的结构性评审。

参考答案

（64）B

试题（65）

质量管理实施阶段的工具与技术不包括___（65）___。

（65）A．储备分析　　　　　　　　B．统计抽样

　　　　C．过程决策程序图　　　　D．质量审计

试题（65）分析

参考《信息系统项目管理师教程》（第 3 版）8.3.2 小节。

统计抽样、过程决策程序图、质量审计都是质量管理的工具，储备分析是进度管理的工具。

参考答案

（65）A

试题（66）、（67）

某项工程的活动明细如下表（时间：周；费用：万元）：

活动	紧前	正常进度		赶工	
		所需时间	直接费用	所需时间	直接费用
A	—	3	10	2	15
B	A	8	15	6	17
C	A	4	12	3	13
D	C	5	8	3	11
项目间接费用每周需要 1 万元					

项目总预算由原先的 60 万元增加到 63 万元，根据上表，在预算约束下该工程最快能完成的时间为 ___（66）___ 周，所需项目总费用为 ___（67）___ 万元。

（66）A. 9　　　　B. 8　　　　C. 14　　　　D. 12
（67）A. 60　　　　B. 64　　　　C. 56　　　　D. 45

试题（66）、（67）分析

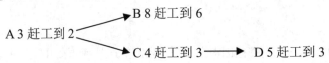

（1）正常情况：

项目周期为 3+4+5=12；费用为 10+15+12+8+12（间接费用）=57 万元。

（2）增加预算之后：

如果赶工，项目周期为 8 周，需要费用为 15+17+13+11+8=64 万元，费用不够。

单位赶工成本为 A=5，B=1，C=1，D=1.5。

所以优先选择 A 不赶工，成本最小，需要 9 周完成，费用为 10+17+13+11+9=60 万元。

参考答案

（66）A　　（67）A

试题（68）、（69）

某项目由并行的 3 个活动甲、乙和丙组成，为活动甲分配 3 人 5 天可以完成，为活动乙分配 6 人 7 天可以完成，为活动丙分配 4 人 2 天可以完成，活动完成后人员可再调配。在此情况下，项目最短工期为 ___（68）___ 天，此时人员最少配置为 ___（69）___ 人。

（68）A. 6　　　　B. 7　　　　C. 8　　　　D. 9
（69）A. 6　　　　B. 9　　　　C. 10　　　　D. 13

试题（68）、（69）分析

项目进度最快的情况是甲丙串联，和乙并行，需要 7 天完成，最少需要 6+4=10 人。

参考答案

（68）B　　（69）C

试题（70）

某拟建项目财务净现金流量如下表所示，该项目的静态投资回收期是 ___（70）___ 年。

时间	1	2	3	4	5	6	7	8	9	10
净现金流量/万元	−1200	−1000	200	300	500	500	500	500	500	700

A. 5.4　　　　B. 5.6　　　　C. 7.4　　　　D. 7.6

试题（70）分析

参考《信息系统项目管理师教程》（第 3 版）4.2.4 小节。

静态投资回收期=−1200−1000+200+300+500+500+500=−200（所需 7 年）。

200/500=0.4，7+0.4=7.4。

参考答案

（70）C

试题（71）

　　___(71)___　is the technology that appears to emulate human performance typically by learning, coming to its own conclusions, appearing to understand complex content, engaging in natural dialogs with people, enhancing human cognitive performance (also known as cognitive computing) or replacing people on execution of nonroutine tasks.

　　（71）A．Cloud service　　　　　　　　B．Blockchain
　　　　　C．Internet of things　　　　　　　D．Artificial intelligence

试题（71）分析

　　人工智能是一种通过学习、得出结论、理解复杂内容、与人进行自然对话、提高人类认知能力（也称为认知计算）或在执行非常规任务时取代人来模仿人类的典型技术。

参考答案

　　（71）D

试题（72）

　　___(72)___　is a decentralized, distributed and public digital ledger that is used to record transactions across many computers so that the record cannot be altered retroactively without the alteration of all subsequent blocks and the collusion of the network.

　　（72）A．Cloud service　　　　　　　　B．Blockchain
　　　　　C．Internet of things　　　　　　　D．Artificial intelligence

试题（72）分析

　　区块链是一个分散的、分布式的、公共的数字分类账本，用于记录跨多台计算机的交易，因此在没有后续所有区块和网络合谋的情况下，记录不能进行追溯性更改。

参考答案

　　（72）B

试题（73）

　　___(73)___　includes the processes required to ensure that the project includes all the work required, and only the work required, to complete the project successfully. Managing the project scope is primarily concerned with defining and controlling what is not included in the project.

　　（73）A．Create scope　　　　　　　　　B．Project stakeholder management
　　　　　C．Project scope management　　　　D．Project cost management

试题（73）分析

　　项目范围管理是确保项目做且只做所需的全部工作，以成功完成项目的各个过程。管理项目范围主要在于定义和控制哪些工作应该包括在项目内，哪些不应该包括在项目内。

参考答案

　　（73）C

试题（74）

　　Estimate Activity Durations is the process of estimating the number of work periods needed to complete individual activities with estimated resources. The tools and techniques is not including ___（74）___.

（74）A．expert judgment

      B．analogous estimating

      C．requirements traceability matrix

      D．three-point estimating

试题（74）分析

估算活动持续时间的工具和技术包括：专家判断、类比估计和三点估算。

参考答案

（74）C

试题（75）

___（75）___: The process of translating the quality management plan into executable quality activities that incorporate the organization's quality policies into the project.

（75）A．Manage quality   B．Quality audit

       C．Quality metrics   D．Quality improvement

试题（75）分析

管理质量是将质量管理计划转化为可执行的质量活动，并将组织的质量政策纳入项目的过程。

参考答案

（75）A

第 2 章 2018 上半年信息系统项目管理师
下午试题 I 分析与解答

试题一（共 27 分）

阅读下列说明，回答问题 1 至问题 4，将解答填入答题纸的对应栏内。

【说明】

A 公司承接了某银行大型信息系统建设项目，任命张伟担任项目经理。该项目于 2017 年年初启动，预计 2018 年年底结束。

项目启动初期，张伟任命项目成员李明担任项目的质量管理员，专职负责质量管理。考虑到李明是团队中最资深的工程师，有丰富的实践经验，张伟给予李明充分授权，让他全权负责项目的质量管理。

得到授权后，李明制订了质量管理计划，内容包括每月进行质量抽查、每月进行质量指标分析、每半年进行一次内部审核等工作。

2017 年 7 月份，在向客户进行半年度工作汇报时，客户表示对项目的不满：一是项目进度比预期滞后；二是项目的阶段交付物不能满足合同中的质量要求。

由于质量管理工作由李明全权负责，张伟并不清楚究竟发生了什么问题，因此，他找李明进行了沟通，得到两点反馈：

1. 在每月进行质量检查时，李明总能发现一些不符合项。每次都口头通知了当事人，但当事人并没有当回事，同样的错误不断重复出现。

2. 李明认为质量管理工作太得罪人，自己不想继续负责这项工作。

接着，张伟与项目组其他成员也进行了沟通，也得到两点反馈：

1. 李明月度检查工作的颗粒度不一致。针对他熟悉的领域，会检查得很仔细；针对不熟悉的领域，则一带而过。

2. 项目组成员普遍认为：在项目重要里程碑节点进行检查即可，没必要每月进行检查。

【问题 1】（6 分）

结合案例，请分析该项目质量管理过程中有哪些做得好的地方？

【问题 2】（10 分）

结合案例，请分析该项目质量管理过程中存在哪些问题？

【问题 3】（6 分）

请简述 ISO 9000 质量管理的原则。

【问题 4】（5 分）

请将下面（1）～（5）处的答案填写在答题纸的对应栏内。

国家标准（GB/T 19000—2008）对质量的定义为：一组　(1)　满足要求的程度。

质量管理是指确定__(2)__、目标和职责，并通过质量体系中的质量管理过程来使其实现所有管理职能的全部活动。

在质量管理的技术和工具中，__(3)__用来显示在一个或多个输入转化成一个或多个输出的过程中，所需要的步骤顺序和可能分支；__(4)__用于识别造成大多数问题的少数重要原因；__(5)__可以显示两个变量之间是否有关系，一条斜线上的数据点距离越近，两个变量之间的相关性越密切。

试题一分析

本题重点考核质量管理的相关知识和内容。

【问题1】和【问题2】

案例问答题，重点考核考生从质量管理的角度分析哪些是有效的质量管理，可关注以下几点：

是否有专职的质量管理人员？

是否有对应的质量管理计划？

在质量管理过程中是否严格按照管理计划开展？

从质量管理知识入手，查找本案例中李明做得不够好或者不到位的地方。

例如：质量管理计划是否得到项目组成员的认可？有没有相关的培训？是否遵循统一的检查标准？对发现的问题有没有进行及时记录和纠正？质量管理的沟通工作是否到位？

【问题3】

问答题，考核 ISO 9000 质量管理的内容（参考《信息系统项目管理师教程》（第 3 版）[①]8.1.3 小节）。

【问题4】

细节填空题，重点考核考生对质量管理定义和质量工具等知识点的掌握程度（参考《信息系统项目管理师教程》（第 3 版）8.1.1 小节）。

参考答案

【问题1】（6分）

（1）项目经理设立了专职的质量管理人员。

（2）质量管理人员制订了质量管理计划。

（3）质量管理人员能按照质量管理计划的内容开展质量工作，并发现不符合项。

（每条 2 分，共 6 分）

【问题2】（10分）

（1）质量目标没有按照合同要求确定。

（2）质量管理计划没有得到项目组成员的认可。

（3）李明在执行项目检查时没有制定合适的检查标准。

（4）项目经理在质量管理过程中管控不够。

（5）没有对项目成员开展质量培训。

（6）李明和项目组成员质量意识薄弱，经验不足。

[①] 本章提及的《信息系统项目管理师教程》（第 3 版）为全国计算机技术与软件专业技术资格（水平）考试指定用书，由清华大学出版社出版。

（7）李明没有对质量检查中发现的问题进行记录。

（8）李明在检查时没有遵循统一的检查标准。

（9）针对发现的不符合项，没有采取正式的纠正及改进措施，也没有跟踪纠正及改进措施的落实情况。

（10）质量相关工作沟通不够。

（每条 2 分，其他合理答案酌情给分，满分 10 分）

【问题 3】（6 分）

（1）以顾客为中心。

（2）领导作用。

（3）全员参与。

（4）过程方法。

（5）管理的系统方法。

（6）持续改进。

（7）基于事实的决策方法。

（8）与供方互利的关系。

（每项 1 分，满分 6 分）

【问题 4】（5 分）

（1）固有特性

（2）质量方针

（3）流程图

（4）帕累托图

（5）散点图

（每空 1 分，共 5 分）

试题二（共 27 分）

阅读下列说明，回答问题 1 至问题 3，将解答填入答题纸的对应栏内。

【说明】

某软件项目包含 8 项活动，活动之间的依赖关系，以及各活动的工作量和所需的资源如下表所示。假设不同类型的工作人员之间不能互换，但是同一类型的人员都可以从事与其相关的所有工作。所有参与该项目的工作人员，从项目一开始就进入项目团队，并直到项目结束时才能离开，在项目过程中不能承担其他活动。（所有的工作都按照整天计算）

活动	工作量/人·天	依赖	资源类型
A	4	—	SA
B	3	A	SD
C	2	A	SD
D	4	A	SD
E	3	B	SC
F	3	C	SC
G	8	C、D	SC
H	2	E、F、G	SA

　　SA：系统分析人员　　　　SD：系统设计人员　　　　SC：软件编码人员

【问题 1】（14 分）

　　假设该项目团队有 SA 1 人，SD 2 人，SC 3 人，请将下面（1）～（11）处的答案填写在答题纸的对应栏内。

- A 结束后，先投入 __（1）__ 个 SD 完成 C，需要 __（2）__ 天。
- C 结束后，再投入 __（3）__ 个 SD 完成 D，需要 __（4）__ 天。
- C 结束后，投入 __（5）__ 个 SC 完成 __（6）__ ，需要 __（7）__ 天。
- D 结束后，投入 SD 完成 B。
- C、D 结束后，投入 __（8）__ 个 SC 完成 G，需要 __（9）__ 天。
- G 结束后，投入 __（10）__ 个 SC 完成 E，需要 1 天。
- E、F、G 完成后，投入 1 个 SA 完成 H，需要 2 天。
- 项目总工期为 __（11）__ 天。

【问题 2】（7 分）

　　假设现在市场上一名 SA 每天的成本为 500 元，一名 SD 每天的成本为 500 元，一名 SC 每天的成本为 600 元，项目要压缩至 10 天完成。

　　（1）则应增加什么类型的资源？增加多少？

　　（2）项目成本增加还是减少？增加或减少多少？（请给出简要计算步骤）

【问题 3】（6 分）

　　请判断以下描述是否正确（填写在答题纸的对应栏内，正确的选项填写"√"，不正确的选项填写"×"）：

　　（1）活动资源估算过程同费用估算过程紧密相关，外地施工团队聘用熟悉本地相关法规的咨询人员的成本不属于活动资源估算的范畴，只属于项目的成本部分。　　　　（　　）

　　（2）制定综合资源日历属于活动资源估算过程的一部分，一般只包括资源的有无，而不包括人力资源的能力和技能。　　　　（　　）

　　（3）项目变更造成项目延期，应在变更确认时发布，而非在交付前发布。　　　（　　）

试题二分析

　　本题重点考核项目进度管理技术。

【问题 1】

　　计算题，重点考核考生对项目活动排序的技术和工具的熟练应用和计算。

【问题 2】

　　计算题，重点考核考生对项目进度计划调整方法的掌握程度。

【问题 3】

　　细节判断题，重点考核活动资源估算、变更等方面的知识点。

　　（1）活动资源估算过程同费用估算过程紧密相关，外地施工团队聘用熟悉本地相关法规的咨询人员的成本也属于活动资源估算的范畴。

　　（2）制定综合资源日历属于活动资源估算过程的一部分，不仅包括资源的有无，还要考虑人力资源的能力和技能。

（3）项目变更造成项目延期，应在变更确认时发布，而非在交付前发布。

参考答案

【问题 1】（14 分）

项目团队有 SA 1 人，SD 2 人，SC 3 人，项目带时标的路径图为：

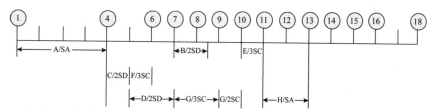

- A 结束后，先投入 __2__ 个 SD 完成 C，需要 __1__ 天。
- C 结束后，再投入 __2__ 个 SD 完成 D，需要 __2__ 天。
- C 结束后，投入 __3__ 个 SC 完成 F，需要 __1__ 天。
- D 结束后，投入 SD 完成 B。
- C、D 结束后，投入 __3__ 个 SC 完成 G，需要 __3__ 天。
- G 结束后，投入 __3__ 个 SC 完成 E，需要 1 天。
- E、F、G 完成后，投入 1 个 SA 完成 H，需要 2 天。

（以上每空 1 分，共 10 分）

- 项目总工期为 __13__ 天。（4 分）

【问题 2】（7 分）

（1）增加 1 名（1.5 分）SA（1.5 分）。

（2）按照 13 天完成的总成本为：

(500+1000+1800)×13=42 900 元（1 分）

增加 1 名 SA，按照 10 天完成的总成本为：

(1000+1000+1800)×10=3800×10=38 000 元（1 分）

成本减少了（1 分），减少了 42 900–38 000=4900 元（1 分）。

【问题 3】（6 分）

（1）×　　（2）×　　（3）√

（每个 2 分，共 6 分）

试题三（共 21 分）

阅读下列说明，回答问题 1 至问题 4，将解答填入答题纸的对应栏内。

【说明】

A 公司是一家为快消行业提供 App 开发解决方案的软件企业。项目经理范工承接了一个开发鲜花配送 App 的项目，项目需求非常明确，此前 A 公司承接过一个类似的项目，做得很成功，项目结束后人员已经分派到其他项目组。经过认真考虑反复论证后范工决定采用虚拟团队方式搭建项目组，项目架构师由一位脚踝骨折正在家休养的资深工程师担任，开发团队依据项目模块的技术特点分别选择了西安和南京的两个有经验的项目小组，测试交给了美国旧金山分部的印度籍测试员 Lisa，其他成员均在北京总部的公司内部选拔。项目经理范工编制了人力资源管理计划并下发给每个成员，以便他们了解自己的工作任务和进度安排。

项目刚进入设计阶段，开发团队在 App 的测试部署方式和时间上与 Lisa 发生了争执，南京开发团队没有跟项目经理范工沟通就直接将问题汇报给了当地的执行总经理王总。王总批评了范工，范工虽然觉得非常委屈，但还是立即召集了包括架构师在内的相关人员召开紧急电话会议。会上多方言辞激烈，终于确定了一套开发团队和测试团队都觉得可行的部署方案。

【问题 1】（6 分）

结合案例，请从项目团队管理的角度说明本项目采用虚拟团队形式的利与弊。

【问题 2】（5 分）

请简述项目人力资源管理计划的内容和主要的输入输出。

【问题 3】（2 分）

请将下面（1）～（2）处的答案填写在答题纸的对应栏内。

结合案例，A 公司范工带领的项目团队已经度过了项目团队建设的 __（1）__ 阶段，正在经历震荡阶段的考验，即将步入 __（2）__ 阶段。

【问题 4】（8 分）

请简述项目冲突的特点和解决的方法。结合案例，你认为项目经理范工采用了哪种方法？

试题三分析

本题重点考核项目人力资源管理中的团队管理、团队建设等相关内容。

【问题 1】

案例问答题，重点考核考生对虚拟团队形式的利与弊的理解。

【问题 2】

问答题，考核人力资源管理计划的内容和主要的输入输出（参考《信息系统项目管理师教程》（第 3 版）9.4 节）。

【问题 3】

针对案例的细节填空题，重点考核考生对项目团队建设的 5 个阶段，以及每个阶段的主要特征的掌握程度（参考《信息系统项目管理师教程》（第 3 版）9.3.3 小节）。

【问题 4】

案例问答题，重点考核考生对冲突的特点和解决方法的掌握程度（参考《信息系统项目管理师教程》（第 3 版）9.3.6 小节）。

参考答案

【问题 1】（6 分）

利：

（1）本项目任务明确，从公司内部不同区域抽调人员可以节约项目成本。

（2）可以将在家办公的远程专家纳入进来，不用再外聘同类专家。

（3）北京、西安、南京多团队协同，有利于发挥各团队的技术特点。

（4）将美国旧金山的员工纳入进来，可以提高单日工作效率。

（每条 1 分，满分 3 分）

弊：

（1）项目执行过程中增加产生误解的概率，可能引发冲突或影响进度。

（2）分开办公的各团队容易有孤立感。

（3）项目成员分散，沟通成本高，项目管理要求高。

（4）可能有语言文化壁垒，团队经验和知识分享困难。

（每条 1 分，满分 3 分）

【问题 2】（5 分）

人力资源管理计划的内容：

确定项目组的角色及职责，确定项目的组织结构图以明确汇报关系，制订人员配备管理计划。（1 分）

人力资源管理计划的输入、输出：

（1）输入：项目管理计划、活动资源需求、事业环境因素、组织过程资产。

（每个 1 分，满分 2 分）

（2）输出：人力资源管理计划。（2 分）

或者包含角色和职责的分配、项目的组织结构图、人员配备管理计划。（写出 1 个给 1 分，满分 2 分）

【问题 3】（2 分）

（1）形成

（2）规范

（每空 1 分，共 2 分）

【问题 4】（8 分）

（1）项目冲突的特点：

①冲突是正常的，而且要找出一个解决办法。

②冲突是一个团队的问题，而不是某人的个人问题。

③应公开地处理冲突。

④冲突的解决应聚焦在问题，而不是人身攻击。

⑤冲突的解决应聚焦在现在，而不是过去。

（每条 1 分，满分 3 分）

（2）冲突管理的方法：问题解决、合作、强制、妥协、求同存异、撤退。（每个 1 分，满分 4 分）

（3）项目经理范工采用的冲突管理的方法是问题解决。（1 分）

第 3 章 2018 上半年信息系统项目管理师 下午试题 II 写作要点

> 从下列的 2 道试题（试题一至试题二）中任选 1 道解答。请在答题纸上的指定位置处将所选择试题的题号框涂黑。若多涂或者未涂题号框，则对题号最小的一道试题进行评分。

试题一 论信息系统项目的质量管理

成功的项目管理是在约定的时间、范围、成本以及质量要求下，达到项目干系人的期望。质量管理是项目管理中非常重要的一个方面，质量与范围、成本和时间都是项目是否成功的关键因素。

请以"论信息系统项目的质量管理"为题，分别从以下三个方面进行论述：

1. 概要叙述你参与管理过的信息系统项目（项目的背景、项目规模、发起单位、目的、项目内容、组织结构、项目周期、交付的产品等），并说明你在其中承担的工作。

2. 结合项目管理实际情况并围绕以下要点论述你对信息系统项目质量管理的认识。

（1）项目质量与进度、成本、范围之间的密切关系。

（2）项目质量管理的过程及其输入和输出。

（3）项目质量管理中用到的工具和技术。

3. 请结合论文中所提到的信息系统项目，介绍在该项目中是如何进行质量管理的（可叙述具体做法），并总结你的心得体会。

试题一写作要点

第一部分评分要点：

论文结构合理，摘要正确，正文完整，语言流畅，字迹清楚。

所述项目真实可信，介绍得当。

第二部分评分要点：

论述的要点要覆盖题目要求的三个方面，但又不局限于这三个方面。

1. 质量对项目成本、范围和进度的约束关系（质量可以减少返工成本，缓解进度拖延，进一步明确范围）。

2. 项目质量管理主要包括规划质量、实施质量保证和控制质量等三个过程。

（1）规划质量。

规划质量的输入：项目管理计划、干系人登记册、风险登记册、需求文件、事业环境因素、组织过程资产等。

规划质量的输出：质量管理计划、过程改进计划、质量测量指标、风险核对单、项目文件更新等。

（2）实施质量保证。

实施质量保证的输入：质量管理计划、过程改进计划、质量测量指标、质量控制测量结果、项目文件等。

实施质量保证的输出：请求变更、项目管理计划更新、项目文件更新等。

（3）控制质量。

控制质量的输入：质量管理计划、质量测量指标、质量核对单、工作绩效数据、批准的变更请求、可交付成果、项目文件等。

控制质量的输出：质量控制测量结果、确认的变更、核实的可交付成果、工作绩效信息、变更请求、项目管理计划更新、项目文件更新等。

3. 项目质量管理中用到的工具和技术。

规划阶段用到的工具和技术：成本/效益分析、质量成本法、标杆对照、实验设计等。

执行阶段用到的工具和技术：质量审计、过程分析、七种质量工具、统计抽样、检查等。

第三部分评分要点：

根据考生描述的信息系统项目，对其所承担的信息系统项目如何进行项目质量管理的阐述，以及总结的心得体会，确定其叙述的项目质量管理及其评论是否合适，是否具有信息系统项目质量管理的经验。陈述问题得当、真实，分析方式正确，评论合适。

试题二　论信息系统项目的人力资源管理

项目中的所有活动都是由人来完成的，因此在项目管理中，"人"的因素至关重要。如何充分发挥人的作用，使团队成员达到更好的绩效，对于项目管理者来说是不能忽视的任务。项目的人力资源管理就是有效地发挥每一个参与项目人员作用的过程。

请以"论信息系统项目的人力资源管理"为题，分别从以下三个方面进行论述：

1. 概要叙述你参与管理过的信息系统项目（项目的背景、发起单位、主要内容、项目周期、交付的产品、实现的社会效益和经济效益等），以及该项目在人力资源方面的情况。

2. 结合项目管理实际情况并围绕以下要点论述你对信息系统项目人力资源管理的认识。

（1）项目人力资源管理的基本过程。

（2）信息系统项目中人力资源管理方面经常会遇到的问题和所采取的解决措施。

3. 结合项目实际情况说明在该项目中你是如何进行人力资源管理的（可叙述具体做法），并总结你的心得体会。

试题二写作要点

第一部分评分要点：

论文结构合理，摘要正确，正文完整，语言流畅，字迹清楚。

所述项目真实可信，介绍得当。

第二部分评分要点：

针对题目要求的两个方面分别进行论述。

1. 项目人力资源管理的主要过程包括：

（1）规划人力资源管理：明确和识别所需技能的人力资源，保证项目成功。

（2）组建项目团队：指导团队选择和分配职责，组建成功团队。

（3）建设项目团队：改进团队协作，增强人际机能，激励团队成员，提升整体绩效。

（4）管理项目团队：影响团队行为，管理冲突，解决问题，并评估成员绩效。

这些过程之间以及它们同其他知识领域中的过程都会相互影响。根据项目的需要，每个过程有可能涉及一个人，甚至一个团队的努力。

2. 结合论文中描述的项目情况以及人力资源管理的基本过程，介绍该项目中遇到的一些问题，并说明是如何解决的。

第三部分评分要点：

根据考生描述的信息系统项目，对其所承担的信息系统项目如何进行项目人力资源管理的阐述，以及总结的心得体会，确定其叙述的项目人力资源管理及其评论是否合适，是否具有信息系统项目人力资源管理的经验。陈述问题得当、真实，分析方式正确，评论合适。

第4章　2018下半年信息系统项目管理师 上午试题分析与解答

试题（1）

信息技术发展的总趋势是从典型的技术驱动发展模式向应用驱动与技术驱动相结合的模式转变。　(1)　不属于信息技术发展趋势和新技术的应用。

（1）A．集成化和平台化与智能化　　　　　B．遥感与传感技术

　　　C．数据仓库与软交换通信技术　　　　D．虚拟计算与信息安全

试题（1）分析

参考《信息系统项目管理师教程》（第3版）[①]1.7.1小节。当前，信息技术发展的总趋势是从典型的技术驱动发展模式向应用驱动与技术驱动相结合的模式转变。信息技术发展趋势和新技术应用主要包括：（1）高速度大容量；（2）集成化和平台化；（3）智能化；（4）虚拟计算；（5）通信技术；（6）遥感和传感技术；（7）移动智能终端；（8）以人为本；（9）信息安全。

参考答案

（1）C

试题（2）

关于两化融合的描述，不正确的是：　(2)　。

（2）A．虚拟经济与工业实体经济的融合

　　　B．信息资源与材料、能源等工业资源的融合

　　　C．工业化与自动化发展战略的融合

　　　D．IT设备与工业装备的融合

试题（2）分析

参考《信息系统项目管理师教程》（第3版）1.7.5小节。两化融合的含义是：一是指信息化与工业化发展战略的融合；二是指信息资源与材料、能源等工业资源的融合；三是指虚拟经济与工业实体经济的融合；四是指信息技术与工业技术、IT设备与工业装备的融合。

参考答案

（2）C

试题（3）

　(3)　的任务是：根据系统说明书规定的功能要求，考虑实际条件，具体设计实现逻辑模型的技术方案。

---

① 本章提及的《信息系统项目管理师教程》（第3版）为全国计算机技术与软件专业技术资格（水平）考试指定用书，由清华大学出版社出版。

（3）A. 系统规划阶段　　　　　　　　B. 系统分析阶段
　　　C. 系统设计阶段　　　　　　　　D. 系统实施阶段

试题（3）分析

参考《信息系统项目管理师教程》（第 3 版）1.1.4 小节。系统分析阶段的任务是回答系统"做什么"的问题，而系统设计阶段要回答"怎么做"的问题。系统设计阶段的任务是根据系统说明书中规定的功能要求，考虑实际条件，具体设计实现逻辑模型的技术方案，该阶段的技术文档是系统设计说明书。所以答案是 C。

参考答案

（3）C

试题（4）

商业智能系统应具有的主要功能不包括　(4)　。

（4）A. 数据仓库　　　　　　　　　　B. 数据 ETL
　　　C. 分析功能　　　　　　　　　　D. 联机事务处理 OLTP

试题（4）分析

参考《系统集成项目管理工程师教程》（第 2 版）①1.5 节。商业智能的主要功能为：数据仓库、数据 ETL、数据统计输出（报表）及分析功能。

参考答案

（4）D

试题（5）

物联网应用中的两项关键技术是：　(5)　。

（5）A. 传感器技术与遥感技术　　　　B. 传感器技术与嵌入式技术
　　　C. 虚拟计算技术与智能化技术　　D. 虚拟计算技术与嵌入式技术

试题（5）分析

参考《信息系统项目管理师教程》（第 3 版）1.5.1 小节。物联网应用中的两项关键技术分别是传感器技术和嵌入式技术。传感器是一种检测装置，能感受到被测量的信息，并能将检测感受到的信息按照一定规律变换成电信号或者其他形式的信息输出。射频识别（**RFID**）是物联网中使用的一种传感器技术，可以通过无线电信号识别特定目标并读写数据，而无须识别系统与特定目标之间建立机械或光学接触。嵌入式技术是综合了计算机软硬件、传感器技术、集成电路技术、电子应用技术于一体的复杂技术。如果把物联网用人体做比喻，传感器相当于人的眼睛、鼻子、皮肤等器官；网络就是神经系统，用来传递信息；嵌入式系统则是人的大脑，在接收到信息后进行分类处理。

参考答案

（5）B

试题（6）

某电商平台根据用户消费记录分析用户消费偏好，预测未来消费倾向，这是　(6)　技

---

① 本章提及的《系统集成项目管理工程师教程》（第 2 版）为全国计算机技术与软件专业技术资格（水平）考试指定用书，由清华大学出版社出版。

术的典型应用。

　　（6）A．物联网　　　　　B．区块链　　　　　C．云计算　　　　　D．大数据

试题（6）分析

　　题中的例子是大数据的典型应用。

参考答案

　　（6）D

试题（7）

　　软件需求是多层次的，包括业务需求、用户需求、系统需求，其中业务需求　__（7）__　。

　　（7）A．反映了企业或客户对系统高层次的目标要求

　　　　B．描述了用户具体目标或者用户要求系统必须完成的任务

　　　　C．从系统角度来说明软件的需求，包括功能需求、非功能需求和设计约束

　　　　D．描述了用户认为系统应该具备的功能和性能

试题（7）分析

　　参考《信息系统项目管理师教程》（第 3 版）1.4.1 小节。软件需求是多层次的，包括业务需求、用户需求和系统需求，这三个不同层次从目标到具体，从整体到局部，从概念到细节。业务需求反映企业或客户对系统高层次的目标要求。

参考答案

　　（7）A

试题（8）

　　关于设计模式的描述，不正确的是：　__（8）__　。

　　（8）A．设计模式包括模式名称、问题、目的、解决方案、效果、实例代码和相关设计模式等基本要素

　　　　B．根据处理范围不同，设计模式分为类模式和对象模式

　　　　C．根据目的和用途不同，设计模式分为创建型模式、结构型模式和行为型模式

　　　　D．对象模式处理对象之间的关系，这些关系通过继承建立，在编译的时刻就被确定下来，属于静态关系

试题（8）分析

　　参考《信息系统项目管理师教程》（第 3 版）1.4.3 小节。设计模式是前人经验的总结，它使人们可以方便地复用成功的软件设计。设计模式包括模式名称、问题、目的、解决方案、效果、实例代码和相关设计模式等基本要素。

　　根据目的和用途不同，设计模式可分为创建型模式、结构型模式和行为型模式。

　　根据处理范围不同，设计模式可分为类模式和对象模式。类模式处理类和子类之间的关系，这些关系通过继承建立，在编译的时候就被确定下来，属于静态关系。对象模式处理对象之间的关系，这些关系在运行时刻变化，具有动态性。

参考答案

　　（8）D

试题（9）

　　CMMI 的连续式表示法与阶段式表示法分别表示：　（9）　。

　　（9）A. 项目的成熟度和组织的过程能力

　　　　　B. 组织的过程能力和组织的成熟度

　　　　　C. 项目的成熟度和项目的过程能力

　　　　　D. 项目的过程能力和组织的成熟度

试题（9）分析

　　参考《信息系统项目管理师教程》（第 3 版）24.3.4 小节。阶段式表示法相对于模型整体，使用成熟度级别来描述组织过程总体状态的特征；而连续式表示法则相对于单个过程域，使用能力等级来描述组织过程状态的特征。

参考答案

　　（9）B

试题（10）

　　软件测试可分为单元测试、集成测试、确认测试、系统测试、配置测试和回归测试等类别。　（10）　主要用于检测软件的功能、性能和其他特性是否与用户需求一致。

　　（10）A. 单元测试　　　　B. 集成测试　　　　C. 确认测试　　　　D. 系统测试

试题（10）分析

　　参考《信息系统项目管理师教程》（第 3 版）1.4.5 小节。确认测试主要用于验证软件的功能、性能和其他特性是否与用户需求一致。根据用户的参与程度，通常包括以下类型：内部确认测试、Alpha 测试和 Beta 测试、验收测试。

参考答案

　　（10）C

试题（11）

　　关于软件配置管理的描述，不正确的是：　（11）　。

　　（11）A. 配置控制委员会成员必须是专职人员

　　　　　B. 配置库包括动态库（开发库）、受控库（主库）、静态库（产品库）

　　　　　C. 常用的配置管理工具有 SVN、GIT 等

　　　　　D. 配置项的状态分为草稿、正式和修改三种

试题（11）分析

　　参考《信息系统项目管理师教程》（第 3 版）14.2.1 小节。在一些小的项目中，配置控制委员会（CCB）可以是一个人或者是兼职人员。

参考答案

　　（11）A

试题（12）

　　《信息技术　软件工程术语》（GB/T 11457—2006）规定了软件工程领域的术语。其中　（12）　指的是为评估是否符合软件需求、规格说明、基线、标准、过程、指令、代码以及合同和特殊要求而进行的一种独立的检查。

　　（12）A．验收测试　　　　　　B．审计　　　　　　C．鉴定　　　　　　D．走查

试题（12）分析

　　参考《信息技术　软件工程术语》（GB/T 11457—2006）。

　　审计指的是为评估是否符合软件需求、规格说明、基线、标准、过程、指令、代码以及合同和特殊要求而进行的一种独立的检查。

参考答案

　　（12）B

试题（13）

　　软件质量模型描述了软件产品的质量特性和质量子特性。其中　(13)　包括适宜性、准确性、互用性、依从性和安全性等子特性。

　　（13）A．功能性　　　　　B．可靠性　　　　　C．可用性　　　　　D．可维护性

试题（13）分析

　　参考《信息系统项目管理师教程》（第 3 版）26.5.5 小节。表 26-6 中，功能性包括适宜性、准确性、互用性、依从性和安全性等子特性。

参考答案

　　（13）A

试题（14）

　　根据著作权法规定，当著作权属于公民时，著作权人署名权的保护期为　(14)　。

　　（14）A．永久　　　　　　B．100 年　　　　　C．50 年　　　　　D．20 年

试题（14）分析

　　参考《信息系统项目管理师教程》（第 3 版）26.3 小节。当著作权属于公民时，署名权、修改权、保护作品完整权的保护期没有任何限制，永远受法律保护。

参考答案

　　（14）A

试题（15）

　　政府采购的主要方式是　(15)　。

　　（15）A．公开招标　　　　B．邀请招标　　　C．竞争性谈判　　　D．单一来源采购

试题（15）分析

　　参考《信息系统项目管理师教程》（第 3 版）26.4.2 小节。公开招标是政府采购的主要采购方式。

参考答案

　　（15）A

试题（16）

　　按照信息系统安全策略"七定"要求，系统安全策略首先需要　(16)　。

　　（16）A．定方案　　　　　B．定岗　　　　　C．定目标　　　　　D．定工作流程

试题（16）分析

　　参考《信息系统项目管理师教程》（第 3 版）22.1.1 小节。按照信息系统安全策略"七定"

要求，系统安全策略首先要定方案，其次是定岗。"七定"即定方案、定岗、定位、定员、定目标、定制度、定工作流程。

参考答案

（16）A

试题（17）

《计算机信息系统安全保护等级划分准则》将计算机信息系统分为 5 个安全保护等级。其中 __(17)__ 适用于中央级国家机关、广播电视部门、重要物资储备单位等部门。

（17）A．系统审计保护级　　　　　　　B．安全标记保护级

　　　　C．结构化保护级　　　　　　　　D．访问验证保护级

试题（17）分析

参考《信息系统项目管理师教程》（第 3 版）22.1.2 小节。结构化保护级系统具有相当的抗渗透能力，适用于中央级国家机关、广播电视部门、重要物资储备单位、社会应急服务部门、尖端科技企业集团等部门。

参考答案

（17）C

试题（18）

CC（Common Criteria ISO/IEC 17859）标准将安全审计功能分为 6 个部分，其中 __(18)__ 要求审计系统提供控制措施，以防止由于资源的不可用丢失审计数据。

（18）A．安全审计数据生成功能　　　　B．安全审计浏览功能

　　　　C．安全审计事件选择功能　　　　D．安全审计事件存储功能

试题（18）分析

参考《信息系统项目管理师教程》（第 3 版）22.5.1 小节。安全审计事件存储功能要求审计系统提供控制措施，以防止由于资源的不可用丢失审计数据。

参考答案

（18）D

试题（19）

在 OSI 七层协议中，UDP 是 __(19)__ 的协议。

（19）A．网络层　　　B．传输层　　　C．会话层　　　D．应用层

试题（19）分析

参考《系统集成项目管理工程师教程》（第 2 版）3.7.1 小节。UDP 是传输层的常见协议。

参考答案

（19）B

试题（20）

__(20)__ 依托互联网信息技术实现互联网与传统产业的联合，以优化生产要素、更新业务体系、重构商业模式等途径来完成经济转型和升级。

（20）A．云计算　　　B．物联网　　　C．虚拟化技术　　　D．互联网+

试题（20）分析

"互联网+"代表着一种新的经济形态，它指的是依托互联网信息技术实现互联网与传统产业的联合，以优化生产要素、更新业务体系、重构商业模式等途径完成经济转型和升级。

参考答案

（20）D

试题（21）

关于网络存储技术的描述，正确的是：___（21）___。

（21）A．DAS 是一种易于扩展的存储技术

　　　B．NAS 系统与 DAS 系统相同，都没有自己的文件系统

　　　C．NAS 可以使用 TCP/IP 作为其网络传输协议

　　　D．SAN 采用了文件共享存取方式

试题（21）分析

参考《信息系统项目管理师教程》（第 3 版）1.3.4 小节。当存储容量增加时，DAS 方式很难扩展，这对存储容量的升级是一个巨大的瓶颈；NAS 存储设备类似于一个专用的文件服务器，提供文件系统功能；SAN 没有采用文件共享存取方式，而是采用块级别存储。

参考答案

（21）C

试题（22）

某企业要建设信息系统平台，要求系统可用性达到 99.99%。系统 A 平均无故障时间 10 000 小时，故障平均维修时间 1 小时。系统 B 平均无故障时间 14 000 小时，故障平均维修时间 1.5 小时。则描述正确的是：___（22）___。

（22）A．只有系统 A 符合可用性要求

　　　B．系统 A 和系统 B 均符合可用性要求

　　　C．只有系统 B 符合可用性要求

　　　D．系统 A 和系统 B 都不符合可用性要求

试题（22）分析

参考《信息系统项目管理师教程》（第 3 版）1.3.10 小节。计算机系统的可用性定义为：MTTF/(MTTF+MTTR)×100%。所以，系统 A 可用性：99.99%；系统 B 可用性：99.989%。

参考答案

（22）A

试题（23）

大型信息系统是以信息技术和___（23）___为支撑的大系统，具有规模庞大、分布广阔、采用多级网络结构、提供多种类型应用等特征。

（23）A．通信技术　　　　　　　　B．安全技术

　　　C．数据处理技术　　　　　　D．虚拟化技术

试题（23）分析

参考《信息系统项目管理师教程》（第 3 版）1.9.1 小节。大型信息系统以信息技术和通

信技术为支撑。

参考答案

（23）A

试题（24）

企业系统规划（BSP）是通过全面调查分析企业信息需求，制定信息系统总体方案的一种方法。其活动步骤顺序是： （24） 。

①准备工作
②识别定义数据类
③确定管理部门对系统的要求
④成果报告
⑤分析现有系统
⑥制订建议书和开发计划
⑦定义企业过程

（24）A．①⑦②③⑤⑥④　　　　　　B．①②⑦⑥⑤③④
　　　C．①⑦②⑤③⑥④　　　　　　D．①②⑦③⑤⑥④

试题（24）分析

参考《信息系统项目管理师教程》（第 3 版）1.9.2 小节。BSP 活动步骤：项目确定后，即开始准备工作，然后定义企业过程，识别了企业过程之后，就要以企业资源为基础，通过其数据的类型识别出数据类，接下来分析现有系统，确定管理部门对系统的要求，提出判断和结论，制订建议书和开发计划，最后形成成果报告。

参考答案

（24）C

试题（25）

信息系统规划工具中， （25） 可以反映数据类和企业过程之间的关系。

（25）A．过程/组织（P/O）矩阵　　　B．SWOT 矩阵
　　　C．资源/数据（R/D）矩阵　　　D．创建/用户（C/U）矩阵

试题（25）分析

参考《信息系统项目管理师教程》（第 3 版）1.9.3 小节。P/O 矩阵把企业组织结构与企业过程联系起来，说明每个过程与组织的联系；SWOT 矩阵用来研究企业竞争优势、历史、机会和威胁；R/D 矩阵是资源与数据关系的矩阵；C/U 矩阵可以反映数据类和企业过程之间的关系。

参考答案

（25）D

试题（26）

关于面向对象方法的描述，不正确的是： （26） 。

（26）A．相比于面向过程设计方法，面向对象方法更符合人类思维习惯
　　　B．封装性、继承性、模块性是面向对象的三大特征

C．面向对象设计中，应把握高内聚、低耦合的原则

D．使用面向对象方法构造的系统具有更好的复用性

试题（26）分析

参考《信息系统项目管理师教程》（第 3 版）1.2.2 小节。面向对象的三大特征是封装性、继承性及多态性。模块性是面向过程的主要特性。

参考答案

（26）B

试题（27）

UML 的　(27)　描述了一个特定对象的所有可能状态以及由于各种事件的发生而引起的状态之间的转移。

（27）A．控制图　　　B．状态图　　　C．协作图　　　D．序列图

试题（27）分析

参考《系统集成项目管理工程师教程》（第 2 版）3.4.2 小节。状态图描述了一个特定对象的所有可能状态以及由于各种事件的发生而引起的状态之间的转移。

参考答案

（27）B

试题（28）

　(28)　的设计方法满足了信息系统快速响应需求与环境的变化，组织内部、组织之间各种应用系统的互相通信要求，提高了系统可复用性、信息资源共享和系统之间的互操作性。

（28）A．面向对象　　B．面向过程　　C．基于构件　　D．面向服务

试题（28）分析

参考《信息系统项目管理师教程》（第 3 版）1.2.4 小节。组织内部、组织之间各种应用系统的互相通信和互操作性直接影响组织对信息的掌握程度和处理速度。如何使信息系统快速响应需求与环境的变化，提高系统可复用性、信息资源共享和系统之间的互操作性，成为影响信息化建设效率的关键问题，而 SO（面向服务）的思维方式恰好满足了这种需求。

参考答案

（28）D

试题（29）

项目建议书中不包含　(29)　。

（29）A．产品方案或服务的市场预测　　　B．项目建设必需的条件

　　　C．项目的市场预测　　　　　　　　D．风险因素及对策

试题（29）分析

参考《信息系统项目管理师教程》（第 3 版）3.1.1 小节。项目建议书应该包括的核心内容有：项目的必要性，项目的市场预测，产品方案或服务的市场预测，项目建设必需的条件。而风险因素及对策应包含在项目可行性报告中。

参考答案

（29）D

试题（30）

项目可行性研究阶段的经营成本不包括 __（30）__。

（30）A．财务费用　　　B．研发成本　　　C．行政管理费　　　D．销售与分销费用

试题（30）分析

参考《信息系统项目管理师教程》（第3版）3.2.4小节。开发总成本一般划分为四大类：研发成本、行政管理费、销售与分销费用、财务费用和折旧。前三类成本的总和称为经营成本。

参考答案

（30）A

试题（31）

下表列出A、B、C、D四个项目的投资额及销售收入，根据投资回报率评估，应该选择投资 __（31）__。

项目	投资额/万元	销售收入/万元
A	2000	2200
B	1500	1600
C	1000	1200
D	800	950

（31）A．A项目　　　B．B项目　　　C．C项目　　　D．D项目

试题（31）分析

参考《信息系统项目管理师教程》（第3版）3.3.1小节。项目A的投资回报率为200/2000=10%，项目B的投资回报率为100/1500=6.67%，项目C的投资回报率为200/1000=20%，项目D的投资回报率为150/800=18.75%，所以项目C的投资回报率最高。

参考答案

（31）C

试题（32）

__（32）__ 不属于典型的信息系统项目的特点。

（32）A．使用与维护的要求复杂　　　B．需求稳定
　　　C．设计人员高度专业化　　　D．智力密集型

试题（32）分析

参考《信息系统项目管理师教程》（第3版）2.1.5小节。典型的信息系统项目的特点包括：目标不明确、需求变化频繁、智力密集型、设计队伍庞大、设计人员高度专业化、使用与维护要求非常复杂等。

参考答案

（32）B

试题（33）

某公司下设硬件研发部、软件研发部、结构设计部、生产车间等部门，当执行项目遇到

硬件问题时，参与项目人员先向自己部门的领导反馈，由部门领导再和硬件部门经理沟通，该组织结构类型的缺点是：__（33）__。

（33）A．组织横向之间的联系薄弱，部门间协调难度大

　　　　B．管理成本高，多头领导，难以监测和控制

　　　　C．项目环境比较封闭，不利于沟通、技术知识等共享

　　　　D．员工缺乏事业上的连续性和保障

试题（33）分析

　　参考《信息系统项目管理师教程》（第 3 版）2.5.3 小节。从题目中可以分析出，该公司是职能型组织。职能型组织结构的缺点是组织横向之间的联系薄弱，部门间协调难度大。管理成本高，多头领导，难以监测和控制是矩阵型组织的缺点。项目环境比较封闭，不利于沟通、技术知识等共享，员工缺乏事业上的连续性和保障是项目型组织的缺点。

参考答案

　　（33）A

试题（34）

　　可以将组成项目的各个过程归纳为 5 个过程组，启动过程组包括制定项目章程和 __（34）__ 两个过程。

　　（34）A．收集需求　　　B．识别项目干系人　　　C．定义范围　　　D．组建项目团队

试题（34）分析

　　参考《信息系统项目管理师教程》（第 3 版）2.8.1 小节。启动过程组定义并批准项目或项目阶段，包括"制定项目章程"和"识别项目干系人"两个过程。

参考答案

　　（34）B

试题（35）

　　项目管理计划不包括__（35）__。

　　（35）A．绩效信息　　　B．项目目标　　　C．配置管理计划　D．生命周期模型

试题（35）分析

　　参考《系统集成项目管理工程师教程》（第 2 版）6.3.4 小节。项目管理计划合并了其他各规划过程所产生的所有子管理计划和基准，还包括所使用的项目管理过程、对项目目标的描述、配置管理计划、所选择的生命周期模型等。

参考答案

　　（35）A

试题（36）

　　为使项目管理团队洞察项目的状况，识别需特别关注的任何方面，项目经理应提供 __（36）__。

　　（36）A．风险登记册　　　　　　　　　B．工作绩效报告

　　　　　C．干系人风险承受度　　　　　　D．进度管理计划

试题（36）分析

　　参考《信息系统项目管理师教程》（第 3 版）4.5 节。监控项目工作使项目管理团队

能洞察项目的健康状况，并识别需特别关注的任何方面，监控项目工作的输出是工作绩效报告。

参考答案

（36）B

试题（37）

_____（37）_____ 属于事业环境因素。

（37）A．配置管理知识库　　　　　　B．变更控制程序

　　　　C．项目档案　　　　　　　　　D．项目管理信息系统

试题（37）分析

参考《信息系统项目管理师教程》（第 3 版）4.6.1 小节。配置管理知识库、变更控制程序及项目档案都属于组织过程资产，只有项目管理信息系统属于事业环境因素。

参考答案

（37）D

试题（38）、（39）

项目经理为某政府网站改造项目制作了如下双代号网络图（单位：天），该项目的总工期是 _____（38）_____ 天。在项目实施过程中，活动 2-7 比计划提前了 2 天，活动 8-10 实际工期是 3 天，活动 6-7 的工期增加了 3 天，判断对项目总工期的影响：_____（39）_____。

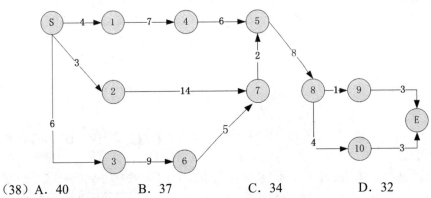

（38）A．40　　　　　　B．37　　　　　　C．34　　　　　　D．32

（39）A．没有影响　　　　　　　　　　B．增加了 2 天

　　　　C．增加了 3 天　　　　　　　　D．增加了 4 天

试题（38）、（39）分析

参考《信息系统项目管理师教程》（第 3 版）6.3.2 小节和 6.3.3 小节。本项目的关键路径为 S-3-6-7-5-8-10-E，总的项目周期为 37 天。活动 2-7 比计划提前了 2 天，不在关键路径上，因此无影响；活动 8-10 实际工期是 3 天，关键路径减少 1 天；活动 6-7 的工期增加了 3 天，关键路径增加 3 天。因此整个工期增加 2 天。

参考答案

（38）B　　（39）B

试题（40）

关于需求管理的描述，正确的是：___（40）___。

（40）A．需求管理包括在产品生存周期中维持需求一致性和精确性的所有活动

　　　B．从测试用例和测试报告的描述追踪到用户原始需求的过程是正向跟踪

　　　C．需求文件之间的跟踪用于检查需求分解中可能出现的错误或遗漏

　　　D．需求跟踪矩阵中可以不体现测试策略和测试场景的跟踪结果

试题（40）分析

参考《信息系统项目管理师教程》（第 3 版）5.3.4 小节。需求管理包括在产品开发过程中维持需求一致性和精确性的所有活动，而不是在产品全生存周期范围内，因此 A 的范围不正确。反向跟踪是指检查设计文档、产品构件、测试文档等工作成果是否都能在需求文件中找到出处。测试策略和测试场景是需要跟踪的内容，因此需要在需求跟踪矩阵中体现结果。

参考答案

（40）C

试题（41）

某公司决定在现有公文处理系统的基础上，新开发一个移动端 App，便于大家远程办公。项目经理召开工作会议，就工作分解结构提出了如下的建议，其中 ___（41）___ 是不妥当的。

（41）A．项目组所有人员都要参与，任务分解的层次控制在 4 至 6 层之间

　　　B．对目前尚不清楚具体活动的模块可以使用规划包进行分解

　　　C．项目干系人对完成的 WBS 给予确认，并达成共识

　　　D．项目经理负责项目 WBS 分解，外包商负责外包合同 WBS 的分解

试题（41）分析

参考《信息系统项目管理师教程》（第 3 版）5.5.2 小节。项目经理负责组织项目组成员和干系人一起参与 WBS 的分解，包括外包部分。

参考答案

（41）D

试题（42）

___（42）___ 是控制范围常用的工具和技术。

（42）A．引导式研讨会　　　B．产品分析　　　C．偏差分析　　　D．标杆对照

试题（42）分析

参考《信息系统项目管理师教程》（第 3 版）5.1.3 小节。引导式研讨会和标杆对照是收集需求的工具和技术，产品分析是定义范围常用的工具和技术，偏差分析是控制范围常用的工具和技术。

参考答案

（42）C

试题（43）

项目经理通过微信群告知项目组成员每天早上 9:00 在会议室召开 5 分钟站立会议，讨论项目进展和当日工作，并要求每个组员对上述内容进行确认回复，10 分钟后他收到了所有

回复信息。其中，微信群属于沟通模型中的 __(43)__ 关键要素。

（43）A．编码　　　　　B．解码　　　　　C．噪声　　　　　D．媒介

试题（43）分析

参考《信息系统项目管理师教程》（第 3 版）10.1.2 小节。项目经理编写微信即为编码；信息和反馈信息体现在项目经理发送群消息和组员的回复消息；媒介是微信群；解码是项目组成员对上述要求的理解。

参考答案

（43）D

试题（44）

某公司决定将一个废弃的体育场馆改造成数字化影院，项目经理制订了沟通计划，对沟通的方式、人员、保密要求、信息传递等方面做了规定。项目在施工阶段发现未进行无障碍设计，不符合国家电影院设计规范及条文说明的要求，项目被迫暂停。项目经理此时应在沟通计划中增加 __(44)__ 的要求。

（44）A．干系人的沟通需求　　　　B．沟通制约因素

　　　　C．为沟通活动分配的资源　　D．问题升级程序

试题（44）分析

参考《信息系统项目管理师教程》（第 3 版）10.2.1 小节。沟通制约因素，通常来自特定的法律法规、技术要求和组织政策等。电影院设计规范及条文说明的要求属于行业法规，停工的主要原因是该法规没有得到有效执行，因此应补充对项目制约因素的沟通。

参考答案

（44）B

试题（45）

A 公司正在给 B 公司做一个运维管理体系咨询项目，小张作为 B 公司的项目接口人，主要完成两家公司间的资料传递工作。但最近 A 公司提交的文档经常出现问题，小张经常受到批评，因此 B 公司的项目经理要求小张做资料初审工作。针对这一变化情况，A 公司的项目经理在干系人管理上应该做 __(45)__ 。

①更新干系人登记手册　　　　②更新项目管理计划
③形成问题日志　　　　　　　④填写变更请求
⑤修改项目章程

（45）A．①②③　　　　　　　　B．③④⑤
　　　　C．②④⑤　　　　　　　　D．①②④

试题（45）分析

参考《信息系统项目管理师教程》（第 3 版）10.5.3 小节和 10.5.4 小节。管理干系人输出包括：问题日志、变更请求、项目管理计划更新、项目文件更新、组织过程资产更新。控制干系人参与输出包括：工作绩效信息、变更请求、项目管理计划更新、项目文件更新、组织过程资产更新。

其中，问题日志应随着新问题的出现和老问题的解决而动态更新，小张职责的变化不能

算是问题，因此不需要更新问题日志和修改项目章程。

参考答案

（45）D

试题（46）

关于项目风险管理的描述，不正确的是：___（46）___。

（46）A．纯粹风险和人为风险在一定条件下可以相互转化

　　　　B．项目风险既包括对项目目标的威胁，也包括促进项目目标的机会

　　　　C．风险大多数随着项目的进展而不断变化，不确定性会逐渐减小

　　　　D．风险后果包括后果发生的频率、收益或损失大小

试题（46）分析

参考《信息系统项目管理师教程》（第 3 版）11.1.3 小节。从风险后果的角度，可以将风险划分为纯粹风险和投机风险，二者可以转化。从风险来源的角度，可以将风险划分为自然风险和人为风险。纯粹风险和人为风险的划分角度不同，因此二者不存在转化问题。

参考答案

（46）A

试题（47）

如果你正在为一个新的信息系统研发项目识别可能的风险，得知某项目团队刚刚发生了一起代码意外泄露的安全事件。此时应该使用___（47）___方法进行信息收集。

（47）A．德尔菲　　　　B．访谈　　　　C．根本原因识别　　　　D．头脑风暴

试题（47）分析

参考《信息系统项目管理师教程》（第 3 版）11.3.2 小节。根本原因识别是通过识别根本原因来完善风险定义并按照成因对风险进行分类，通过考虑风险的根本原因，制定有效的风险应对措施。

参考答案

（47）C

试题（48）

A 公司刚刚中标一个大型系统集成项目，其中一台设备计划从国外采购，近期汇率波动明显，A 公司准备与客户协商使用国产设备进行替代，这是采用了___（48）___风险应对策略。

（48）A．回避　　　　B．转移　　　　C．减轻　　　　D．接受

试题（48）分析

参考《信息系统项目管理师教程》（第 3 版）11.6.2 小节。回避风险是指改变项目计划，以排除风险或风险发生的条件，保护目标免受风险的影响。减轻风险指设法把不利的风险事件的概率或后果降低到一个可接受的临界值。本题目从进口商品转为使用国产商品，回避了汇率上的风险。

参考答案

（48）A

试题（49）

　　__(49)__ 不属于项目人力资源管理的范畴。

　　（49）A．人员获取和能力匹配　　　　　B．建立项目组织计划
　　　　　　C．企业人员入职培训　　　　　　D．有效利用冲突和竞争

试题（49）分析

　　参考《信息系统项目管理师教程》（第 3 版）9.2 节。项目经理应该在项目中展现领导能力和管理能力，而不是培养，培养是组织人力资源管理范畴的内容，所以企业人员入职培训属于组织人力资源管理范畴，不属于项目人力资源管理范畴。

参考答案

　　（49）C

试题（50）

　　有关建设团队的描述，不正确的是：__(50)__。

　　（50）A．通过各种活动提高团队成员之间的信任和认同感，增进协作
　　　　　　B．借助管理层和相关干系人的帮助，使项目组获得有效资源支持
　　　　　　C．通过有效手段提高团队成员的知识和技能，实现有效交付
　　　　　　D．通过塑造良好的团队文化，提高个人和团队的生产率

试题（50）分析

　　参考《信息系统项目管理师教程》（第 3 版）9.2.2 小节和 9.2.3 小节。借助管理层和相关干系人的帮助，使项目组获得有效资源支持，是组建项目团队的内容。如果是"使项目组获得建设高效团队所需的资源"就是建设团队的内容。

参考答案

　　（50）B

试题（51）

　　管理项目团队的输入包括 __(51)__。

　　①项目成员清单　　　　②人力资源管理计划　　　　③问题日志
　　④组织过程资产　　　　⑤变更请求　　　　　　　　⑥组织绩效评价

　　（51）A．①②③④　　　　　　　　　　B．①③④⑤
　　　　　　C．①②④⑤　　　　　　　　　　D．②④⑤⑥

试题（51）分析

　　参考《信息系统项目管理师教程》（第 3 版）9.2.4 小节。管理项目团队输入包括：人力资源管理计划、项目人员分派、团队绩效评价、问题日志、工作绩效报告、组织过程资产。变更请求和组织绩效评价是管理项目团队的输出。

参考答案

　　（51）A

试题（52）

　　在项目配置项与基线的变更控制中，__(52)__ 是配置管理员的主要工作。

　　（52）A．确定受变更影响的关联配置项和有关基线

  B．将变更申请的决议通知受此变更影响的每个干系人

  C．组织修改配置项，并在相应的文档或程序代码中记录变更信息

  D．将变更后的配置项纳入基线，并将变更内容和结果通知相关人

试题（52）分析

  参考《信息系统项目管理师教程》（第 3 版）14.2.3 小节。选项 A 是变更申请人的职责，选项 B 是 CCB 的职责，选项 C 是项目经理的职责。

参考答案

  （52）D

试题（53）

  A 公司承接了某海外信息系统集成项目，项目进行中，项目经理获悉因天气和汇率原因，预计设备到场的运费比预算高出 30%，接下来他应该首先　(53)　。

  （53）A．项目还没有结束，暂时不做处理

  B．给主管领导打电话，汇报情况，寻求解决方案

  C．填写项目变更申请，启动变更流程

  D．寻找新的承运商，评估变更影响，提交合同变更申请

试题（53）分析

  参考《信息系统项目管理师教程》（第 3 版）16.4 节。变更申请是变更管理流程的起点，应严格控制变更申请的提交。题干中未提及已经签署了承运合同，因此合同变更的提法不准确。

参考答案

  （53）C

试题（54）

  小王在一家系统集成公司做运维项目经理，随着公司业务的扩大，他发现公司现行的备件采购方式经常在时间和质量上达不到要求。因此他向公司提出了以下合理化建议，其中　(54)　不属于项目采购管理过程控制的范畴。

  （54）A．对关键备件的供应商进行深入调查，对供应商进行分级管理

  B．对于紧急采购的备件，可以先采购，后进行供方审核评价

  C．定期盘点库存，即将报废的或不再需要的备件及时进行处理

  D．对于出现货到即损情况的供应商应重点关注，及时重新评定

试题（54）分析

  参考《信息系统项目管理师教程》（第 3 版）12.3 节。即将报废或不再需要的备件，应不在项目中使用，因此其管理应该在组织级而不是项目级。

参考答案

  （54）C

试题（55）

  关于合同违约索赔的描述，不正确的是：　(55)　。

  （55）A．项目索赔事件中，监理工程师和政府建设主管机构承担调解责任，经济合同仲裁委员会承担调解或仲裁责任

  B. 合同索赔遵循的原则包括：索赔的有理性、索赔依据的有效性、索赔计算的正确性

  C. 对于属于买方的原因造成拖延工期，只需给卖方延长工期，不应给予费用补偿

  D. 民法通则、合同法中与合同纠纷相关条款，可以作为工程索赔的法律依据

试题（55）分析

  参考《信息系统项目管理师教程》（第 3 版）13.2.5 小节。对于属于买方的原因造成拖延工期，不仅应给卖方延长工期，还应给予费用补偿。

参考答案

  （55）C

试题（56）

  需求管理（REQM）属于 CMMI 的　(56)　过程域。

  （56）A. 项目管理类　　　　B. 过程管理类　　　　C. 工程类　　　　D. 支持类

试题（56）分析

  参考《信息系统项目管理师教程》（第 3 版）24.3.3 小节。需求管理（REQM）属于项目管理类过程域，而需求开发（RD）属于工程类过程域。

参考答案

  （56）A

试题（57）

  某项目采用敏捷管理方式，项目经理给领导汇报了项目的执行进度和团队绩效情况，请领导对提交的项目文档进行审核，以确定下一阶段在哪些方面做出改进。当前项目处于敏捷项目管理中的　(57)　阶段。

  （57）A. 探索　　　　B. 推测　　　　C. 适应　　　　D. 结束

试题（57）分析

  参考《信息系统项目管理师教程》（第 3 版）19.4.2 小节。适应阶段的任务是审核提交的结果、当前情况以及团队的绩效，必要时做出调整。

参考答案

  （57）C

试题（58）

  　(58)　利用历史数据之间的统计关系和其他变量，来进行项目工作的成本估算。

  （58）A. 类比估算　　　　　　　　　　B. 参数估算

     C. 自下而上估算　　　　　　　　D. 三点估算

试题（58）分析

  参考《信息系统项目管理师教程》（第 3 版）7.3.1 小节。参数估算是指利用历史数据之间的统计关系及其他变量（如建筑施工中的平方英尺），来进行项目工作的成本估算。

参考答案

  （58）B

试题（59）

成本预算的输入不包括＿＿（59）＿＿。

（59）A．资源日历   B．风险登记册

C．协议   D．成本基准

试题（59）分析

参考《信息系统项目管理师教程》（第 3 版）7.2.3 小节。制订预算的输入包括：成本管理计划、范围基准、活动成本估算、估算依据、项目进度计划、资源日历、风险登记册、协议、组织过程资产。成本基准是制订预算的输出。

参考答案

（59）D

试题（60）

控制成本过程的输出不包括＿＿（60）＿＿。

（60）A．项目资金需求   B．项目文件更新

C．工作绩效信息   D．成本预测

试题（60）分析

参考《信息系统项目管理师教程》（第 3 版）7.2.4 小节。控制成本过程的输入包括：项目管理计划、项目资金需求、工作绩效数据、组织过程资产。

控制成本过程的输出包括：工作绩效信息、成本预测、变更请求、项目管理计划更新、项目文件更新、组织过程资产更新。

参考答案

（60）A

试题（61）

＿＿（61）＿＿不属于项目集准备阶段的关键活动。

（61）A．建立项目集治理结构   B．开发项目集章程

C．组建初始的项目集组织   D．制订项目集管理计划

试题（61）分析

参考《信息系统项目管理师教程》（第 3 版）20.4.2 小节。项目集准备阶段的关键活动一般包括：建立项目集治理结构、组建初始的项目集组织、制订项目集管理计划。开发项目集章程是构建项目集阶段的工作。

参考答案

（61）B

试题（62）

项目组合的管理/协调对象是＿＿（62）＿＿。

（62）A．项目团队   B．项目经理

C．项目干系人   D．组合管理人员

试题（62）分析

参考《信息系统项目管理师教程》（第 3 版）21.2 节的表 21-1。项目的管理对象是项目

团队，项目集的管理对象是项目经理，项目组合的管理对象是协调组合管理人员。

参考答案

（62）D

试题（63）

小王在设计测试用例时，由于忽视了边界条件、异常处理等情况，没有完全覆盖需求。这类风险属于测试工作中的 ___（63）___。

（63）A．测试用例风险　　　　　　　　　B．缺陷风险

　　　　C．代码质量风险　　　　　　　　　D．测试环境风险

试题（63）分析

参考《信息系统项目管理师教程》（第 3 版）23.3.5 小节。在测试工作中，主要的风险表现为以下几个方面：需求风险、测试用例风险、缺陷风险、代码质量风险等。题中涉及的属于测试用例风险。

参考答案

（63）A

试题（64）

质量规划管理过程的事业环境因素不包括：___（64）___。

（64）A．可能影响项目质量的工作条件或运行条件

　　　　B．特定应用领域的相关规则、标准和指南

　　　　C．可能影响质量期望的文化观念

　　　　D．以往阶段或项目的经验教训

试题（64）分析

参考《信息系统项目管理师教程》（第 3 版）8.2.1 小节。可能影响质量规划管理过程的事业环境因素包括：政策法规；特定应用领域的相关规则、标准和指南；可能影响项目质量的项目或可交付成果的工作条件或运行条件；可能影响质量期望的文化观念。

以往阶段或项目的经验教训属于质量规划管理过程的组织过程资产。

参考答案

（64）D

试题（65）

___（65）___ 旨在建立对未来输出或正在进行的工作在完工时满足特定的需求和期望的信心。

（65）A．质量控制　　　B．质量规划　　　C．质量保证　　　D．质量改进

试题（65）分析

参考《信息系统项目管理师教程》（第 3 版）8.2.2 小节。质量保证旨在建立对未来输出或正在进行的工作在完工时满足特定的需求和期望的信心。

参考答案

（65）C

试题（66）

质量控制的输入不包括 ___（66）___。

（66）A．项目管理计划　　　　　　　　B．确认的变更

　　　　C．质量测量指标　　　　　　　　D．工作绩效数据

试题（66）分析

参考《信息系统项目管理师教程》（第 3 版）8.2.3 小节。控制质量的输入包括：项目管理计划、质量测量指标、质量核对单、工作绩效数据等。确认的变更属于控制质量的输出。

参考答案

（66）B

试题（67）

工程师小张需要完成图中所有区域的巡检工作，图中圆圈代表巡检地点，两点之间的连接线为可行的交通路径，连接线上所标识的数字为两点之间所需的交通费用，从地点 1 开始完成巡检（不需按数字顺序也无须返回起点）所需的最少交通费为　（67）　元。

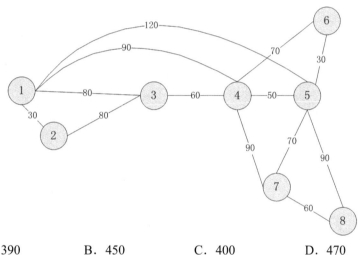

（67）A．390　　　　　　B．450　　　　　　C．400　　　　　　D．470

试题（67）分析

参考《信息系统项目管理师教程》（第 3 版）27.2 节。求最短路径，可有多条，其中一条为：1-2-3-4-6-5-7-8。

参考答案

（67）C

试题（68）

项目需要购买一项资产，投入 50 万元，50% 的概率能收入 100 万元，20% 的概率能收入 200 万元，15% 的概率能收入 250 万元，10% 的概率不赔不赚，5% 的概率亏损 500 万元。则投资这项资产的投资回报为　（68）　万元。

（68）A．102.5　　　　B．77.5　　　　　C．60.5　　　　　D．52.5

试题（68）分析

计算该项投资收益的数学期望值：

$100×50\%+200×20\%+250×15\%+0×10\%–500×5\%=50+40+37.5–25=102.5$ 万元。

投资回报为：$102.5–50=52.5$ 万元。

参考答案

（68）D

试题（69）

某化工企业接到一份 10 吨新材料研发的订单 100 万元，该材料由甲、乙、丙三种原材料构成，其中所含金属 A 不少于 4400 克，金属 B 不少于 4800 克，金属 A 和 B 在原材料中的含量及单价如下表所示。经过不断测算和试验，为了获得满足客户要求的这种新材料，该企业最多可获得的利润为 ___（69）___ 万元。

金属价	甲	乙	丙
金属 A（克/吨）	400	600	400
金属 B（克/吨）	800	200	400
单价（万元/吨）	7	6	5

（69）A. 58   B. 64   C. 42   D. 56

试题（69）分析

设使用甲材料为 X 吨，乙材料为 Y 吨，丙材料则为（10–X–Y）吨。设公司投入的总成本为 Z 万元，则：$Z=7X+6Y+5(10–X–Y)$，化简后 $Z=2X+Y+50$。

X、Y 应满足的约束条件为：

①$400X+600Y+400(10–X–Y)≥4400$

②$800X+200Y+400(10–X–Y)≥4800$

③$X≥0$

④$Y≥0$

⑤$10–X–Y≥0$

化简后得：

①$Y≥2$

②$2X–Y≥4$

③$X≥0$

④$X+Y≤10$

画图，取目标函数取值最小的点，应该是直线 Y=2 与直线 2X–Y=4 的交点，解方程组后得到 Y=2，X=3，Z=58，公司投入的成本为 58 万元，则利润为 100–58=42 万元。

参考答案

（69）C

试题（70）

关于动态规划的描述，不正确的是：___（70）___。

（70）A. 动态规划是解决多阶段决策过程最优化解的一种常用算法思想

    B. 动态规划的实质是分治思想和解决冗余，与分治法和回溯法类似

    C. 在处理离散型问题时，动态规划比线性规划效果更好

  D. 一个标准的动态规划算法包括划分阶段和选择状态两个步骤

试题（70）分析

  参考《信息系统项目管理师教程》（第 3 版）27.5 节。动态规划与分治法和贪心法类似。

参考答案

  （70）B

试题（71）

  The （71） can realize the seamless integration of various manufacturing devices equipped with sensing, identification, processing, communication, actuation and networking capabilities.

  （71）A. internet of things   B. cloud computing

     C. big data   D. artificial intelligence

试题（71）分析

  物联网能够实现具有传感、识别、处理、通信、驱动和联网能力的各种制造设备的无缝集成。

参考答案

  （71）A

试题（72）

  High-profile examples of （72） include autonomous vehicles (such as drones and self-driving cars), creating art (such as poetry) and online assistants (such as Siri).

  （72）A. internet of things   B. cloud computing

     C. big data   D. artificial intelligence

试题（72）分析

  人工智能的高端例子包括自主交通（如无人机和自动驾驶汽车）、艺术创作（如诗歌）、在线助理（如 Siri）。

参考答案

  （72）D

试题（73）、（74）

  The （73） process differs from the （74） process in that the former is primarily concerned with acceptance of the deliverables, while the latteris primarily concerned with correctness of the deliverables.

  （73）A. Perform Quality Assurance   B. Validate Scope

     C. Control Quality   D. Define Scope

  （74）A. Perform Quality Assurance   B. Validate Scope

     C. Control Quality   D. Define Scope

试题（73）、（74）分析

  确认范围过程与控制质量过程的不同之处在于，前者关注可交付成果的验收，后者关注可交付成果的正确性是否满足质量要求。

参考答案

（73）B　（74）C

试题（75）

_____（75）_____ is a technique for estimating the duration or cost of an activity ora project using historical data from a similar activity or project.

（75）A．Analogous estimating　　　　B．Parametric estimating

　　　　C．Three-Point estimating　　　　D．Bottom-Up estimating

试题（75）分析

类比估算是一种使用相似活动或项目的历史数据，估算当前活动或项目的持续时间或成本的技术。B 是参数估算，C 是三点估算，D 是自下而上估算。

参考答案

（75）A

第 5 章　2018 下半年信息系统项目管理师

下午试题 I 分析与解答

试题一（25 分）

阅读下列说明，回答问题 1 至问题 4，将解答填入答题纸的对应栏内。

【说明】

2018 年 1 月，某系统集成公司中标本市某地铁线路的列车乘客信息系统项目，内容包括地铁公司运营中心节目播放控制软件、地铁列车节目接收软件以及服务器、播放终端等硬件设施的搭建工作。

公司任命小陈为项目经理，并从各部门抽调了经验丰富的工程师组成了项目团队。小陈依据过去多年从事会议场所多媒体播控系统建设的经验，自己编写了项目范围说明书，并依此创建了 WBS 和 WBS 词典，形成项目范围基准。在项目实施过程中，由于与供应解码设备的厂商发生合同纠纷，项目组不得不重新寻找新的合作厂商，并针对新的解码设备重新开发接口软件，致使项目工期拖延。客户针对播放控制软件要求增加断点续传的功能，开发人员认为工作量不大就自行增加了该功能。项目测试时，小陈发现与之前做的项目不同，地铁运行时数据是通过车地无线网络传输，带宽有限，网络丢包现象严重，导致视频节目播放时经常卡顿，马赛克现象严重，究其原因，发现是 WBS 中解决该问题的软件模块没有开发。验收时，客户对项目执行情况很不满意，小陈觉得客户吹毛求疵，与客户发生了争执，导致客户向公司高层投诉。

【问题 1】（10 分）

结合案例，请分析该项目在范围管理方面存在哪些问题？

【问题 2】（6 分）

结合案例，请分析该项目在范围管理之外，还存在哪些问题？

【问题 3】（5 分）

分解是一种将项目可交付成果和项目工作分解成较小的、更易于管理的组件的技术。请指出要将整个项目分解为工作包，需要开展哪些主要活动？

【问题 4】（4 分）

从候选答案中选择 4 个正确选项（所选答案超过 4 个该题得 0 分），将该选项编号填入答题纸对应栏内。

规划范围管理过程的输入是_____。

A. 需求管理计划　　　　　B. 项目章程　　　　　C. 项目范围说明书
D. 经验教训知识库　　　　E. 项目管理计划　　　F. 工作绩效数据
G. 人事管理制度

试题一分析

本题重点考查项目范围管理、项目沟通管理和干系人管理、项目风险管理等知识，考生需全面多视角综合分析并作答。

【问题 1】

案例问答题，重点从如下几个方面进行考查。

1. 考生需从项目经理的角度思考，如何做好项目范围管理？（如明确项目边界、对项目执行工作进行监控、防止项目范围发生蔓延。）

2. 在项目中，对于项目管理的各过程职责和权限是否清晰了解并规定到位？

3. 需厘清什么是产品范围，什么是项目范围，二者之间有何区别？

4. 在项目实施中，对于产品范围变更对项目范围、进度和质量基准的影响如何实施控制？

5. 对项目管理各过程的输入、输出、工具与技术是否清晰明了？（如规划范围管理、收集需求、定义范围、创建 WBS、确认范围、控制范围等。）

6. 对需求的分类是否清晰明了？（如业务需求层面、干系人的需求、解决方案需求。）

【问题 2】

案例问答题，考查考生在项目管理方面全面多视角综合分析问题的能力。

1. 考生需从项目经理角度思考，对于项目本身，在实施过程中存在哪些风险，哪些风险不能发生，哪些风险可以规避，哪些风险可能发生，如何预防和控制，哪些风险可以接受？

2. 在与客户沟通的过程中，如何规划、管理控制沟通，确保沟通顺畅，不发生纠葛？

3. 在与供应商关系处理中，如何建立合作伙伴关系，避免不必要的矛盾？

【问题 3】

概念问答题，考查考生对 WBS 分解的步骤的掌握程度（参考《信息系统项目管理师教程》（第 3 版）[①]5.5.2 小节）。

【问题 4】

细节选择题，考查规划范围管理过程的输入（参考《信息系统项目管理师教程》（第 3 版）5.2 节）。

参考答案

【问题 1】（10 分）

（1）需求分析未做好。

（2）项目成员未参与项目范围说明书、WBS、WBS 词典的编写。

（3）项目范围基准（范围说明书、WBS、WBS 词典）未经确认。

（4）范围变更（范围控制）未遵守变更流程。

（5）范围确认工作没有做好（没有确认 WBS 中定义的工作是否全部完成）。

（每条 2 分，共 10 分）

---

① 本章提及的《信息系统项目管理师教程》（第 3 版）为全国计算机技术与软件专业技术资格（水平）考试指定用书，由清华大学出版社出版。

【问题 2】（6 分）

（1）对风险分析不足。

（2）与客户沟通存在问题。

（3）供应商关系、合同管理存在问题。

（每条 2 分，共 6 分）

【问题 3】（5 分）

（1）识别和分析可交付成果及相关工作。

（2）确定 WBS 的结构和编排方法。

（3）自上而下逐层细化分解。

（4）为 WBS 组件制定和分配标识编码。

（5）核实可交付成果分解的程度是否恰当。

（每条 1 分，共 5 分）

【问题 4】（4 分）

B　D　E　G

（选对 1 个得 1 分，共 4 分。所选答案超过 4 个该题得 0 分）

试题二（27 分）

阅读下列说明，回答问题 1 至问题 4，将解答填入答题纸的对应栏内。

【说明】

某信息系统项目包含如下十个活动。各活动的历时、活动逻辑关系如下表所示：

活动名称	活动历时/天	紧前活动
A	2	—
B	5	A
C	2	B、D
D	6	A
E	3	C、G
F	3	A
G	4	F
H	4	E
I	5	E
J	3	H、I

【问题 1】（9 分）

（1）请给出该项目的关键路径和总工期。

（2）请给出活动 E、G 的总浮动时间和自由浮动时间。

【问题 2】（5 分）

在项目开始前，客户希望将项目工期压缩为 19 天，并愿意承担所发生的所有额外费用。经过对各项活动的测算发现，只有活动 B、D、I 有可能缩短工期，其余活动均无法缩短工期。活动 B、D、I 最多可以缩短的天数以及额外费用如下：

活动名称	最多可以缩短的天数	每缩短 1 天需要增加的额外费用/元
B	2	2000
D	3	2500
I	3	3000

在此要求下，请给出费用最少的工期压缩方案及其额外费用。

【问题 3】（4 分）

请将下面（1）～（4）处的答案填写在答题纸的对应栏内。

项目活动之间的依赖关系分为四种：

　（1）　是法律或合同要求的或工作的内在性质决定的依赖关系。

　（2）　是基于具体应用领域的最佳实践或者基于项目的某些特殊性质而设定，即便还有其他顺序可以选用，但项目团队仍缺省按照此种特殊的顺序安排活动。

　（3）　是项目活动与非项目活动之间的依赖关系。

　（4）　是项目活动之间的紧前关系，通常在项目团队的控制之中。

【问题 4】（9 分）

假设该项目的总预算为 20 万元，其中包含 2 万元管理储备和 2 万元应急储备。当项目进行到某一天时，项目实际完成的工作量仅为应完成工作的 60%，此时的 PV 为 12 万元，实际花费为 10 万元。

（1）请计算该项目的 BAC。

（2）请计算当前时点的 EV、CV、SV。

（3）在当前绩效情况下，请计算该项目的完工尚需估算 ETC。

试题二分析

本题重点考查考生对项目进度管理过程的掌握程度，尤其是活动排列顺序的技术和工具应用。

【问题 1】

综合计算题，要求考生重点掌握项目网络图的绘制，以及前导图法、四种类型的依赖关系、最早开始时间和最晚开始时间、箭线图法、提前量和滞后量、关键路径法的运用等知识。

【问题 2】

综合计算题，考生应重点掌握项目正常与赶工情况对比、工期压缩方案的制定方法。

【问题 3】

细节填空题，考生需掌握项目活动排列顺序的技术和工具应用，掌握四种类型的依赖关系（参考《信息系统项目管理师教程》（第 3 版）6.3.2 小节）。

【问题 4】

综合计算题，考生需重点掌握项目成本管理中挣值管理（EVM）、计划价值（PV）、挣值（EV）、实际成本（AC）、进度偏差（SV）、成本偏差（CV）、进度绩效指数（SPI）、成本绩效指数（CPI）、完工估算（EAC）、完工预算（BAC）、完工尚需估算（ETC）之间的公式关系和运用。

参考答案

【问题1】（9分）

根据题意，绘制网络图如下（该图为了便于过程计算，不要求考生在答题纸上绘制）。

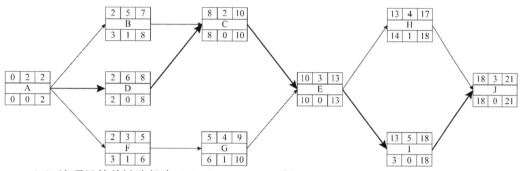

（1）该项目的关键路径为 A-D-C-E-I-J。（3分）

总工期为 2+6+2+3+5+3=21 天。（2分）

（2）活动 E 位于关键路径上，总浮动时间是 0 天（1分），自由浮动时间是 0 天（1分）。

活动 G 的总浮动时间是 1 天（1分），自由浮动时间是 1 天（1分）。

【问题2】（5分）

活动 B 不在关键路径上，尽管每缩短 1 天需要增加的额外费用最少，但对项目的总工期无影响。

活动 D 和 I 在关键路径上，其中活动 D 每缩短 1 天需要增加的额外费用相对较少，因此应首先考虑缩短活动 D 的工期。但是当活动 D 缩短天数大于等于 2 天时，关键路径发生变化。因此，最优的方案是：将活动 D（1分）的工期缩短 1 天（1分），将活动 I（1分）的工期缩短 1 天（1分），此时额外增加的费用= 2500×1 + 3000×1 = 5500 元（1分）。

【问题3】（4分）

（1）强制依赖关系

（2）选择性依赖关系

（3）外部依赖关系

（4）内部依赖关系

（每个1分，共4分）

【问题4】（9分）

（1）BAC = 18 万元（2分）

（2）PV = 12 万元　　　　AC = 10 万元　　　SPI = 60%

EV = PV×SPI = 7.2 万元（2分，公式正确1分，结果正确1分）

CV=EV–AC=7.2–10=–2.8 万元（1分，公式正确0.5分，结果正确0.5分）

SV=EV–PV=7.2–12=–4.8 万元（1分，公式正确0.5分，结果正确0.5分）

（3）CPI = EV/AC = 7.2/10 = 0.72

ETC =(BAC – EV)/ CPI =(18–7.2)/0.72 = 15 万元

（3 分，公式正确 2 分，结果正确 1 分）

试题三（23 分）

阅读下列说明，回答问题 1 至问题 4，将解答填入答题纸的对应栏内。

【说明】

A 公司准备研发一款手机无线充电器，项目启动时间为 2018 年 1 月，项目整体交付时间为 2018 年 6 月。

按照资源配置和专业分工，公司将项目初步拆分为 7 个子项目，其中，项目 A-C 负责产品主体研发和生产，项目 E 和 F 关注产品规格和外观设计，项目 D 负责技术攻关，项目 G 关注功能性附件。

2018 年 2 月，核心芯片采购遇到困难，为了不影响整体进度，又单独成立了 H 组负责研究可替代性芯片的选型和采购。

同时，公司专门成立了副总经理牵头的协调小组负责管理这 8 个启动时间不一、关键节点不一却又内部互有关联的项目。

【问题 1】（9 分）

请简述项目管理、项目集管理和项目组合管理的概念。结合案例，分析该项目适合用哪种方式进行管理，简述理由。

【问题 2】（6 分）

结合案例，从变更、计划、监控三个属性上阐述项目组 A 的项目经理与协调小组职责的差异。

【问题 3】（3 分）

请将下面（1）～（3）处的答案填写在答题纸的对应栏内（从候选答案中选择一个正确选项，将该选项编号填入答题纸对应栏内）。

项目组合治理管理包括：制订项目组合管理计划、___(1)___、___(2)___、___(3)___和执行项目组合监督 5 个子过程。

A. 定义项目组合　　　B. 分配项目组合资源　　　C. 优化项目组合

D. 批准项目组合　　　E. 制定项目组合预算

【问题 4】（5 分）

请判断以下描述是否正确（填写在答题纸的对应栏内，正确的选项填写"√"，不正确的选项填写"×"）：

（1）项目集内的所有项目通过共同的目标相关联，该目标对发起组织而言具有非常重要的战略意义。　　　　　　　　　　　　　　　　　　　　　　　　　（　　）

（2）项目集目标可以是短期的，也可以是长期的，可以是定性的，也可以是定量可管理的。　　　　　　　　　　　　　　　　　　　　　　　　　　　　　（　　）

（3）为了获得有效资源，组织应该为每一个项目集提前分配固定的资源池。（　　）

（4）可以根据项目集收益的实现情况将项目集生命周期划分为项目集定义阶段、项目集收益交付阶段和项目集收尾阶段三个过程。　　　　　　　　　　　　（　　）

（5）项目集管理过程中，增加了绩效域这一新概念，重点关注项目集的战略、构建和治

理等方面。　　　　　　　　　　　　　　　　　　　　　　　　　　　（　　）

试题三分析

本题重点考查考生对项目管理、项目集管理概念的区别的掌握程度，以及作为一名项目经理对项目变更的控制和对项目计划的编写能力，对项目交付的监控也须全面掌握。

【问题1】

案例问答题，考生需掌握项目管理、项目集管理和项目组合管理的概念及实际项目的运用。

【问题2】

概念细节题，重点考查项目经理与协调小组职责的差异。

【问题3】

细节选择题，重点考查项目组合治理管理的 5 个子过程。

【问题4】

细节判断题，考生需掌握项目集管理的意义、目标、资源等相关知识。

（1）项目集内的所有项目通过共同的目标相关联，该目标对发起组织而言具有非常重要的战略意义（参考《信息系统项目管理师教程》（第 3 版）20.1 节）。

（2）项目集目标可以是短期的，也可以是长期的，但是必须是具体的和可量化的（参考《信息系统项目管理师教程》（第 3 版）20.2.2 小节）。

（3）不同的项目集对资源需求方面的要求不同，对资源池的需求也存在差异，因此就需要各项目集根据自身不同的特点来组建项目集层面的资源池（参考《信息系统项目管理师教程》（第 3 版）20.3.5 小节）。

（4）可以根据项目集收益的实现情况将项目集生命周期划分为项目集定义阶段、项目集收益交付阶段和项目集收尾阶段三个过程（参考《信息系统项目管理师教程》（第 3 版）20.4.1 小节）。

（5）项目集管理过程中，增加了绩效域这一新概念，重点关注项目集的战略、构建和治理等方面（参考《信息系统项目管理师教程》（第 3 版）20.5 节）。

参考答案

【问题1】（9分）

（1）项目管理是把各种知识、技能、手段和技术应用于项目活动中，以达到项目的目标和要求。（2分）

（2）项目集管理是在项目集中应用知识、技能、工具和技术来满足项目集的要求，获得分别管理各项目集组件所无法实现的收益和控制。（2分）

（3）项目组合管理是将项目、项目集，以及其他方面的工作内容组合起来进行有效管理，以保证满足组织的战略性业务目标。（2分）

（4）本项目适合用项目集管理的方式进行管理。（2分）

原因：本项目是多个项目组共同研发一个新产品系列，不仅是在资金、技能、干系人上的共享与关联，而是需要在成本、人员、进度等方面组合调整，统一协调，以实现组织共同收益为目标的项目集合。（1分）

【问题 2】(6 分)

(1) 变更:

项目经理应尽量让变更最小化。(1 分)

协调小组要预测并拥抱变化。(1 分)

(2) 计划:

项目经理为交付物提供详细的项目计划。(1 分)

协调小组为详细的项目计划提供高层指导。(1 分)

(3) 监控:

项目经理监控产生项目交付物的任务和工作。(1 分)

协调小组在治理框架下,监控项目工作。(1 分)

【问题 3】(3 分)

(1) A

(2) C

(3) D

(每个 1 分,共 3 分,(1) ~ (3) 答案可互换)

【问题 4】(5 分)

(1) √

(2) ×

(3) ×

(4) √

(5) √

(每个 1 分,共 5 分)

第6章 2018下半年信息系统项目管理师 下午试题 II 写作要点

> 从下列的 2 道试题（试题一至试题二）中任选 1 道解答。请在答题纸上的指定位置处将所选择试题的题号框涂黑。若多涂或者未涂题号框，则对题号最小的一道试题进行评分。

试题一 论信息系统项目的沟通管理

项目沟通管理是产生、收集、分发、存储及最终处理项目信息的过程。项目经理需花费大量时间与项目团队和项目干系人沟通，项目每一名成员也应当了解沟通对项目整体的影响。

请以"论信息系统项目的沟通管理"为题，分别从以下三个方面进行论述：

1. 概要叙述你参与管理过的信息系统项目（项目的背景、项目规模、发起单位、目的、项目内容、组织结构、项目周期、交付的产品等），并说明你在其中承担的工作。

2. 结合项目管理实际情况并围绕以下要点论述你对信息系统项目沟通管理的认识。

（1）沟通渠道的类别、优缺点及其在沟通管理中的重要性。

（2）项目沟通管理的过程及其输入和输出。

（3）项目管理中如何灵活地应用沟通技巧和沟通方法。

3. 请结合论文中所提到的信息系统项目，介绍在该项目中是如何进行沟通管理的（可叙述具体做法），并总结你的心得体会。

试题一写作要点

第一部分评分要点：

论文结构合理，摘要正确，正文完整，语言流畅，字迹清楚。

所述项目真实可信，介绍得当。

第二部分评分要点：

论述的要点要覆盖题目要求的三个方面，但又不局限于这三个方面。

1. 沟通渠道一般分为正式沟通渠道和非正式沟通渠道。

（1）正式沟通渠道：遵循着组织中的权力网络，传递与工作相关的活动信息。例如召开会议、上下级沟通交流、技术交流、参观访问等。

优点：沟通效果好，比较严肃，约束力强，易于保密，使信息沟通保持权威性。

缺点：依靠组织系统层层传递，较刻板，沟通速度慢。

（2）非正式沟通渠道：正式沟通渠道以外的信息传递和反馈，达到双方利益和目的。包含团队成员私下交换看法、朋友聚会、传播谣言和小道消息等。

优点：沟通形式不拘，直接明了，速度很快，容易及时了解正式沟通难以了解的"内部新闻"，非正式沟通能够发挥作用的基础是团队中良好的人际关系。

缺点：难以控制，传递的信息不确切，易于失真，曲解，会导致小集团、小圈子，影响人心稳定和团队的凝聚力。

项目经理需充分认识两种沟通的优缺点，充分利用二者优点，规避缺点，在不同的场所灵活采取合适的沟通渠道为项目目标服务。

2. 项目沟通管理主要包括规划沟通、管理沟通和控制沟通三个过程。

（1）规划沟通输入：项目管理计划、干系人登记册、事业环境因素、组织过程资产；输出：项目文件更新、沟通管理计划。

（2）管理沟通输入：沟通管理计划、工作绩效报告、事业环境因素、组织过程资产；输出：项目沟通、项目管理计划更新、项目文件更新、组织过程资产更新。

（3）控制沟通输入：项目管理计划、项目沟通、问题日志、工作绩效数据、组织过程资产；输出：工作绩效信息、变更请求、项目管理计划更新、项目文件更新、组织过程资产更新。

3. 在项目管理过程中一定要善于运用非语言和语言沟通技巧，包括赞美对方、善于聆听、目标对视、赞许预先准备思路和提纲、合理征询意见等。

项目中可以使用多种沟通方法在干系人之间共享信息，沟通方法包括：交互式沟通、推式沟通、拉式沟通。

第三部分评分要点：

根据考生描述的信息系统项目，对其所承担的信息系统项目如何进行项目沟通管理的阐述，以及总结的心得体会，确定其叙述的项目沟通管理及其评论是否合适，是否具有信息系统项目沟通管理的经验。陈述问题得当、真实，分析方式正确，评论合适。

试题二　论项目的风险管理

项目风险是一种不确定的事件和条件，一旦发生，会对项目目标产生某种正面或负面的影响。项目风险管理的目标在于增加积极事件的概率和影响，降低项目消极事件的概率和影响。

请以"论项目的风险管理"为题，分别从以下三个方面进行论述：

1. 概要叙述你参与管理过的信息系统项目（项目的背景、项目规模、发起单位、目的、项目内容、组织结构、项目周期、交付的产品等），并说明你在其中承担的工作。

2. 结合项目管理实际情况并围绕以下要点论述你对信息系统项目风险管理的认识。

（1）项目风险管理的基本过程。

（2）信息系统项目中风险管理方面经常会遇到的问题和所采取的解决措施。

3. 结合项目实际情况说明在该项目中你是如何进行风险管理的（可叙述具体做法），并总结你的心得体会。

试题二写作要点

第一部分评分要点：

论文结构合理，摘要正确，正文完整，语言流畅，字迹清楚。

所述项目真实可信，介绍得当。

第二部分评分要点：

针对题目要求的两个方面分别进行论述。

1. 项目风险管理的主要过程包括：

（1）风险管理规划：决定如何进行规划和实施项目风险管理活动。

（2）风险识别：判断哪些风险会影响项目，并以书面形式记录其特点。

（3）定性风险分析：对风险概率和影响进行评估和汇总，进而对风险进行排序，以便随后进一步分析和行动。

（4）定量风险分析：就识别的风险对项目总体目标的影响进行定量分析。

（5）风险应对规划：针对项目目标制定提高机会、降低威胁的方案和行动。

（6）风险监控：在整个项目生命周期中，跟踪已识别的风险、监测残余风险、识别新风险和实施风险应对计划，并对其有效性进行评估。

2. 结合论文中描述的项目情况以及风险管理的基本过程，介绍该项目中遇到的一些问题，并说明是如何解决的。

第三部分评分要点：

根据考生描述的信息系统项目，对其所承担的信息系统项目如何进行项目风险管理的阐述，以及总结的心得体会，确定其叙述的项目风险管理及其评论是否合适，是否具有信息系统项目风险管理的经验。陈述问题得当、真实，分析方式正确，评论合适。

第7章 2019 上半年信息系统项目管理师上午试题分析与解答

试题（1）

RFID 射频技术多应用于物联网的___(1)___。

（1）A. 网络层　　　　B. 感知层　　　　C. 应用层　　　　D. 传输层

试题（1）分析

参考《信息系统项目管理师教程》（第 3 版）[①]1.5.1 小节。物联网架构可分为三层，分别是感知层、网络层和应用层。感知层由各种传感器构成，包括温湿度传感器、二维码标签、RFID 标签和读写器、摄像头、GPS 等感知终端。

参考答案

（1）B

试题（2）

智慧城市建设参考模型的___(2)___利用 SOA（面向服务的体系架构）、云计算、大数据等技术，承载智慧应用层中的相关应用，提供应用所需的各种服务和共享资源。

（2）A. 通信网络层　　　　　　　　　B. 计算与存储层

　　　C. 物联感知层　　　　　　　　　D. 数据及服务支撑层

试题（2）分析

参考《信息系统项目管理师教程》（第 3 版）1.7.6 小节。智慧城市建设参考模型的数据及服务支撑层利用 SOA（面向服务的体系架构）、云计算、大数据等技术，承载智慧应用层中的相关应用，提供应用所需的各种服务和共享资源。

参考答案

（2）D

试题（3）

信息系统的生命周期中，开发阶段不包括___(3)___。

（3）A. 系统规划　　　B. 系统设计　　　C. 系统分析　　　D. 系统实施

试题（3）分析

参考《信息系统项目管理师教程》（第 3 版）1.1.4 小节。信息系统的生命周期可以简化为立项（系统规划）、开发（系统分析、系统设计、系统实施）、运维及消亡四个阶段，在开发阶段不仅包括系统分析、设计、实施，还包括系统验收工作。

---

① 本章提及的《信息系统项目管理师教程》（第 3 版）是全国计算机技术与软件专业技术资格（水平）考试指定用书，由清华大学出版社出版。

参考答案

（3）A

试题（4）

　　　(4)　的目的是缩小数据的取值范围，使其更适合于数据挖掘算法的需要，并且能够得到和原始数据相同的分析结果。

（4）A．数据清洗　　　B．数据集成　　　C．数据变换　　　　D．数据归约

试题（4）分析

数据归约是指在尽可能保持数据原貌的前提下，最大限度地精简数据量（完成该任务的必要前提是理解挖掘任务和熟悉数据本身内容）。

参考答案

（4）D

试题（5）

　　　(5)　向用户提供办公软件、工作流等服务，使软件提供商从软件产品的生产者转变成服务的运营者。

（5）A．IaaS　　　　　B．PaaS　　　　　C．SaaS　　　　　D．DaaS

试题（5）分析

SaaS 向用户提供办公软件、工作流等服务，使软件提供商从软件产品的生产者转变成服务的运营者。

参考答案

（5）C

试题（6）

区块链的特征不包括　(6)　。

（6）A．中心化　　　B．开放性　　　C．信息不可篡改　　　D．匿名性

试题（6）分析

区块链的特征包括：去中心化、开放性、自治性、信息不可篡改、匿名性。由于节点之间的交换遵循固定的算法，其数据交互是无须信任的（区块链中的程序规则会自行判断活动是否有效），因此交易对手无须通过公开身份的方式让对方对自己产生信任，对信用的累积非常有帮助。

参考答案

（6）A

试题（7）

软件架构中，　(7)　模式包括主程序/子程序、数据抽象和面向对象，以及层次结构。

（7）A．数据流　　　B．调用/返回　　　C．虚拟机　　　　D．独立构件

试题（7）分析

参考《信息系统项目管理师教程》（第 3 版）1.4.2 小节。通用软件架构风格分为数据流风格、调用/返回风格、独立构件风格、虚拟机风格和仓库风格。调用/返回风格包括主程序/子程序、数据抽象和面向对象，以及层次结构。

参考答案

（7）B

试题（8）

关于软件过程管理的描述，不正确的是__(8)__。

（8）A．在软件过程管理方面，最著名的是能力成熟度模型集成（CMMI）

B．CMMI 成熟度级别 3 级与 4 级的关键区别在于对过程性能的可预测性

C．连续式模型将 24 个过程域按照功能划分为过程管理、项目管理、工程和支持 4 个过程组

D．对同一组织采用阶段式模型和连续式模型分别进行 CMMI 评估，得到的结论不同

试题（8）分析

参考《信息系统项目管理师教程》（第 3 版）1.4.4 小节和 24.3 节。对同一组织采用阶段式模型和连续式模型分别进行 CMMI 评估，得到的结论应该相同的。

参考答案

（8）D

试题（9）

关于软件测试的描述，不正确的是：__(9)__。

（9）A．采用桌前检查、代码走查和代码审查属于动态测试方法

B．控制流测试和数据流测试属于白盒测试方法

C．软件测试可分为单元测试、集成测试、确认测试、系统测试等类别

D．回归测试的目的是测试软件变更后，变更部分的正确性和对变更需求的符合性，以及功能、性能等要求的不损害性

试题（9）分析

参考《信息系统项目管理师教程》（第 3 版）1.4.5 小节。静态测试包括对文档和代码的静态测试。对文档的静态测试主要以检查单的形式进行，对代码的静态测试一般采用桌前检查、代码走查和代码审查。

参考答案

（9）A

试题（10）

关于软件工程的描述，不正确的是：__(10)__。

（10）A．软件工程对软件开发的质量、进度、成本进行评估、管理和控制

B．用户需求反映客户高层次的目标要求，通常来自项目投资人、客户等

C．需求是用户对新系统在功能、行为、性能等方面的期望

D．软件工程将系统的、规范的、可度量的工程化方法应用于软件开发

试题（10）分析

参考《信息系统项目管理师教程》（第 3 版）1.4.1 小节。用户需求描述的是用户的具体目标，或用户要求系统必须能完成的任务。通常采取用户访谈和问卷调查等方式对用户使用的常见需求进行整理，从而建立用户需求。

参考答案

（10）B

试题（11）

企业应用集成技术可以消除信息孤岛，将多个企业信息系统连接起来，实现无缝集成。下图显示的是　（11）　集成模型。

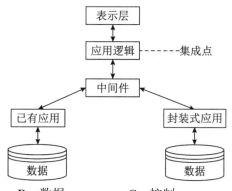

（11）A．表示　　　　B．数据　　　　C．控制　　　　D．业务流程

试题（11）分析

参考《信息系统项目管理师教程》（第 3 版）1.4.6 小节的图 1-13。控制集成也称为功能集成或应用集成，是在业务逻辑层上对应用系统进行的集成。控制集成的集成点存于程序代码中，集成处可能只需简单使用公开的 API 就可以访问。

参考答案

（11）C

试题（12）

　（12）　是验证一个配置项的实际工作性能是否符合它的需求规格说明。

（12）A．功能配置审计　　　　　　　B．物理配置审计

　　　 C．设计评审　　　　　　　　　D．代码审计

试题（12）分析

参考《信息系统项目管理师教程》（第 3 版）14.2.3 小节。功能配置审计是验证一个配置项的实际工作性能是否符合它的需求规格说明。

参考答案

（12）A

试题（13）

GB/T 16260.1 是产品质量系列标准中的基础标准，它描述了软件工程领域产品质量的　（13）　。

（13）A．使用质量　　　　　　　　　B．外部度量

　　　 C．内部度量　　　　　　　　　D．质量模型

试题（13）分析

出自 GB/T 16260。GB/T 16260.1 是《软件工程　产品质量　第 1 部分：质量模型》，是

该系列标准的基础标准。第 2 部分、第 3 部分、第 4 部分分别是外部度量、内部度量和使用质量的度量。

参考答案

（13）D

试题（14）

GB/T 14394—2008 用于指导软件产品生存周期内可靠性和__(14)__大纲的制定和实施。

（14）A．可用性　　　B．可维护性　　　C．可访问性　　　D．可移植性

试题（14）分析

出自 GB/T 14394—2008。在该标准的范围中，规定了软件产品在其生存周期内如何选择适当的软件可靠性和可维护性管理要素，并指导可靠性和可维护性大纲的制定和实施。

参考答案

（14）B

试题（15）

信息必须依赖其存储、传输、处理及应用的载体（媒介）而存在，因此信息系统安全可以划分为设备安全、数据安全、内容安全和__(15)__。

（15）A．行为安全　　　B．通信安全　　　C．主机安全　　　D．信息安全

试题（15）分析

参考《信息系统项目管理师教程》（第 3 版）1.6.1 小节。信息必须依赖其存储、传输、处理及应用的载体（媒介）而存在，因此针对信息系统，安全可以划分为以下四个层次：设备安全、数据安全、内容安全和行为安全。

参考答案

（15）A

试题（16）

信息安全等级保护管理办法中，如果信息系统受到破坏后，会对社会秩序和公共利益造成特别严重损害，或者对国家安全造成严重损害，则该系统应该受到__(16)__保护。

（16）A．第二级　　　B．第三级　　　C．第四级　　　D．第五级

试题（16）分析

参考《信息系统项目管理师教程》（第 3 版）1.6.1 小节。第四级信息系统的特点为：信息系统受到破坏后，会对社会秩序和公共利益造成特别严重损害，或者对国家安全造成严重损害。第四级信息系统运营、使用单位应当依据国家有关管理规范、技术标准和业务专门需求进行保护。国家信息安全监管部门对该级信息系统信息安全等级保护工作进行强制监督、检查。

参考答案

（16）C

试题（17）

关于网络安全防御技术的描述，不正确的是__(17)__。

（17）A．防火墙主要是实现网络安全的安全策略，在策略中涉及的网络访问行为可以实施有效管理，策略之外的网络访问行为也可控制

　　B．入侵检测系统注重的是网络安全状况的监管，绝大多数 IDS 系统都是被动的

　　C．蜜罐技术是一种主动防御技术，是一个"诱捕"攻击者的陷阱

　　D．虚拟专用网络是在公网中建立专用的、安全的数据通信通道的技术

试题（17）分析

参考《信息系统项目管理师教程》（第 3 版）1.6.3 小节。防火墙主要是实现网络安全的安全策略，在策略中涉及的网络访问行为可以实施有效管理，策略之外的网络访问行为则无法控制。

参考答案

（17）A

试题（18）

关于 Web 安全及其威胁防护技术的描述，不正确的是　（18）　。

　　（18）A．当前 Web 面临的主要威胁有可信任站点的漏洞、浏览器及其插件的漏洞、网络钓鱼、僵尸网络等

　　B．Web 防篡改技术包括单点登录、时间轮询、事件触发等

　　C．Web 内容安全管理技术包括电子邮件过滤、网页过滤、反间谍软件等

　　D．Web 访问控制的主要任务是保证网络资源不被非法访问者访问

试题（18）分析

参考《信息系统项目管理师教程》（第 3 版）1.6.3 小节。Web 防篡改技术包括时间轮询技术、核心内嵌技术、事件触发技术、文件过滤驱动技术等。单点登录系统采用基于数字证书的加密和数字签名技术，基于统一策略的用户身份认证和授权控制功能，对用户实行集中统一的管理和身份认证。

参考答案

（18）B

试题（19）

TCP/IP 模型中，Telnet 属于　（19）　协议。

　　（19）A．接口层　　　　B．网络层　　　　C．传输层　　　　D．应用层

试题（19）分析

TCP/IP 模型包括接口层、网络层、传输层和应用层。应用层定义了很多面向应用的协议，包括 FTP、HTTP、SMTP 和 Telnet 等。

参考答案

（19）D

试题（20）

　（20）　不属于"互联网+"的应用。

　　（20）A．滴滴打车　　　B．AlphaGo　　　C．百度外卖　　　D．共享单车

试题（20）分析

AlphaGo 属于人工智能的应用。

参考答案

（20）B

试题（21）

基于买方的购买历史及行为分析，进行针对性的广告推送，属于 __(21)__ 的典型应用。

（21）A．大数据　　　　B．云计算　　　　C．物联网　　　　D．智慧城市

试题（21）分析

参考《信息系统项目管理师教程》（第 3 版）1.5.3 小节。大数据是具有体量大、结构多样、时效性强等特征的数据。

参考答案

（21）A

试题（22）

关于大型信息系统特征的描述，不正确的是：__(22)__。

（22）A．大型信息系统通常具有多个子系统

　　　 B．大型信息系统数据量大，存储数据复杂

　　　 C．大型信息系统对安全要求很高，因此具有统一的安全域

　　　 D．大型信息系统网络结构复杂，一般采用多级网络结构

试题（22）分析

参考《信息系统项目管理师教程》（第 3 版）1.9.1 小节。大型信息系统的特点包括：规模庞大、跨地域性、网络结构复杂、业务种类多、数据量大、用户多。其中，网络结构复杂体现为，大型信息系统一般采用多级网络结构、跨越多个安全域、网络关系复杂、接口众多。

参考答案

（22）C

试题（23）

在信息系统的生命周期中，首先要进行信息系统规划，之后开展系统分析工作。__(23)__ 不属于系统规划阶段的工作。

（23）A．确定组织目标和发展战略

　　　 B．可行性研究

　　　 C．给出拟建系统的备选方案

　　　 D．分析和预测新系统的需求

试题（23）分析

参考《信息系统项目管理师教程》（第 3 版）1.1.4 小节。系统规划阶段的任务是对组织的环境、目标及现行系统的状况进行初步调查，根据组织目标和发展战略，确定信息系统的发展战略，对建设新系统的需求做出分析和预测，同时考虑建设新系统所受的各种约束，研究建设新系统的必要性和可能性。根据需要与可能，给出拟建系统的备选方案，并进行可行性研究，写出可行性研究报告，将新系统建设方案及实施计划编写成系统设计任务书。

参考答案

（23）A

试题（24）

信息系统规划的工具很多，例如 P/O 矩阵、R/D 矩阵、IPO 图、C/U 矩阵等。每种工具的用途有所不同，其中　(24)　适用于归纳数据。

（24）A．P/O 矩阵　　　B．R/D 矩阵　　　C．IPO 图　　　D．C/U 矩阵

试题（24）分析

参考《信息系统项目管理师教程》（第 3 版）1.9.3 小节。P/O 矩阵用于分析过程与组织的联系，R/D 矩阵用于定义数据类，IPO 图用于输入输出分析，C/U 矩阵用于划分子系统。

参考答案

（24）B

试题（25）

执行者与用例之间的关系是　(25)　。

（25）A．包含关系　　　B．泛化关系　　　C．关联关系　　　D．扩展关系

试题（25）分析

参考《信息系统项目管理师教程》（第 3 版）1.4.1 小节。关联描述一组对象之间连接的结构关系。

参考答案

（25）C

试题（26）

在 UML 的顺序图中，通常由左向右分层排列各个对象，正确的排列方法是：　(26)　。

（26）A．执行者角色、控制类、用户接口、业务层、后台数据库

B．执行者角色、用户接口、控制类、业务层、后台数据库

C．执行者角色、控制类、用户接口、后台数据库、业务层

D．执行者角色、用户接口、业务层、控制类、后台数据库

试题（26）分析

参考《信息系统项目管理师教程》（第 3 版）1.4.1 小节。在 UML 的顺序图中，通常由左向右分层排列各个对象，正确的排列方法是：执行者角色、控制类、用户接口、业务层、后台数据库。

参考答案

（26）A

试题（27）

项目成员张工绘制了四张类图，其中不正确的是　(27)　。

（27）A．

students

B．

students
name:String
age:

C．

students
getName()
getAge()

D．

students
name:String
age:Integer
getName()
getAge()

试题（27）分析

参考《系统集成项目管理工程师教程》（第 2 版）①3.4.1 小节。类将实体的属性（数据）和操作（函数）封装在一起。

参考答案

（27）D

试题（28）

合同法对合同索赔流程有严格的规定，索赔方以书面通知书的形式在索赔事项发生后的 28 天内，向监理工程师正式提出索赔意向；在索赔通知书发出后 28 天内向监理工程师提出索赔报告及有关资料；监理工程师收到索赔报告有关资料后，于　（28）　内给予答复。

（28）A. 15 天　　　　　　B. 15 个工作日　　　　　　C. 28 天　　　　　　D. 28 个工作日

试题（28）分析

参考《信息系统项目管理师教程》（第 3 版）13.2.5 小节中的合同索赔流程。索赔方以书面通知书的形式在索赔事项发生后的 28 天内，向监理工程师正式提出索赔意向；在索赔通知书发出后 28 天内向监理工程师提出索赔报告及有关资料；监理工程师收到索赔报告有关资料后，于 28 天内给予答复。

参考答案

（28）C

试题（29）

依法进行招标的项目，自招标文件开始发出之日起至投标人提交投标文件止，最短不得少于　（29）　天。

（29）A. 20　　　　　　B. 30　　　　　　C. 15　　　　　　D. 60

试题（29）分析

参考《信息系统项目管理师教程》（第 3 版）12.4.3 小节。依法进行招标的项目，自招标文件开始发出之日起至投标人提交投标文件止，最短不得少于 20 天。

参考答案

（29）A

试题（30）

小张接到一项任务，要对一个新项目投资及经济效益进行分析，包括支出分析、收益分析、敏感性分析等。请问小张正在进行　（30）　。

（30）A. 技术可行性分析　　　　　　　　　　B. 经济可行性分析
　　　　C. 运行环境可行性分析　　　　　　　　D. 法律可行性分析

试题（30）分析

参考《信息系统项目管理师教程》（第 3 版）3.2.1 小节。经济可行性分析主要对整个项目的投资及所产生的经济效益进行分析，具体包括支出分析、收益分析、投资回报分析以及敏感性分析等。

---

① 本章提及的《系统集成项目管理工程师教程》（第 2 版）为全国计算机技术与软件专业技术资格（水平）考试指定用书，由清华大学出版社出版。

参考答案

（30）B

试题（31）

关于项目评估及论证的描述，不正确的是：__(31)__。

（31）A. "先论证，后决策"是现代项目管理的基本原则

B. 项目论证应该围绕着市场需求、开发技术、人力资源三个方面开展

C. 项目论证一般包括机会研究、经济可行性研究和详细可行性研究

D. 项目评估的目的是审查项目可行性研究的可靠性、真实性和客观性

试题（31）分析

参考《信息系统项目管理师教程》（第 3 版）3.3.1 小节。项目论证应该围绕着市场需求、开发技术、财务经济三个方面开展调查和分析。

参考答案

（31）B

试题（32）

项目生命周期是指项目从启动到收尾所经历的一系列阶段。当项目进入收尾阶段时__(32)__较高。

（32）A. 项目的风险 B. 人力投入 C. 变更的代价 D. 不确定性

试题（32）分析

参考《信息系统项目管理师教程》（第 3 版）2.6.2 小节。成本和人力投入在开始时较低，在工作执行阶段达到高峰，在项目快结束时迅速回落；风险与不确定性在开始时最大，逐渐降低；变更成本在开始时低，后面逐渐升高。

参考答案

（32）C

试题（33）

项目管理过程 5 个过程组可以对应到 PDCA 循环中，__(33)__过程组与 PDCA 循环中的检查和行动相对应。

（33）A. 规划 B. 执行 C. 监控 D. 收尾

试题（33）分析

参考《信息系统项目管理师教程》（第 3 版）2.8 小节。项目管理过程的 5 个过程组可以对应到 PDCA 循环中。规划过程组与循环中的"计划"对应，执行过程组与循环中的"执行"对应，监控过程组与循环中的"检查"和"行动"对应。

参考答案

（33）C

试题（34）

__(34)__属于编制项目管理计划的输入。

（34）A. 项目绩效数据 B. 范围管理计划

C. 项目进度网络图 D. 风险清单

试题（34）分析

参考《信息系统项目管理师教程》（第 3 版）4.3.2 小节。编制项目管理计划的输入包括项目章程、其他过程输出结果、事业环境因素、组织过程资产。输出为项目管理计划。

参考答案

（34）B

试题（35）

监控项目工作的输出不包括 ___(35)___ 。

（35）A．变更请求   B．工作绩效信息

       C．项目管理计划更新   D．项目文件更新

试题（35）分析

参考《信息系统项目管理师教程》（第 3 版）4.5.3 小节。监控项目工作的输出包括变更请求、工作绩效报告、项目管理计划更新、项目文件更新。工作绩效信息是输入。

参考答案

（35）B

试题（36）

项目执行期间，客户提出增加一项功能，但它并没有包括在项目预算之内。不过对于一个几百万美元的项目而言，该项工作涉及的开发工作量较小。作为项目经理应该：___(36)___ 。

（36）A．拒绝用户请求，原因是该项工作不在项目预算之内

       B．同意并免费完成这项工作，帮助维护客户关系

       C．同意增加新功能，但是需要客户负担相应的费用

       D．评估新功能对项目的影响，提交变更申请

试题（36）分析

参考《信息系统项目管理师教程》（第 3 版）4.6 节。对项目的任何修改都必须经过变更流程，首先要提一份变更请求到 CCB。

参考答案

（36）D

试题（37）、（38）

某项目包含 A、B、C、D、E、F、G 七个活动，各活动的历时估算和逻辑关系如下表所示，则活动 C 的总浮动时间是 ___(37)___ 天，项目工期是 ___(38)___ 天。

活动名称	紧前活动	活动历时/天
A	—	2
B	A	4
C	A	5
D	A	6
E	B，C	4
F	D	6
G	E，F	3

（37）A．0   B．1   C．2   D．3

（38）A．14　　　　　　　B．15　　　　　　　C．16　　　　　　　D．17

试题（37）、（38）分析

参考《信息系统项目管理师教程》（第 3 版）6.3.3 小节。根据题干信息可画出如下的网络图。

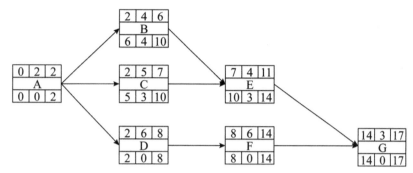

关键路径为 ADFG，项目工期为 17，C 的浮动时间为 3。

参考答案

（37）D　（38）D

试题（39）

关于工作分解结构（WBS）的描述，正确的是：___（39）___。

（39）A．WBS 必须符合项目范围

　　　　B．WBS 元素必须由多个人负责

　　　　C．WBS 必须控制在 5～8 层

　　　　D．WBS 的编制只需要项目团队成员参与

试题（39）分析

参考《信息系统项目管理师教程》（第 3 版）5.5.2 小节。WBS 元素必须由 1 个人负责，WBS 必须控制在 4～6 层，WBS 的编制需要项目干系人与项目团队成员参与。

参考答案

（39）A

试题（40）

关于范围控制的描述，正确的是：___（40）___。

（40）A．控制进度是控制范围的一种有效的方式

　　　　B．项目执行组织本身发生变化不会引起范围变更

　　　　C．范围变更控制必须和其他控制过程综合在一起

　　　　D．政府政策的变化不可以成为范围变更的理由

试题（40）分析

参考《信息系统项目管理师教程》（第 3 版）5.7 节。进度控制和范围控制没有直接关系。项目执行组织本身发生变化会引起范围变更。政府政策变化可以成为范围变更的原因。

参考答案

（40）C

试题（41）

某项目沟通协调会共有 9 人参加会议，此次会议沟通渠道有___（41）___条。

（41）A. 42　　　　　　B. 28　　　　　　C. 45　　　　　　D. 36

试题（41）分析

参考《信息系统项目管理师教程》（第 3 版）10.3 小节。$9 \times (9-1)/2 = 36$。

参考答案

（41）D

试题（42）

对于信息量很大或受众很多的情况，建议采用___（42）___沟通方式。

（42）A. 拉式　　　　B. 推式　　　　C. 交互式　　　　D. 面对面

试题（42）分析

参考《系统集成项目管理工程师教程》（第 2 版）12.5.4 小节。拉式沟通，用于信息量很大或受众很多的情况。

参考答案

（42）A

试题（43）

在进行项目干系人分析时，经常用到权力/利益分析法。对待下图中甲区域的项目干系人，应该采取的策略是___（43）___。

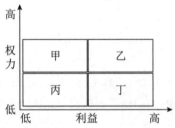

（43）A. 随时告知　　　B. 令其满意　　　C. 花较少的精力　　　D. 重点管理

试题（43）分析

参考《系统集成项目管理工程师教程》（第 2 版）12.5.2 小节。权力高、利益低的关系人要令其满意。

参考答案

（43）B

试题（44）

某大型环保信息系统工程建设项目，项目发起人与项目经理一起识别出如下 3 类项目干系人：甲方信息系统管理人员、项目组主要技术人员、监理方，并准备针对他们编制干系人管理计划。对此，您的建议是：___（44）___。

（44）A. 重新识别干系人　　　　　　　　　B. 编制干系人管理计划

　　C．召开干系人管理沟通会议　　　　D．编制项目进度计划

试题（44）分析

　　参考《信息系统项目管理师教程》（第 3 版）10.5.1 小节。项目干系人包括：关键客户、用户、项目经理、执行组织、项目团队、项目发起人、职能经理、PMO、卖方分包方、政府媒体等与项目相关的所有人。本项目识别出的 3 类太少，尤其是环保型项目，需要重新识别。

参考答案

　　（44）A

试题（45）

　　关于项目风险的描述，不正确的是：　__（45）__　。

　　（45）A．已知风险与未知风险都可以进行管理

　　　　B．风险既有可能对项目产生正面的影响，也有可能产生负面的影响

　　　　C．同样的风险对于不同的主体有不同的影响

　　　　D．收益越大，人们愿意承担的风险也就越大

试题（45）分析

　　参考《信息系统项目管理师教程》（第 3 版）11.1.1 小节。未知风险是无法管理的。

参考答案

　　（45）A

试题（46）

　　关于风险识别的描述，不正确的是：　__（46）__　。

　　（46）A．应鼓励所有项目人员参与风险的识别

　　　　B．风险登记册的编制始于风险识别过程

　　　　C．在某些项目中，识别风险后可以跳过定性分析过程直接进入定量分析

　　　　D．识别风险是在项目计划阶段的工作，在其他阶段不涉及

试题（46）分析

　　参考《信息系统项目管理师教程》（第 3 版）11.3 小节。风险识别是一项反复进行的过程。

参考答案

　　（46）D

试题（47）

　　某信息系统建设项目中，为防范系统宕机风险，项目经理建议采购服务器时均配置冗余电源和冗余风扇。项目经理采用的风险应对策略为　__（47）__　。

　　（47）A．减轻　　　　B．转移　　　　C．规避　　　　D．消除

试题（47）分析

　　参考《信息系统项目管理师教程》（第 3 版）11.6.2 小节。减轻指设法把不利的风险事件的概率或后果降低到一个可接受的临界值。

参考答案

　　（47）A

试题（48）

关于领导者和管理者的描述，正确的是：__(48)__。

（48）A. 管理者的工作主要是确定方向、统一思想、激励和鼓舞

　　　B. 领导者负责某件具体事情的管理或实现某个具体目标

　　　C. 管理者设定目标，领导者率众实现目标

　　　D. 项目经理具有领导者和管理者的双重身份

试题（48）分析

参考《信息系统项目管理师教程》（第 3 版）9.1.3 小节。选项 A、B 和 C 把领导者和管理者的工作说反了。项目经理具有领导者和管理者的双重身份，对项目经理而言，领导能力和管理能力都不可或缺。

参考答案

（48）D

试题（49）

关于团队建设和管理的描述，不正确的是：__(49)__。

（49）A. 在团队发展的 5 个阶段中，震荡阶段之后是规范阶段

　　　B. 团队发展不一定按 5 个阶段顺序进行，可能会跳过某个阶段

　　　C. 项目经理注重运用奖励权力和惩罚权力，尽量避免使用专家权力

　　　D. 成功的冲突管理可以提高生产力，改进工作关系

试题（49）分析

参考《信息系统项目管理师教程》（第 3 版）9.3.5 小节。项目经理要注重运用奖励权力、专家权力和参照权力，尽量避免使用惩罚权力。

参考答案

（49）C

试题（50）

在马斯洛需求层次理论中，位于金字塔结构第 3 层的是__(50)__需求。

（50）A. 安全　　　　　B. 社会交往　　　　　C. 受尊重　　　　　D. 自我实现

试题（50）分析

参考《信息系统项目管理师教程》（第 3 版）9.3.8 小节。马斯洛的需求层次理论从下往上分别是：生理需求、安全需求、社会交往的需求、受尊重的需求、自我实现的需求。

参考答案

（50）B

试题（51）

配置管理工作中，__(51)__包括确定配置项的所有者及其责任、确定配置项进入配置管理的时间和条件等工作。

（51）A. 配置状态报告　　　B. 配置审计　　　C. 配置控制　　　D. 配置标识

试题（51）分析

参考《信息系统项目管理师教程》（第 3 版）14.2.3 小节。配置标识的工作包括：识别需

要受控的配置项、为每个配置项指定唯一性的标识号、定义每个配置项的重要特征、确定每个配置项的所有者及其责任、确定配置项进入配置管理的时间和条件等。

参考答案

（51）D

试题（52）

关于配置控制委员会（CCB）的说法，正确的是：___（52）___。

（52）A．CCB 负责分配配置库的操作权限

　　　B．CCB 负责制订配置管理计划

　　　C．CCB 必须是常设机构

　　　D．CCB 可以是兼职人员

试题（52）分析

参考《信息系统项目管理师教程》（第 3 版）14.2.1 小节。选项 A，配置管理员的工作是为每个项目成员分配对配置库的操作权限。选项 B，配置管理员制订配置管理计划，CCB 审批配置管理计划。选项 C，CCB 不必是常设机构。

参考答案

（52）D

试题（53）

根据供方选择标准，选择最合适的供方属于 ___（53）___ 阶段的工作。

（53）A．规划采购　　　　B．实施采购　　　　C．控制采购　　　　D．结束采购

试题（53）分析

参考《信息系统项目管理师教程》（第 3 版）12.3.2 小节。在实施采购阶段，依据供方选择标准，对各个卖方的建议书或投标书进行评价，选出最合适的一个或多个卖方。

参考答案

（53）B

试题（54）

在确定项目合同类型时，如果项目工作范围很明确且风险不大，建议使用 ___（54）___。

（54）A．总价合同　　　　　　　　　　B．工料合同

　　　C．成本补偿合同　　　　　　　　D．成本加激励费用合同

试题（54）分析

参考《信息系统项目管理师教程》（第 3 版）13.1.1 小节。总价合同适用于项目范围清晰、项目细节清楚的场景。

参考答案

（54）A

试题（55）

___（55）___ 战略组织模式的特点是组织高层从如何动员全体成员都参与战略实施活动的角度来考虑战略的制定和执行。

（55）A．变革型　　　B．合作型　　　C．文化型　　　D．增长型

试题（55）分析

参考《信息系统项目管理师教程》（第 3 版）17.2.1 小节。文化型战略组织模式的特点是组织高层从如何动员全体成员都参与战略实施活动的角度来考虑战略的制定和执行。

参考答案

（55）C

试题（56）

____（56）____ 是一种支持结构化程序设计的流程设计工具。它的执行顺序是从最左主干线的上端结点开始，自上而下依次执行。

（56）A. 因果分析图　　B. 亲和图　　　　C. 问题分析图　　　D. 判定表

试题（56）分析

参考《信息系统项目管理师教程》（第 3 版）19.2.2 小节。问题分析图（PAD）是一种支持结构化程序设计的图形工具。PAD 的执行顺序是从最左主干线的上端结点开始，自上而下依次执行。

参考答案

（56）C

试题（57）

关于成本估算的描述，正确的是：____（57）____。

（57）A. 成本估算的准确度随着项目的进展而逐步降低

　　　B. 成本类比估算是利用历史数据之间的统计关系和其他变量进行估算

　　　C. 成本估算时需考虑应急储备，不用考虑管理储备

　　　D. 成本估算时需要考虑项目成员学习所耗费的时间成本

试题（57）分析

参考《系统集成项目管理工程师教程》（第 2 版）9.3.1 小节。选项 A，成本估算的准确度随着项目的进展而逐步提高。选项 B，参数估算指的是利用历史数据之间的统计关系和其他变量来进行估算。选项 C，成本估算时需要同时考虑应急储备和管理储备。

参考答案

（57）D

试题（58）

关于成本基准的描述，不正确的是：____（58）____。

（58）A. 大项目可能有多个成本基准

　　　B. 成本基准的变更需要通过变更控制程序

　　　C. 成本基准中既包括预计的支出，也包括预计的债务

　　　D. 项目预算是成本基准与应急储备之和

试题（58）分析

参考《信息系统项目管理师教程》（第 3 版）7.2.3 小节。项目预算是成本基准与管理储备之和。

参考答案

（58）D

试题（59）

下表给出了某项目到 2018 年 12 月 30 日为止的部分成本执行（绩效）数据。如果当前的成本偏差是非典型的，则完工估算（EAC）为：　（59）　元。

活动编号	活动	完成百分比 /%	计划值（PV）/元	实际成本（AC）/元
1	A	100	1000.00	1000.00
2	B	100	800.00	1000.00
3	C	100	2000.00	2200.00
4	D	100	5000.00	5100.00
5	E	80	3200.00	3000.00
6	F	60	4000.00	3800.00
合计			16 000.00	16 100.00
项目总预算（BAC）：40 000.00				
报告日期：2018 年 12 月 30 日				

（59）A．45 000　　　　B．40 100　　　　C．42 340　　　　D．47 059

试题（59）分析

参考《系统集成项目管理工程师教程》（第 2 版）9.5.2 小节。计算该项目的 PV、AC、EV，具体如下：

活动编号	活动	完成百分比 /%	计划值（PV）/元	实际成本（AC）/元	挣值（EV）/元
1	A	100	1000.00	1000.00	1000.00
2	B	100	800.00	1000.00	800.00
3	C	100	2000.00	2200.00	2000.00
4	D	100	5000.00	5100.00	5000.00
5	E	80	3200.00	3000.00	2560.00
6	F	60	4000.00	3800.00	2400.00
合计			16 000.00	16 100.00	13 760.00
项目总预算（BAC）：40 000.00					
报告日期：2018 年 12 月 30 日					

当前成本偏差是非典型偏差时，EAC = BAC–EV+AC = 40 000–13 760+16 100 = 42 340 元。

参考答案

（59）C

试题（60）

项目集指导委员会的主要职责包括　（60）　、项目集批准和启动。

（60）A．项目审计

　　　B．保证项目集与组织愿景和目标的一致性

  C．协调项目集与项目组合的共用资源

  D．任命项目经理

试题（60）分析

  参考《信息系统项目管理师教程》（第 3 版）20.3.3 小节。项目集指导委员会的职责包括保证项目集与组织愿景和目标的一致性，项目集批准和启动等。

参考答案

  （60）B

试题（61）

  ___(61)___可用于评估组织内项目组合管理成熟度，用于识别组织目前的最佳实践、能力和结果。

  （61）A．TQM   B．EFQM   C．OPM3   D．PMBOK

试题（61）分析

  参考《信息系统项目管理师教程》（第 3 版）21.4.2 小节。TQM：全面质量管理；EFQM：欧洲业务卓越模型；OPM3：组织项目管理成熟度模型；PMBOK：项目管理知识体系。

参考答案

  （61）C

试题（62）

  ___(62)___属于系统测试执行过程中的工作效率指标。

  （62）A．进度偏离度 B．需求覆盖率 C．评审问题数 D．有效缺陷率

试题（62）分析

  参考《信息系统项目管理师教程》（第 3 版）23.3.6 小节。测试设计中的质量指标包括：需求覆盖率、评审问题数等；测试执行中的效率指标包括：进度偏离度、缺陷发现率、执行效率等；测试执行中的质量指标包括：缺陷数、有效缺陷数/率等。

参考答案

  （62）A

试题（63）

  根据项目进度基准和成本基准制定质量测量指标，属于___(63)___阶段的工作内容。

  （63）A．质量评价   B．质量控制

     C．实施质量保证   D．规划质量管理

试题（63）分析

  参考《信息系统项目管理师教程》（第 3 版）8.2.1 小节。质量测量指标专用于描述项目或产品属性，以及控制质量过程将如何对属性进行测量，属于规划质量管理的内容。

参考答案

  （63）D

试题（64）

  质量保证成本属于质量成本中的___(64)___成本。

  （64）A．一致性   B．内部失败 C．非一致性   D．外部失败

试题（64）分析

参考《信息系统项目管理师教程》（第 3 版）8.2.2 小节和 8.3.1 小节。质量保证工作属于质量成本框架中的一致性工作。质量成本类型包括：一致性成本（预防成本和评价成本）和非一致性成本（内部失败成本和外部失败成本）。

参考答案

（64）A

试题（65）

在 A 项目的质量例会中，质量经理发现监控模块 Bug 修复时间较长，有测量指标超出临界线，质量经理决定再观察几天。本次质量控制的输出一定包括　（65）　。

①工作绩效信息　　　②变更请求　　　③经验教训文档
④质量控制测量结果　⑤更新的质量标准　⑥质量审计报告

（65）A．②③　　　　　B．①⑥　　　　　C．①④　　　　　D．②⑤

试题（65）分析

参考《信息系统项目管理师教程》（第 3 版）8.2.3 小节。在质量控制过程的输出中，质量控制测量结果、工作绩效信息是没有先决条件必须出具的；目前质量经理决定观察，意味着暂时不进行变更，因此变更相关的文档可不出具；质量审计报告通常是定期的，属于可能需要的报告。

参考答案

（65）C

试题（66）、（67）

某炼油厂根据计划每季度供应合同单位汽油和煤油各 16 吨。该厂从甲乙两处产地运回原油提炼，已知两处原油成分如下表所示，且从甲乙两地采购成本分别为 200 元/吨和 300 元/吨。对于该炼油厂，需要从乙采购　（66）　吨方能使此次采购的成本最低，最低的采购成本是　（67）　元。

原油成分	甲	乙
汽油	20%	40%
煤油	50%	20%
其他	30%	40%

（66）A．10　　　　　B．20　　　　　C．30　　　　　D．40
（67）A．12 000　　　B．13 000　　　C．14 000　　　D．15 000

试题（66）、（67）分析

以甲乙两处的采购量为决策变量 x_1、x_2，可以建立线性规划模型：

$$\min z = 200x_1 + 300x_2$$

$$\text{s.t.}\begin{cases} 20\%x_1 + 40\%x_2 \geq 16 \\ 50\%x_1 + 20\%x_2 \geq 16 \\ x_1, x_2 \geq 0 \end{cases}$$

用图解法求解得图:

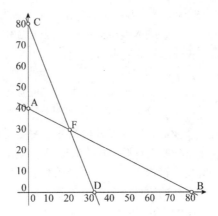

由图可得点 F(20,30) 为最优点。200×20+300×30=13 000。

参考答案

（66）C　（67）B

试题（68）

　　有 8 口海上油井，相互间距离如下表所示（单位：海里）。其中 1 号井离海岸最近，为 5 海里。现要从海岸经 1 号井铺设油管将各井连接起来，则铺设输油管道的最短长度为　（68）　海里。

	1	2	3	4	5	6	7	8
1	0	1.3	2.1	0.9	0.7	1.8	2.0	1.5
2		0	0.9	1.8	1.2	2.6	2.3	1.1
3			0	2.6	1.7	2.5	1.9	1.0
4				0	0.7	1.6	1.5	0.9
5					0	0.9	1.1	0.8
6						0	0.6	1.0
7							0	0.5
8								0

（68）A. 9.1　　　　　　B. 9.2　　　　　　C. 10.1　　　　　　D. 10.2

试题（68）分析

　　用避圈法可求解该问题，具体画图如下。

0.7+0.7+0.8+0.6+0.5+1.0+0.9=5.2

5.2+5=10.2

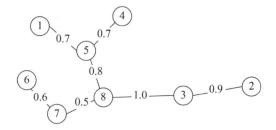

参考答案

（68）D

试题（69）、（70）

项目经理制定了项目资产负债表（单位：元），如表所示，该项目的静态投资回收期为___（69）___年，动态投资回收期为___（70）___年（保留 1 位小数位）。

项目年度	0	1	2	3	4	5
支出	35 000	1000	1500	2000	1000	2000
收入		20 000	10 000	12 000	15 000	20 000
折现因子		0.91	0.83	0.75	0.68	0.62

（69）A．2　　　　　B．2.4　　　　　C．2.8　　　　　D．3

（70）A．3　　　　　B．3.3　　　　　C．3.5　　　　　D．3.6

试题（69）、（70）分析

参考《信息系统项目管理师教程》（第 3 版）4.2.4 小节。

首先计算每年的纯收入，然后根据静态和动态的要求考虑是否折现，如下表（单位：元）。

项目年度	0	1	2	3	4	5
支出	35 000	1000	1500	2000	1000	2000
收入		20 000	10 000	12 000	15 000	20 000
折现因子		0.91	0.83	0.75	0.68	0.62
纯收入		19 000	8500	10 000	14 000	18 000
累计收入	−35 000	−16 000	−7500	2500		
支出折现		910	1245	1500	680	1240
收入折现		18 200	8300	9000	10 200	12 400
净现金流		17 290	7055	7500	9520	11 160
累计净现金流	−35 000	−17 710	−10 655	−3155		

纯收入=收入−支出，支出折现=支出×折现因子，收入折现=收入×折现因子，纯收入净现值=收入折现−支出折现。

静态回收期=2+7500/10 000≈2.8。

动态回收期=3+3155/9520≈3.3。

参考答案

（69）C　　（70）B

试题（71）

The ___(71)___ creates opportunities for more direct integration of the physical world into computer-based systems, resulting in efficiency improvements, economic benefits, and reduced human exertions.

（71）A．internet of things
B．cloud computing
C．big data
D．mobile internet

试题（71）分析

物联网创造了将物理世界更直接地集成到基于计算机系统中的机会，从而可以提高效率、增加经济效益，并便于人类使用。

参考答案

（71）A

试题（72）

___(72)___ is an open, distributed ledger that can record transactions between two parties efficiently and in a verifiable and permanent way.

（72）A．Internet of things
B．Blockchain
C．Edge computing
D．Artificial intelligence

试题（72）分析

区块链是一个开放、分布式分类账本，能够以可验证和永久的方式有效地记录双方之间的交易。

参考答案

（72）B

试题（73）

___(73)___ are those costs that cannot be directly traced to a specific project and therefore will be accumulated and allocated equitably over multiple projects by some approved and documented accounting procedure.

（73）A．Direct costs
B．Operation costs
C．Indirect costs
D．Implement costs

试题（73）分析

间接成本是无法直接追溯到某个具体项目的成本，因此只能按照某种规定的会计程序进行累计并合理分摊到多个项目中。

参考答案

（73）C

试题（74）

Earned value management(EVM) integrates the scope baseline with the ___(74)___ baseline, along with schedule baseline, to form the performance baseline, which helps the project management team assess and measure project performance and progress.

（74）A．qulity
B．risk

C. change　　　　　　　　　D. cost

试题（74）分析

挣值法把范围基准、成本基准和进度基准整合起来，形成绩效基准，以便项目管理团队评估和测量项目绩效和进展。

参考答案

（74）D

试题（75）

　　（75）　 risks cannot be management proactively and therefore may be assigned a management reserve.

（75）A. Known　　　　　　　　B. Natural

C. Unknown　　　　　　　D. Human

试题（75）分析

未知风险无法进行主动管理，因此需要分配一定的管理储备。

参考答案

（75）C

第8章 2019 上半年信息系统项目管理师 下午试题 I 分析与解答

试题一（27分）

阅读下列说明，回答问题1至问题4，将解答填入答题纸的对应栏内。

【说明】

A 公司中标某金融机构（甲方）位于北京的数据中心运行维护项目并签署了运维合同。合同明确了运维对象包括服务器、存储及网络等设备，并约定：核心系统备件 4 小时到场；非核心系统备件 24 小时到场；80%以上备件需满足上述时效承诺，否则视为违约。

A 公司任命小张担任该项目的项目经理。为了确保满足服务承诺，小张在北京建立了备件库，招聘了专职备件管理员及库房管理员。考虑到备件成本较高，无法将服务器、存储和网络设备的所有备件都进行储备，备件管理员选择了一些价格较低的备件列入《备件采购清单》，并经小张批准后交给了采购部。随后，采购部通过网站搜索发现 B 公司能够提供项目所需全部备件且价格较低，于是确定 B 公司作为备件供应商并签署了备件采购合同。

项目实施三个月后，甲方向公司投诉：一是部分核心系统备件未能按时到场；二是部分备件加电异常，虽然补发了备件，但是影响了系统正常运行。

针对备件未能按时到场的问题，小张通过现场工程师了解到：一是部分核心系统备件没有储备；二是部分备件在库存信息中显示有库存，但调取时却找不到。为此需要临时从 B 公司采购，延误了备件到场时间。

针对备件加电异常的问题，小张召集采购部、库房管理员、B 公司召开沟通会议。库房管理员认为 B 公司提供的备件质量存在严重问题，但无法提供相应证据。B 公司则认为供货没有问题，是库房环境问题导致备件异常，因为 B 公司人员送备件到库房时曾多次发现库房温度、湿度超标。采购部人员观点与库房管理员一致，原因是采购部通过查询政府采购网等多家网站发现，B 公司去年存在多项失信行为记录。大家各执一词，会议无法达成共识。

【问题1】（5分）

请说明采购管理的主要步骤。

【问题2】（12分）

结合案例，请指出该项目采购管理中存在的问题。

【问题3】（3分）

请简述采购货物入库的三个条件。

【问题4】（7分）

请将下面（1）～（7）处的答案填写在答题纸的对应栏内。

供应商选择的三大主要因素是供应商的　(1)　、　(2)　和　(3)　。

经进货验证确定为不合格的产品，应采取的处理包括退货、__(4)__ 和 __(5)__ 。

采购需求通常包括标的物的配置、性能、数量、服务等，其中 __(6)__ 和 __(7)__ 最为关键。

试题一分析

本题重点考核项目采购管理等知识，考生需全面多视角来综合分析并作答。

【问题 1】

概念问答题，考核考生对采购管理主要步骤的掌握程度（参考《信息系统项目管理师教程》（第 3 版）①12.3 节）。

【问题 2】

案例问答题，重点从如下几个方面进行考核。

1. 考生需从项目经理的角度思考，如何做好项目采购管理？（如明确项目边界、对项目执行工作进行监控、防止项目范围发生蔓延。）

2. 在项目中，对于项目管理的各过程职责和权限是否清晰了解并规定到位？

3. 签订合同，需考虑哪些方面？

4. 在项目采购中对于没有备件的情况如何操作并实施控制？

5. 库房的存放环境是否有要求？

6. 供应商选择是否有标准？（如供应商供货能力、信誉、业绩等进行调查和综合评比。）

【问题 3】

概念问答题，考核考生对采购入库条件的掌握程度（参考《信息系统项目管理师教程》（第 3 版）12.3.3 小节）。

【问题 4】

细节填空题，考核实施采购管理的输入（参考《信息系统项目管理师教程》（第 3 版）12.3.1 小节和 12.3.3 小节）。

试题一参考答案

【问题 1】（5 分）

（1）需求确定与采购计划制订

（2）供应商搜寻与分析

（3）定价

（4）拟定并发出订单

（5）订单的跟踪和跟催

（6）验货和收货

（7）开票和支付货款

（8）记录管理

（每条 1 分，满分 5 分）

【问题 2】（12 分）

（1）需求确定与制订采购计划时，没有综合考核备件的故障率、客户的实际需求（核心

---

① 本章提及的《信息系统项目管理师教程》（第 3 版）为全国计算机技术与软件专业技术资格（水平）考试指定用书，由清华大学出版社出版。

系统和非核心系统备件需求不同）等因素，只考虑了备件价格，导致部分核心系统备件没有进行储备；

（2）供应商选择方面过于草率，没有对多家供应商的供货能力、信誉、业绩等进行调查和综合评比；

（3）定价和签订合同时，只考虑了备件的价格，没有考虑服务、质量相关要求；

（4）发现没有备件才紧急采购，没有根据备件实际消耗情况提前进行补充采购；

（5）对订单内容没有进行跟踪，没有跟进催促进展，导致甲方投诉；

（6）没有对备件进行出入库合格检测，发生质量问题后无法明确责任；

（7）库房的存放环境有问题，温度、湿度经常超标；

（8）备件的日常出入库管理存在问题，库存信息不准确。

（每条 2 分，满分 12 分）

【问题 3】（3 分）

（1）对采购设备进行检验，验收合格的填写《进货检验记录》；

（2）库房核对采购设备对应项目准确无误；

（3）供应商提供的运货单或到货证明。

（每项 1 分，共 3 分）

【问题 4】（7 分）

（1）产品价格　　（2）质量　　（3）服务　　（4）调换

（5）降级改作他用　　（6）配置　　（7）性能

（每空 1 分，共 7 分）

试题二（23 分）

阅读下列说明，回答问题 1 至问题 3，将解答填入答题纸的对应栏内。

【说明】

某公司承接了一个软件外包项目，项目内容包括 A、B 两个模块的开发测试。项目经理创建了项目的 WBS（见下表），估算了资源、工期。项目人力资源成本是 1000 元/（人·天）。

活动	人数安排	预计完成工作量/（人·天）
模块 A 开发	8	48
模块 A 单元测试	1	4
模块 A 修复	8	8
模块 A 回归测试	1	3
模块 B 开发	8	80
模块 B 单元测试	1	3
模块 B 修复	10	10
模块 B 回归测试	1	2
A、B 接口测试	1	2
A、B 联调	2	4

【问题 1】（7 分）

根据目前 WBS 安排，请计算项目的最短工期，并绘制对应的时标网络图。

【问题 2】（10 分）

项目开展 11 天后，阶段评审发现：模块 A 的修复工作完成了一半，回归测试工作还没有开始；模块 B 的开发工作已经结束，准备进入单元测试。此时，项目已经花费了 18 万元的人力资源成本。

（1）请计算项目当前的 PV、EV、AC，并评价项目目前的进度和成本绩效。

（2）按照当前绩效继续进行，请预测项目的 ETC（写出计算过程，计算结果精确到个位）。

【问题 3】（6 分）

基于问题 2，针对项目目前的绩效，项目经理应采取哪些措施保证项目按时完工？

试题二分析

本题重点考核考生对项目进度管理过程的掌握程度。

【问题 1】

综合计算题，要求考生重点掌握项目网络图的绘制、箭线图法、提前量和滞后量、关键路径法的运用。

【问题 2】

综合计算题，考生需重点掌握项目成本管理中挣值管理（EVM）、计划价值（PV）、挣值（EV）、实际成本（AC）、进度偏差（SV）、成本偏差（CV）、进度绩效指数（SPI）、成本绩效指数（CPI）、完工估算（EAC）、完工预算（BAC）、完工尚需估算（ETC）之间的公式关系和运用（参考《系统集成项目管理工程师教程》（第 2 版）[①]9.5.2 小节和《信息系统项目管理师教程》（第 3 版）7.3.2 小节）。

【问题 3】

案例问答题，考核考生在项目管理方面全面多视角综合分析问题的能力（参考《信息系统项目管理师教程》（第 3 版）6.2.7 小节）。

试题二参考答案

【问题 1】（7 分）

项目最短工期为 20 天。（3 分）

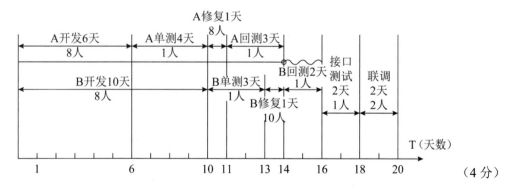

（4 分）

---

① 本章提及的《系统集成项目管理工程师教程》（第 2 版）为全国计算机技术与软件专业技术资格（水平）考试指定用书，由清华大学出版社出版。

【问题 2】（10 分）

（1）项目开展 11 天后：

PV=(48+4+8+80+1)×1000=60 000+81 000=141 000 元（1 分）

EV=(48+4+4+80)×1000=136 000 元（1 分）

AC=180 000 元（1 分）

CV=EV−AC=136 000−180 000=−44 000<0 （1 分）

SV=EV−PV=136 000−141 000=−5000<0 （1 分）

成本超支（1 分），进度落后（1 分）。

（2）项目的 ETC 为：

ETC= (BAC−EV)/CPI

=[(48+4+8+3+80+3+10+2+2+4)×1000−136 000]/(136 000/180 000)

=28 000×180/136≈37059 元

（写出计算公式给 2 分，计算结果正确再给 1 分，共 3 分）

【问题 3】（6 分）

（1）赶工；

（2）快速跟进；

（3）使用高素质的资源或经验更丰富的人员；

（4）减少活动范围或降低活动要求；

（5）改进方法或技术，以提高生产效率；

（6）加强质量管理，及时发现问题，减少返工，从而缩短工期。

（每个 1 分，共 6 分）

试题三（25 分）

阅读下列说明，回答问题 1 至问题 4，将解答填入答题纸的对应栏内。

【说明】

2018 年 7 月某信息系统公司中标当地司法部门语音转写项目，任命小陈为项目经理。小陈组建了项目组，制定了项目范围说明书，并获得了客户确认。为了激励成员，小陈向公司申请了项目奖金。项目进行过程中，小陈发现人员紧张，请来在读研究生小张协助软件研发工作，并对其进行了培训。项目组成员如下：

序号	姓名	职责	备注
1	小陈	项目经理	技术能力强，具有多年研发经验
2	小胡	软件架构设计	多年软件研发工作经验，责任心强，工作积极热情，希望承担更多
3	小万	软件工程师	多年软件研发工作经验，单身，需要更多的认同感
4	小张	软件工程师	在读研究生，勤工俭学
5	小李	算法工程师	业内专家，收入高，喜欢享受生活
6	小王	界面美工设计	刚毕业的大学生，希望多从项目中学到一些东西，并在公司立足

软件开发完成后，小陈找到公司办公室职员小侯帮助进行软件测试。小侯普通话不标准，测试发现语音识别率不高。小李认为原因是程序架构不合理，小胡则认为是算法存在问题，

双方争论不休。小陈认为这是正常的工作状态，未做干预。项目组成员间气氛日趋紧张，士气低落。

【问题 1】（6 分）

　　请结合项目范围管理和人力资源管理知识，总结项目经理在该项目中做得恰当与不恰当的地方。

【问题 2】（10 分）

　　如果你是项目经理，请分析表中的其他项目成员处于马斯洛需求层次理论的哪一层，并给出相应的激励措施。

【问题 3】（5 分）

　　请简述团队成员发生冲突后，有哪些冲突解决办法。

【问题 4】（4 分）

　　在人力资源管理工具中，属于 X 理论的有（将选项编号填入答题纸对应栏内）。

　　A．人们天生反对改革

　　B．在适当的条件下，人们愿意主动承担责任

　　C．工作动机就是为了获得经济报酬

　　D．人生来就以自我为中心

　　E．人们能够自我确定目标、自我指挥、自我控制

　　F．注重满足员工的生理需求和安全需求

　　G．大多数人具有一定的想象力和创造力

试题三分析

　　本题重点考核考生对项目范围管理和项目人力资源管理的掌握程度。

【问题 1】

　　案例问答题，考生需掌握项目范围管理与项目人力资源管理的相关知识。

【问题 2】

　　概念问答题，考核考生对激励的掌握程度（参考《信息系统项目管理师教程》（第 3 版）9.3.7 小节）。

【问题 3】

　　概念问答题，考核考生对应对冲突方法的掌握程度（参考《信息系统项目管理师教程》（第 3 版）9.3.6 小节）。

【问题 4】

　　细节选择题，考核考生对人力资源管理工具的掌握程度。（参考《信息系统项目管理师教程》（第 3 版）9.3.10 小节）。

试题三参考答案

【问题 1】（6 分）

　　恰当的地方：

　　（1）对新人进行培训；

　　（2）项目范围说明书经过了确认；

（3）项目经理有激励的意识。

不恰当的地方：

（1）项目范围不清晰（例如没有明确该软件需要支持的语言种类）；

（2）冲突管理方法不当；

（3）激励方式比较单一，没有达到激励效果。

（每条 1 分，满分 6 分）

【问题 2】（10 分）

姓名	层次	激励措施
小胡	4 层（受尊重）	荣誉性奖励、作为导师培训别人等
小万	3 层（社会交往）	社交、团建等
小张	1 层（生理）	工资、奖金、员工宿舍、班车等
小李	5 层（自我实现）	参与决策、参与公司管理等
小王	2 层（安全）	长期劳动合同、养老保险和医疗保障等

（每个空格 1 分，共 10 分）

【问题 3】（5 分）

（1）撤退/回避；

（2）缓和/包容；

（3）妥协/调解；

（4）强迫/命令；

（5）合作/解决问题。

（每项 1 分，共 5 分）

【问题 4】（4 分）

A、C、D、F

（每个 1 分，共 4 分）

第 9 章 2019 上半年信息系统项目管理师

下午试题 II 写作要点

> 从下列的 2 道试题（试题一至试题二）中任选 1 道解答。请在答题纸上的指定位置处将所选试题的题号框涂黑。若多涂或者未涂题号框，则对题号最小的一道试题进行评分。

试题一 论信息系统项目的风险管理与安全管理

项目风险是一种不确定的事件和条件，一旦发生，会对项目目标产生某种正面或负面的影响。信息系统安全策略是指针对信息系统的安全风险进行有效识别和评估后，所采取的各种措施和手段，以及建立的各种管理制度和规章等。

请以"论信息系统项目的风险管理与安全管理"为题，分别从以下三个方面进行论述：

1. 概要叙述你参与管理过的信息系统项目（项目的背景、项目规模、发起单位、目的、项目内容、组织结构、项目周期、交付的成果等），并说明你在其中承担的工作。

2. 结合项目管理实际情况并围绕以下要点论述你对信息系统项目风险管理和安全管理的认识。

（1）项目风险管理和安全管理的联系与区别。

（2）项目风险管理的主要过程和方法。

（3）请解释适度安全、木桶效应这两个常见的安全管理中的概念，并说明安全与应用之间的关系。

3. 请结合论文中所提到的信息系统项目，介绍在该项目中是如何进行风险管理和安全管理的（可叙述具体做法），并总结你的心得体会。

试题一写作要点

第一部分评分要点：

论文结构合理，摘要正确，正文完整，语言流畅，字迹清楚。

所述项目真实可信，介绍得当。

第二部分评分要点：

论述的要点要覆盖题目要求的三个方面，但又不局限于这三个方面。

1. 项目风险管理和安全管理的联系与区别。

联系：安全是风险的一种，针对一个项目而言，安全管理可以使用风险管理的方式方法。

区别：风险有正面和反面两种，即风险有对项目产生正面影响的机会，也有对项目产生负面影响的威胁。安全一般只有一种，即在安全方面面临的威胁。安全注重在信息系统的安全角度进行管理，安全不只是一个项目的事情，它涉及一个单位和项目的方方面面，安全策略涉及技术和非技术的、硬件和非硬件的、法律和非法律的各个方面，需要从一个单位的整体角度去考虑。

2. 项目风险管理的主要过程和方法。

（1）风险管理规划——决定如何进行规划和实施项目风险管理活动。常用的方法有：分析技术、专家判断、会议。

（2）风险识别——判断哪些风险会影响项目，并以书面形式记录其特点。常用的方法有：文档审查、信息收集技术（头脑风暴、德尔菲技术、访谈、根本原因分析）、核对表分析、假设分析、图表技术（因果图、系统或过程流程图、影响图）、SWOT 分析、专家判断等。

（3）定性风险分析——对风险概率和影响进行评估和汇总，进而对风险进行排序，以便随后进一步分析或行动。常用的方法有：风险概率与影响评估、概率和影响矩阵、风险数据质量评估、风险分类、风险紧迫度评估、专家判断等。

（4）定量风险分析——就识别的风险对项目总体目标的影响进行定量分析。常用的方法有：数据收集和表示技术、定量风险分析和模型技术（敏感性分析、期望货币值分析、决策树分析、模型和模拟）、专家判断等。

（5）风险应对规划——针对项目目标制定提高机会、降低威胁的方案的行动。常用的方法有：消极风险或威胁的应对策略、积极风险或机会的应对策略、应急应对策略、专家判断等。

（6）风险监控——在整个项目生命周期中，跟踪已识别的风险、监测残余风险、识别新风险和实施风险应对计划，并对其有效性进行评估。常用的方法有：风险再评估、偏差和趋势分析、技术绩效测量、储备分析、会议等。

3. 请解释适度安全、木桶效应这两个常见的安全管理中的概念，并说明安全与应用之间的关系。

（1）适度安全：安全代价低，安全风险就会大；反之，安全风险要降到很低，安全的代价就很大。代价不光指资金投入，还包括性能下降、效率低下等。一个好的信息安全保障系统要保证控制两者的"平衡点"，既能保证控制安全风险的有效性，又使安全的代价可以接受。这个平衡点对于不同行业、不同单位、不同时间点都不一样，需要实现"动态"控制。

（2）木桶效应：安全水平由构成木桶的最短的那块木板决定。保护信息系统的安全要素，各方面均不可忽视，尤其是人的安全，安全管理漏洞可比作木桶桶底的漏洞。如果安全管理有漏洞，其他安全措施即使投入再大也无济于事。

（3）安全和应用的关系：矛盾统一，没有应用就不会有相应的安全需求；发生安全问题，就不能更好地开展应用。同时安全是有代价的，提升安全，系统建设运行的费用就会增加，同时还会有一定的访问限制，给应用带来不便。应用需要安全，安全为了应用，过分强调哪一个都有偏颇。

第三部分评分要点：

根据考生描述的信息系统项目，对其所承担的信息系统项目如何进行项目风险管理的阐述，以及考生对安全管理的认识的阐述和总结的心得体会，确定其叙述的项目风险管理和安全管理及其评论是否合适，是否具有信息系统项目风险管理和安全管理的经验。陈述问题得当、真实，分析方式正确，评论合适。

试题二　论信息系统项目的人力资源管理和成本管理

项目中的所有活动都是由人来完成的，因此在项目管理中，"人"的因素至关重要。如何充分发挥人的作用，使团队成员达到更好的绩效，对于项目管理者来说不容忽视。项目的人力资源管理就是有效地发挥每一个参与项目人员作用的过程。

请以"论信息系统项目的人力资源管理和成本管理"为题，分别从以下三个方面进行论述：

1. 概要叙述你参与管理过的信息系统项目（项目的背景、项目规模、发起单位、目的、项目内容、组织结构、项目周期、交付的成果等），以及该项目在人力资源方面的情况。

2. 结合项目管理实际情况并围绕以下要点论述你对信息系统项目人力资源管理和成本管理的认识。

（1）项目人力资源管理的基本过程和常用方法。

（2）项目人力资源管理中涉及的成本管理问题和成本管理中涉及的人力资源管理问题。

（3）信息系统发生成本超支后，如何通过人力资源管理来进行改善。

3. 结合项目实际情况说明在该项目中你是如何进行人力资源管理和成本管理的（可叙述具体做法），并总结你的心得体会。

试题二写作要点

第一部分评分要点：

论文结构合理，摘要正确，正文完整，语言流畅，字迹清楚。

所述项目真实可信，介绍得当。

第二部分评分要点：

针对题目要求的三个方面分别进行论述。

1. 项目人力资源管理的基本过程和常用方法。

（1）规划人力资源管理——识别和记录项目角色、职责、所需技能、报告关系，并编制人力资源管理计划。常用的方法有：组织和职位描述、人际交往、组织理论、专家判断、会议等。

（2）组建项目团队——确定人力资源的可用情况，并为开展项目活动组建团队。常用的方法有：预分派、谈判、招募、虚拟团队、多标准决策分析等。

（3）建设项目团队——提高工作能力，促进团队成员互动，改善团队整体氛围，以提高项目绩效。常用的方法有：培训、团队建设活动、基本规则、集中办公、认可和奖励、人事评测系统等。

（4）管理项目团队——跟踪团队成员工作表现，提供反馈，解决问题并管理团队变更，以优化项目绩效。常用的方法有：观察和交谈、项目绩效评估、冲突管理、人际关系技能等。

2. 项目人力资源管理中涉及的成本管理问题和成本管理中涉及的人力资源管理的问题。

人力资源管理中每个过程都需要投入成本。团队建设活动和团队管理活动中需要花费额外的成本，提高项目绩效。只强调省钱，可能会导致士气低下，带来绩效低、成果低等问题。

成本管理中估算活动的持续时间，需要考虑人员的级别和技能。一般高级别的人员成本高，工作效率高。从成本管理的角度来说，需要将合适的人员安排到合适的岗位。

3. 信息系统发生成本超支后，如何通过人力资源管理来进行改善。

超支后，可以综合评估项目绩效（成本、进度、范围、质量），在评估的基础上，按照项目实际情况采取相应措施，比如用效率高的人员，对已经完成的工作撤出部分人员，对质量较差的部分加强绩效考核与质量把控，减少返工等。

第三部分评分要点：

根据考生描述的信息系统项目，对其所承担的信息系统项目如何进行项目人力资源管理和成本管理的阐述，以及总结的心得体会，确定其叙述的项目人力资源管理和成本管理及其评论是否合适，是否具有信息系统项目人力资源管理和成本管理的经验。陈述问题得当、真实，分析方式正确，评论合适。

第 10 章　2019 下半年信息系统项目管理师
上午试题分析与解答

试题（1）

对象和类是面向对象中两个重要的概念，关于对象和类，不正确的是 ___(1)___ 。

（1）A．对象是类的实例　　　　　　　　　B．类是对象的抽象

　　　C．一个类只能产生一个对象　　　　　D．类中包含方法和属性

试题（1）分析

参考《信息系统项目管理师教程》（第 3 版）[1]1.2.2 小节。

一个类可以产生多个对象，因此 C 的说法是不正确的。

参考答案

（1）C

试题（2）

中间件是一种独立的系统软件或服务程序，___(2)___ 不属于中间件。

（2）A．Tomcat　　　　　　B．WebSphere　　　　　　C．ODBC　　　　　　D．Python

试题（2）分析

参考《信息系统项目管理师教程》（第 3 版）1.3.9 小节。

Python 是一种计算机程序设计语言，是一种面向对象的动态类型语言。Tomcat、WebSphere、ODBC 都是中间件。

参考答案

（2）D

试题（3）

关于大数据的描述，不正确的是 ___(3)___ 。

（3）A．大数据分析相比于传统的数据仓库应用，具有查询及分析简单的特点

　　　B．大数据的意义不在于掌握庞大的数据信息，而在于对这些数据进行专业化处理

　　　C．大数据主要依托云计算的分布式处理、分布式数据库和云存储、虚拟化技术

　　　D．大数据具有类型繁多、结构多样、处理速度快、时效性强的特点

试题（3）分析

参考《信息系统项目管理师教程》（第 3 版）1.5.3 小节。

大数据分析相比于传统的数据仓库应用，具有查询分析复杂的特点，因此 A 的说法是不

---

① 本章提及的《信息系统项目管理师教程》（第 3 版）为全国计算机技术与软件专业技术资格（水平）考试指定用书，由清华大学出版社出版。

正确的。

参考答案

（3）A

试题（4）

2013 年，习近平主席在__(4)__发表《弘扬人民友谊　共创美好未来》的重要演讲，首次提出"一带一路"构想。

（4）A. 土耳其 　　　　　　　　　　B. 哈萨克斯坦

　　　C. 印度尼西亚 　　　　　　　　D. 德国

试题（4）分析

2013 年 9 月 7 日，习近平主席在哈萨克斯坦纳扎尔巴耶夫大学演讲，提出共同建设"丝绸之路经济带"。

参考答案

（4）B

试题（5）

智能音箱是__(5)__的典型应用。

（5）A. 人工智能 　　B. 数据库 　　C. 两化融合 　　D. 区块链

试题（5）分析

人工智能是通过计算机程序呈现人类智能的技术，构建能够类似甚至超越人类推理、知识、规划、学习、交流、感知、移物、使用工具和操控机械的能力等。智能音箱是集成虚拟助手和语音命令的设备，属于人工智能的范畴。

参考答案

（5）A

试题（6）

2019 年 8 月，华为正式发布自有操作系统——__(6)__，可用于支付、人脸识别、指纹等高安全级别场景。

（6）A. 鲲鹏 　　　　B. 麒麟 　　　　C. 昇腾 　　　　D. 鸿蒙

试题（6）分析

出自华为官网。2019 年 8 月 9 日，在华为 2019 年开发者大会上，华为公司宣布华为正式发布自有操作系统——鸿蒙。

参考答案

（6）D

试题（7）

在软件需求分析中，__(7)__分别用来表示功能模型和行为模型。

（7）A. 数据流图、状态转换图 　　　　　B. 状态转换图、E-R 图

　　　C. 状态转换图、数据流图 　　　　　D. E-R 图、状态转换图

试题（7）分析

参考《信息系统项目管理师教程》（第 3 版）1.4.1 小节。

需求分析有三个层次的模型，分别为数据模型、功能模型和行为模型。在实际工作中，一般用实体联系图（E-R 图）表示数据模型，用数据流图（DFD）表示功能模型，用状态转换图（STD）表示行为模型。

参考答案

（7）A

试题（8）

在 CMMI 阶段表示法中，过程域　(8)　属于已定义级。

（8）A．组织级过程焦点　　　　　　B．组织级过程性能

　　　C．组织级改革与实施　　　　　D．因果分析和解决方案

试题（8）分析

参考《信息系统项目管理师教程》（第 3 版）1.4.4 小节中的表 1-2。

组织级过程焦点属于已定义级，组织级过程性能属于量化管理级，组织级改革与实施、因果分析和解决方案属于优化管理级。

参考答案

（8）A

试题（9）

　(9)　不需要了解代码的逻辑结构。

（9）A．控制流测试　　　B．黑盒测试　　　C．数据流测试　　　D．白盒测试

试题（9）分析

参考《信息系统项目管理师教程》（第 3 版）1.4.5 小节。

白盒测试的测试人员要完全清楚程序的结构和处理算法，白盒测试方法主要有控制流测试、数据流测试等。黑盒测试完全不考虑程序的内部结构和处理算法。

参考答案

（9）B

试题（10）

某公司有两套监控系统，分别监控仓库和办公区。为了使用方便，总经理让小王设计一个整合软件，能同时自动打开两套监控系统，将监控画面全部显示在屏幕中。这种集成方式称为　(10)　。

（10）A．表示集成　　　B．数据集成　　　C．控制集成　　　　　D．过程集成

试题（10）分析

参考《信息系统项目管理师教程》（第 3 版）1.4.6 小节。

表示集成也称为界面集成，将用户界面作为公共的集成点。控制集成的集成点存于程序代码中。

参考答案

（10）A

试题（11）

在某科研企业信息办工作的小王将储存在内网上的涉密数据偷偷拷贝到个人笔记本电

脑上，这属于 __(11)__ 事件。

(11) A. 设备安全　　　B. 数据安全　　　C. 内容安全　　　D. 行为安全

试题（11）分析

参考《信息系统项目管理师教程》（第 3 版）1.6.1 小节。

数据安全本质上是一种静态的安全，而行为安全是一种动态安全。行为安全强调的是过程安全。

参考答案

(11) D

试题（12）

__(12)__ 可以对预先定义好的策略中涉及的网络访问行为实施有效管理，而对策略之外的网络访问行为则无法控制。

(12) A. 入侵防护系统（IPS）　　　　　　　B. 防火墙（FW）
　　　C. 虚拟专用网络（VPN）　　　　　　D. 分布式拒绝服务（DDoS）

试题（12）分析

参考《信息系统项目管理师教程》（第 3 版）1.6.3 小节。

防火墙是可以根据预先定义好的策略，对策略中涉及的网络访问行为可以实施有效管理，而对策略之外的网络访问行为无法控制的安全技术。

参考答案

(12) B

试题（13）

理论上，IPv6 的地址数量是 __(13)__ 。

(13) A. 2 的 32 次方　　　　　　　　　　B. 2 的 64 次方
　　　C. 2 的 96 次方　　　　　　　　　　D. 2 的 128 次方

试题（13）分析

IPv4 地址长 32 位，地址数量是 2 的 32 次方；IPv6 地址长 128 位，地址数量是 2 的 128 次方。

参考答案

(13) D

试题（14）

__(14)__ 不属于"互联网+"的特征。

(14) A. 创新驱动　　　B. 资源驱动　　　C. 跨界融合　　　D. 重塑结构

试题（14）分析

"互联网+"的特征包括创新驱动、跨界融合和重塑结构。

参考答案

(14) B

试题（15）

2019 年 6 月，工信部正式颁发 5G 牌照给 4 家公司，其中不包括 __(15)__ 。

（15）A．中国电信　　　B．中国联通　　　C．中国广电　　　D．中国铁塔

试题（15）分析

2019 年 6 月工信部正式颁发 4 张 5G 牌照，由中国电信、中国移动、中国联通、中国广电获得，由此中国正式进入 5G 时代。

参考答案

（15）D

试题（16）

通常来说，__（16）__占用带宽最大。

（16）A．数字广播系统　　　　　　B．指纹考勤系统
　　　C．财务报表系统　　　　　　D．视频监控系统

试题（16）分析

视频信息的数据量要大于音频信息的数据量。

参考答案

（16）D

试题（17）

企业在实施信息化规划过程中，应首先__（17）__。

（17）A．制定企业信息化战略
　　　B．拟定规划方案
　　　C．分析企业信息化现状
　　　D．总体架构设计

试题（17）分析

参考《信息系统项目管理师教程》（第 3 版）1.9.2 小节。

企业实施信息系统规划主要包括以下步骤：（1）分析企业信息化现状；（2）制定企业信息化战略；（3）信息系统规划方案拟定和总体架构设计。

参考答案

（17）C

试题（18）

__（18）__不属于信息系统规划工具。

（18）A．CU 矩阵　　　B．P/O 矩阵　　　C．RD 矩阵　　　D．RACI 矩阵

试题（18）分析

参考《信息系统项目管理师教程》（第 3 版）1.9.3 小节。

RACI 矩阵是职责关系矩阵，用于人力资源规划。

参考答案

（18）D

试题（19）

根据著作权法和实施条例的规定，著作权人对作品享有的权利不包括__（19）__。

（19）A．发表权　　　B．署名权　　　C．继承权　　　D．修改权

试题（19）分析

参考《信息系统项目管理师教程》（第 3 版）15.3.1 小节。

根据著作权法和实施条例的规定，著作权人对作品享有的权利包括发表权、署名权、修改权、保护作品完整权等权利。

参考答案

（19）C

试题（20）

根据软件生存周期标准规定，验证确认过程属于 ___（20）___ 。

（20）A．主要过程　　　　B．支持过程　　　　C．组织过程　　　　D．改进过程

试题（20）分析

参考《信息系统项目管理师教程》（第 3 版）26.5.3 小节。

《信息技术　软件生存周期过程》标准中规定了软件生存周期的过程、活动和任务。其中，过程分为主要过程、支持过程、组织过程等大类，验证确认过程属于软件生存周期的支持过程。

参考答案

（20）B

试题（21）

项目可行性研究中，开发总成本一般不包括：___（21）___ 。

（21）A．行政管理费　　　　　　　　B．销售与分摊费用

　　　 C．财务费用和折旧　　　　　　D．运行维护费用

试题（21）分析

参考《信息系统项目管理师教程》（第 3 版）3.2.4 小节。

开发总成本一般划分为四类，包括研发成本、行政管理费、销售与分摊费用、财务费用和折旧。因此运行维护费用不在开发总成本中。

参考答案

（21）D

试题（22）

关于项目论证的描述，不正确的是：___（22）___ 。

（22）A．"先论证，后决策"是现代项目管理的基本原则

　　　 B．项目论证是一个非连续的过程

　　　 C．项目论证报告的结构和内容有特定的要求

　　　 D．项目论证的结果是确定项目是否实施的依据

试题（22）分析

参考《信息系统项目管理师教程》（第 3 版）3.3.1 小节。

项目论证是一个连续的过程，因此 B 的说法不正确。

参考答案

（22）B

试题（23）

关于项目和企业战略，不正确的是：___（23）___。

(23) A．项目管理通常需要将企业战略作为考虑因素

　　　 B．项目型企业通过一系列项目的成功实施来实现企业战略目标

　　　 C．战略管理包含战略制定、战略实施和战略评价三个过程

　　　 D．企业战略是针对企业当前经营状况所制定的策略

试题（23）分析

参考《信息系统项目管理师教程》（第 3 版）2.1.4 小节。

企业战略是对企业整体性、长期性、基本性问题的谋划，因此 D 的说法不正确。

参考答案

（23）D

试题（24）

某公司的组织结构如下图所示，该公司采取的是___（24）___组织结构。

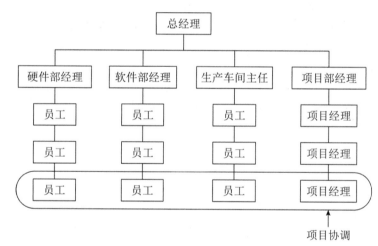

(24) A．强矩阵型　　　 B．职能型　　　 C．弱矩阵型　　　 D．项目型

试题（24）分析

参考《信息系统项目管理师教程》（第 3 版）2.5.3 小节中的图 2-8。

该公司的组织结构属于强矩阵型组织。

参考答案

（24）A

试题（25）

项目管理的五大过程组中的___（25）___过程组，与戴明环中的检查和行动环节对应。

(25) A．启动　　　 B．执行　　　 C．规划　　　 D．监控

试题（25）分析

参考《信息系统项目管理师教程》（第 3 版）2.8 节。

监控过程组与"计划—执行—检查—行动"循环中的"检查"和"行动"对应。

参考答案

（25）D

试题（26）

___（26）___不属于组织过程资产。

（26）A．行业风险数据库　　　　　　　　B．变更控制程序

　　　 C．公司过去同类项目的相关资料　　D．配置管理知识库

试题（26）分析

参考《信息系统项目管理师教程》（第 3 版）6.2.1 小节。

行业风险数据库属于事业环境因素。

参考答案

（26）A

试题（27）

项目经理向公司管理层汇报项目进展情况时最适合采用___（27）___。

（27）A．工作绩效数据　　　　　B．工作绩效信息

　　　 C．工作绩效报告　　　　　D．项目管理计划

试题（27）分析

参考《信息系统项目管理师教程》（第 3 版）4.5.3 小节。

项目监控的输出是工作绩效报告。输入是工作绩效信息，工作绩效信息由工作绩效数据转化而来。

参考答案

（27）C

试题（28）

某公司接了一个小型软件研发的项目，测试过程中，程序员发现某处算法需要进行更改，则___（28）___。

（28）A．项目经理可对变更进行决定

　　　 B．研发人员可直接进行更改

　　　 C．项目不大，变更只需口头提出即可

　　　 D．变更处理要力求简化，操作无须规范

试题（28）分析

参考《信息系统项目管理师教程》（第 3 版）16.4 节。

项目规模小，与其他项目的关联度小时，变更的提出和处理可在操作上力求简便、高效，但还是要注意以下几点：对变更的确认应当正式化、变更操作过程应当规范化、对变更产生的因素施加影响。

参考答案

（28）A

试题（29）

在项目范围管理的过程中，确认范围的输入不包括 ___（29）___ 。

（29）A．项目管理计划　　　　　　　　B．工作绩效数据

　　　　C．验收的可交付成果　　　　　　D．需求跟踪矩阵

试题（29）分析

参考《信息系统项目管理师教程》（第 3 版）5.1.3 小节的表 5-2。

确认范围过程的输入包括项目管理计划、需求文件、需求跟踪矩阵、确认的可交付成果、工作绩效数据。验收的可交付成果是其输出。

参考答案

（29）C

试题（30）

___（30）___ 执行的步骤为：分成多个小组，每个小组开展讨论，小组讨论结束后，主持人依次询问每位参与者，请每人提出一个创意，这种询问可以进行很多轮，直至得到足够数量的创意，再请全体参与者对所有创意进行评审和排序。

（30）A．焦点小组　　　B．名义小组　　　C．引导式研讨会　　　D．头脑风暴

试题（30）分析

参考《信息系统项目管理师教程》（第 3 版）5.3.2 小节。

名义小组首先将参与者分成多个名义小组，每个小组开展讨论，小组讨论结束后，主持人依次询问每位参与者，请每人提出一个创意，这种询问可以进行很多轮，直至得到足够数量的创意，再请全体参与者对所有创意进行评审和排序。

参考答案

（30）B

试题（31）

关于确认范围和质量控制的描述，不正确的是 ___（31）___ 。

（31）A．确认范围强调可交付成果的接受程度

　　　　B．质量控制强调可交付成果的正确性

　　　　C．确认范围和质量控制均由组织内部质量部门实施

　　　　D．确认范围和质量控制都可以通过检查的方法来进行

试题（31）分析

参考《信息系统项目管理师教程》（第 3 版）5.6.3 小节。

质量控制属内部检查，由执行组织的相应质量部门实施；确认范围则是由外部干系人（客户或发起人）对项目可交付成果进行检查验收。

参考答案

（31）C

试题（32）

关于进度管理的描述，不正确的是：___（32）___ 。

（32）A．项目开展过程中，关键路径可能会发生变化

    B. 关键路径上的活动的总浮动时间和自由浮动时间都为 0

    C. 资源平滑技术通常会导致项目关键路径变长

    D. 关键链法在关键路径法基础上，考虑了资源因素

试题（32）分析

参考《信息系统项目管理师教程》（第 3 版）第 6 章。

资源平滑技术是对非关键路径上的活动进行调整，不会改变关键路径，因此 C 的说法不正确。

参考答案

（32）C

试题（33）、（34）

某项目包含 A、B、C、D、E、F、G 七个活动。各活动的历时估算和活动间的逻辑关系如下表所示：

活动名称	活动历时/天	紧前活动
A	2	—
B	4	A
C	5	A
D	3	A
E	3	B
F	4	B、C、D
G	3	E、F

依据上表内容，活动 D 的总浮动时间是 __（33）__ 天，该项目工期为 __（34）__ 天。

（33）A. 0   B. 1   C. 2   D. 3

（34）A. 12   B. 13   C. 14   D. 15

试题（33）、（34）分析

参考《信息系统项目管理师教程》（第 3 版）6.3.3 小节。

绘制该项目的网络图，具体如下，可见活动 D 的总浮动时间为 2 天，总工期为 14 天。

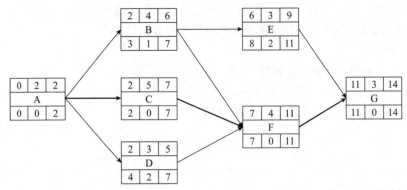

参考答案

（33）C　（34）C

试题（35）

关于成本估算的描述，正确的是　 (35) 。

（35）A．成本估算是在某特定时点，根据已知信息所做出的成本预测

　　　B．成本估算的准确性随着项目的进展而逐步下降

　　　C．融资成本不应纳入成本估算

　　　D．项目进度发生变化但范围没有变化时，对成本估算不产生影响

试题（35）分析

参考《信息系统项目管理师教程》（第 3 版）7.2.2 小节。

成本估算的准确性随着项目的进展而逐步提高。成本估算应该考虑项目收费的全部资源，包括通货膨胀补贴、融资成本等。成本估算的输入包括：范围基准、项目进度计划等。

参考答案

（35）A

试题（36）

关于成本管理的描述，不正确的是：　 (36) 。

（36）A．成本基准中不包括管理储备

　　　B．成本基准中包括预计的支出，但不包括预计的债务

　　　C．管理储备用来应对会影响项目的"未知-未知"风险

　　　D．成本基准是经过批准且按时间段分配的项目预算

试题（36）分析

参考《信息系统项目管理师教程》（第 3 版）7.2.4 小节。

成本基准中既包括预计的支出，也包括预计的债务。

参考答案

（36）B

试题（37）

下表给出了某项目到 2019 年 6 月 30 日为止的成本执行（绩效）数据。如果当前的成本偏差是典型的，则完工估算（EAC）为：　 (37) 　元。

活动编号	活动	完成百分比/%	计划值（PV）/元	实际成本（AC）/元
1	A	100	2200.00	2500.00
2	B	100	2500.00	2900.00
3	C	100	2500.00	2800.00
4	D	80	1500.00	1500.00
5	E	70	3000.00	2500.00
6	F	60	2500.00	2200.00
合计			14 200.00	14 400.00

项目总预算（BAC）：40 000.00

报告日期：2019 年 6 月 30 日

（37）A．48 000　　　　B．44 000　　　　C．42 400　　　　D．41 200

试题（37）分析

参考《信息系统项目管理师教程》（第 3 版）7.3.2 小节，计算该项目的 PV、AC、EV，具体如下：

活动编号	活动	完成百分比/%	计划值（PV）/元	实际成本（AC）/元	挣值（EV）/元
1	A	100	2200.00	2500.00	2200.00
2	B	100	2500.00	2900.00	2500.00
3	C	100	2500.00	2800.00	2500.00
4	D	80	1500.00	1500.00	1200.00
5	E	70	3000.00	2500.00	2100.00
6	F	60	2500.00	2200.00	1500.00
	合计		14 200.00	14 400.00	12 000.00

项目总预算（BAC）：40 000.00

报告日期：2019 年 6 月 30 日

$CPI=EV/AC=12\ 000/14\ 400=5/6$。

当前成本偏差是典型偏差时，$EAC=AC+(BAC–EV)/CPI=14\ 400+(40\ 000–12\ 000)\times6/5=48\ 000$ 元。

参考答案

（37）A

试题（38）

　　　（38）　　不是现行 ISO 9000 系列标准提出的质量管理原则。

（38）A．以产品为中心　　　　　　　　　　B．领导作用

　　　C．基于事实的决策方法　　　　　　　D．与供方互利的关系

试题（38）分析

参考《信息系统项目管理师教程》（第 3 版）8.1.3 小节。

ISO 9000 质量管理八项原则为：以顾客为中心、领导作用、全员参与、过程方法、管理的系统方法、持续改进、基于事实的决策方法和与供方互利的关系。

参考答案

（38）A

试题（39）

质量管理相关的工具中，　　（39）　　用于理解一个目标与达成此目标的步骤之间的关系。

（39）A．树形图　　　　B．过程决策程序图　　　C．优先矩阵　　　D．亲和图

试题（39）分析

参考《信息系统项目管理师教程》（第 3 版）8.3.2 小节。

过程决策程序图（PDPC）用于理解一个目标与达成此目标的步骤之间的关系。

参考答案

（39）B

试题（40）

　　___（40）___监督并记录质量活动执行结果，以便评估绩效，并推荐必要的变更。

　　（40）A．质量规划　　　B．质量保证　　　　　C．质量控制　　　D．质量改进

试题（40）分析

　　参考《信息系统项目管理师教程》（第 3 版）8.2.3 小节。

　　质量控制是监督并记录质量活动执行结果，以便评估绩效，并推荐必要的变更的过程。

参考答案

　　（40）C

试题（41）

　　从信息的发布者角度看，控制力最强的沟通方式是___（41）___。

　　（41）A．讨论　　　　　B．叙述　　　　　　　C．征询　　　　　D．说明

试题（41）分析

　　参考《系统集成项目管理工程师教程》（第 2 版）[①]12.1.2 小节。

　　从信息的发布者角度看，叙述的控制强度最强，讨论的控制强度最弱。

参考答案

　　（41）B

试题（42）

　　备忘录、报告、日志、新闻稿等沟通方式属于___（42）___。

　　（42）A．推式沟通　　　B．交互式沟通　　　　C．拉式沟通　　　D．非正式沟通

试题（42）分析

　　参考《信息系统项目管理师教程》（第 3 版）10.3 节。

　　推式沟通是把信息发送给需要接收这些信息的特定接收方，包括信件、备忘录、报告、电子邮件、传真、语音邮件、日志、新闻稿等。

参考答案

　　（42）A

试题（43）

　　关于项目干系人的描述，正确的是：___（43）___。

　　（43）A．项目干系人是从项目中获利的个人、群体或组织

　　　　　B．自认为受项目决策、活动或结果影响的个人、群体或组织也是干系人

　　　　　C．干系人分析是在项目计划阶段实施的工作，在项目其他阶段不涉及

　　　　　D．干系人之间的关系不是干系人分析的工作内容

试题（43）分析

　　参考《系统集成项目管理工程师教程》（第 2 版）12.5.1 小节和 12.5.2 小节。

　　项目干系人既可能从项目中获利，也可能从项目中受损；干系人分析贯穿项目的始终；干系人分析需要了解干系人之间的关系。B 选项描述正确。

---

① 本章提及的《系统集成项目管理工程师教程》（第 2 版）为全国计算机技术与软件专业技术资格（水平）考试指定用书，由清华大学出版社出版。

参考答案

（43）B

试题（44）

在权力/利益方格中，针对"权力小、对项目结果关注度高"的干系人，应该采取的策略是 __（44）__ 。

（44）A．重点管理 　　　　　　　　B．花最少的精力监督

　　　 C．令其满意 　　　　　　　　D．随时告知

试题（44）分析

参考《系统集成项目管理工程师教程》（第 2 版）12.5.2 小节。

权力/利益方格右下角的干系人的特点是"权力小、对项目结果关注度高"，项目经理要随时告知其项目状况，以维持干系人的满意程度。

参考答案

（44）D

试题（45）

关于风险的描述，正确的是 __（45）__ 。

（45）A．不能带来机会、无获利可能的风险叫投机风险

　　　 B．根据经验可以预见其发生，但不可预见其后果的风险叫已知风险

　　　 C．地震、百年不遇的暴雨等属于不可预测风险

　　　 D．风险是零和游戏，有人受损就有人获利

试题（45）分析

参考《信息系统项目管理师教程》（第 3 版）11.1.3 小节。

不能带来机会、无获得利益可能的风险叫纯粹风险；根据经验可以预见其发生，但不可预见其后果的风险叫可预测风险；风险不是零和游戏，在许多情况下，涉及风险的各有关方面都要蒙受损失，无一幸免。C 选项描述正确。

参考答案

（45）C

试题（46）

关于风险识别的描述，不正确的是 __（46）__ 。

（46）A．应鼓励所有项目人员参与风险的识别

　　　 B．风险登记册的内容可能包括潜在应对措施清单

　　　 C．可以跳过定性风险分析过程直接进入定量风险分析

　　　 D．识别风险是一次性工作

试题（46）分析

参考《信息系统项目管理师教程》（第 3 版）11.3 节。

识别风险是一项反复过程，因此 D 的说法不正确。

参考答案

（46）D

试题（47）

　　(47) 检查并记录风险应对措施在处理已识别风险及其根源方面的有效性，以及风险管理过程的有效性。

　　(47) A. 风险再评估　　　　　　　　B. 风险审计

　　　　　 C. 偏差和趋势分析　　　　　D. 技术绩效测量

试题（47）分析

　　参考《信息系统项目管理师教程》（第 3 版）11.7.2 小节。

　　风险审计是检查并记录风险应对措施在处理已识别风险及其根源方面的有效性，以及风险管理过程的有效性。

参考答案

　　(47) B

试题（48）

　　领导者的工作主要涉及　__(48)__　。

　　(48) A. 确定方向、统一思想、实现目标

　　　　　 B. 召集人员、分配任务、激励和鼓舞

　　　　　 C. 召集人员、分配任务、实现目标

　　　　　 D. 确定方向、统一思想、激励和鼓舞

试题（48）分析

　　参考《信息系统项目管理师教程》（第 3 版）9.1.3 小节。

　　领导者（Leader）的工作主要涉及三方面：①确定方向，为团队设定目标，描绘愿景，制定战略；②统一思想，协调人员，团结尽可能多的力量来实现愿景；③激励和鼓舞，在向目标进军的过程中不可避免地要遇到艰难险阻，领导者要激励和鼓舞大家克服困难奋勇前进。管理者设定目标，率众实现目标。

参考答案

　　(48) D

试题（49）

　　(49) 能让项目经理和项目团队洞察成员的优势和劣势。

　　(49) A. 人际关系技能　　　　　　　B. 项目绩效评估

　　　　　 C. 人事评测工具　　　　　　　D. 冲突管理

试题（49）分析

　　参考《信息系统项目管理师教程》（第 3 版）9.2.3 小节。

　　人事评测工具能让项目经理和项目团队洞察成员的优势和劣势，有利于增进团队成员的理解、信任、忠诚和沟通，在整个项目期间不断提高团队成效。项目绩效评估的目的是澄清角色和职责、向团队成员提供建设性反馈、发现未知和未决问题、制订个人培训计划，以及确立未来目标。

参考答案

　　(49) C

试题（50）

　　　　(50)　不可以用于评价项目管理团队的绩效。

　　(50) A．达成既定项目目标　　　　　　　B．进度绩效

　　　　　C．成本绩效　　　　　　　　　　　D．团队规模

试题（50）分析

　　参考《信息系统项目管理师教程》（第 3 版）9.4.5 小节。

　　团队绩效评价基于：技术达成情况（达成既定项目目标，包括质量水平）、进度绩效（按时完成）和成本绩效（在财务约束条件内完成）。

参考答案

　　(50) D

试题（51）

　　运维过程中发现待修改问题，程序员首先需将待修改代码从　(51)　中取出放入　(51)　，其次检出代码段放入　(51)　，修改完成被检入受控库后，才能被其他程序员检出。

　　(51) A．产品库　开发库　受控库　　　　B．受控库　开发库　产品库

　　　　　C．受控库　产品库　开发库　　　　D．产品库　受控库　开发库

试题（51）分析

　　参考《信息系统项目管理师教程》（第 3 版）14.2.3 小节。

　　基于配置库的变更控制，以软件产品升级为例，流程步骤如下：①将待升级的基线从产品库中取出，放入受控库；②程序员将待修改的代码段从受控库检出，放入自己的开发库中进行修改，代码被锁定，以保证同一段代码只能同时被一个程序员修改；③程序员将开发库中修改好的代码检入受控库，代码被解锁，其他程序员可以检出代码；④软件产品升级修改的工作全部完成后，将受控库中的新基线存入产品库中，形成新版本，旧版本不删除，继续保存在产品库中。

参考答案

　　(51) D

试题（52）

　　关于变更管理的描述，不正确的是：　(52)　。

　　(52) A．每次变更通过评审后，都应重新确定基准

　　　　　B．必须采用变更管理工具

　　　　　C．明确变更工作中评估、评审、执行的职责

　　　　　D．评估变更的可能影响

试题（52）分析

　　参考《信息系统项目管理师教程》（第 3 版）16.2 节。

　　项目变更管理原则包括：①基准管理；②变更控制流程化；③明确组织分工；④评估变更的可能影响；⑤妥善保存变更产生的相关文档，适当时可以引入配置管理工具。

参考答案

　　(52) B

试题（53）

关于变更管理工作程序，正确的步骤是：__（53）__。

①变更实施监控与效果评估

②发出变更通知并组织实施

③提出与接受变更申请

④对变更的初审和方案论证

⑤CCB 审查

（53）A．③①②④⑤　　B．④③⑤②①　　C．③④⑤②①　　D．④⑤③②①

试题（53）分析

参考《信息系统项目管理师教程》（第 3 版）16.3.2 小节。

变更管理工作程序包括：①提出与接受变更申请；②对变更的初审；③变更方案论证；④项目管理委员会审查；⑤发出变更通知并组织实施；⑥变更实施的监控；⑦变更效果的评估；⑧判断发生变更后的项目是否已纳入正常轨道。

参考答案

（53）C

试题（54）

__（54）__不属于建立战略合作伙伴关系的目的。

（54）A．加快资金周转　　　　　　　　B．降低管理费用

　　　C．共享企业资质　　　　　　　　D．提高管理水平

试题（54）分析

参考《信息系统项目管理师教程》（第 3 版）12.2.2 小节。

建立供应商战略合作伙伴关系，可以降低企业采购设备的库存水平，降低管理费用，加快资金周转；可以与供应商共享管理经验，推动企业整体管理水平的提高。

参考答案

（54）C

试题（55）

在 CPIF 合同下，A 公司是卖方，B 公司是买方，合同的实际成本大于目标成本时，A 公司得到的付款总数是__（55）__。

（55）A．目标成本+目标费用–B 公司应担负的成本超支

　　　B．目标成本+目标费用+A 公司应担负的成本超支

　　　C．目标成本+目标费用–A 公司应担负的成本超支

　　　D．目标成本+目标费用+B 公司应担负的成本超支

试题（55）分析

参考《信息系统项目管理师教程》（第 3 版）13.1.1 小节。

成本加激励费用合同（CPIF）为卖方报销履行合同工作所发生的一切合法成本，并在卖方达到合同规定的绩效目标时，向卖方支付预先确定的激励费用。在 CPIF 合同下，如果实际成本大于目标成本，卖方可以得到的付款总数为"目标成本+目标费用+买方应

负担的成本超支"。

参考答案

（55）D

试题（56）

知识的价值在于流动和使用，＿＿（56）＿＿能够实现知识在企业内传播和分享。

（56）A．知识转移工具　　　　　　B．知识编码工具

　　　　C．知识评价工具　　　　　　D．知识生成工具

试题（56）分析

参考《信息系统项目管理师教程》（第 3 版）15.2.3 小节。

知识管理的工具分为知识生成工具、知识编码工具和知识转移工具三大类。①知识生成工具包括知识获取、知识合成、知识创新三大功能，利用具有初步人工智能功能的搜索引擎和知识挖掘工具进行知识自动获取，将相关语句组合起来，帮助人们将分散的创新观点进行合成；②知识编码工具将知识有效地存储并且以简明的方式呈现给使用者；③知识转移工具使知识能在企业内传播和分享，消除知识流动过程中的障碍。

参考答案

（56）A

试题（57）

关于项目组合管理的描述，不正确的是：＿＿（57）＿＿。

（57）A．项目组合管理绩效必须结合战略目标进行测量

　　　　B．项目组合管理使组织在高速发展和快速变化的环境中维持市场竞争力

　　　　C．项目组合管理统筹财务、人力、设备等资源

　　　　D．项目集是组织战略计划和项目组合之间联系的桥梁

试题（57）分析

参考《信息系统项目管理师教程》（第 3 版）17.3.2 小节。

项目组合管理是组织战略计划和项目集、单项项目管理和组织运营之间联系的桥梁，因此 D 的说法是不正确的。

参考答案

（57）D

试题（58）

＿＿（58）＿＿不属于评估业务流程实施效果的关键指标。

（58）A．产品和服务质量　　　　　　B．员工满意度

　　　　C．成本和工作效率　　　　　　D．销售增长率

试题（58）分析

参考《信息系统项目管理师教程》（第 3 版）19.2.4 小节。

企业业务流程实施的成果必然体现在经营管理的绩效上，衡量业务流程实施效果的关键指标主要有：产品和服务质量、顾客满意度、销售增长率、成本、员工工作效率等。同时，业务流程实施取得显著效果的一个标志是带来企业文化，特别是员工价值观的变化。

参考答案

　　（58）B

试题（59）

　　　（59）　负责批准和监督项目集的人员。

　　（59）A．项目集治理委员会　　　　　B．组件项目经理

　　　　　　C．项目集发起人　　　　　　　D．项目集经理

试题（59）分析

　　参考《信息系统项目管理师教程》（第 3 版）20.3.3 小节。

　　项目集治理委员会成员共同负责批准和监督项目集的人员，他们是项目集的相关重要决策的参与者。

参考答案

　　（59）A

试题（60）

　　项目组合管理中，"实施项目组合管理过程"的步骤包括：　　（60）　。

　　①为项目组合管理过程的实施定义角色和职责

　　②沟通项目组合管理实施计划

　　③定义和部署详细的项目组合管理过程

　　④为参与人员和干系人提供培训

　　⑤执行项目组合管理监督，以确保其与组织战略目标一致

　　（60）A．①②③④　　B．①③④⑤　　C．①②④⑤　　D．②③④⑤

试题（60）分析

　　参考《信息系统项目管理师教程》（第 3 版）21.4.4 小节。

　　项目组合管理过程的关键步骤包括：①为项目组合管理过程的实施定义角色和职责；②沟通项目组合管理实施计划；③定义和部署详细的项目组合管理过程，并为参与人员和干系人提供培训。⑤属于项目组合治理过程的内容。

参考答案

　　（60）A

试题（61）

　　　（61）　不属于评估开发过程质量的指标。

　　（61）A．缺陷分布　　　　　　　　　B．修复缺陷的时间

　　　　　　C．回归测试中发现的缺陷数　　D．缺陷严重程度

试题（61）分析

　　参考《信息系统项目管理师教程》（第 3 版）23.3.3 小节。

　　评估开发过程的质量，根据缺陷的分布、缺陷修复的时间、回归测试中发现的缺陷数量来判断。缺陷严重程度是用来评估测试过程质量的指标。

参考答案

　　（61）D

试题（62）

　　　（62）　不可用于量化的项目管理。

　　（62）A．PERT　　　　B．网络图　　　　C．专家判断　　　　D．挣值分析

试题（62）分析

　　参考《信息系统项目管理师教程》（第 3 版）25.5 节。

　　在项目管理体系中的 WBS、网络图、PERT、挣值分析工具、质量管理工具，在量化项目管理中都可以采用。

参考答案

　　（62）C

试题（63）

　　信息系统安全保护等级的定级要素是　（63）　。

　　（63）A．等级保护对象和保护客体

　　　　　B．受侵害的客体和对客体的侵害程度

　　　　　C．信息安全技术策略和管理策略

　　　　　D．受侵害客体的规模和恢复能力

试题（63）分析

　　参考《信息系统项目管理师教程》（第 3 版）22.1.2 小节。

　　信息系统安全等级保护的概念：信息系统的安全保护等级由两个定级要素决定，即等级保护对象受到破坏时所侵害的客体和对客体造成侵害的程度。

参考答案

　　（63）B

试题（64）

　　　（64）　在军事和安全部门中应用最多。

　　（64）A．自主访问控制方式（DAC）

　　　　　B．强制访问控制方式（MAC）

　　　　　C．访问控制列表方式（ACL）

　　　　　D．基于角色的访问控制方式（PBAC）

试题（64）分析

　　参考《信息系统项目管理师教程》（第 3 版）22.4.5 小节。

　　PMI 支撑体系中关于访问控制的授权方案包括：①DAC（自主访问控制方式），该模型对每个用户指明能够访问的资源，对于不在指定的资源列表中的对象不允许访问；②ACL（访问控制列表方式），该模型是目前应用最多的方式，目标资源拥有访问权限列表，指明允许哪些用户访问，如果某个用户不在访问控制列表中，则不允许该用户访问这个资源；③MAC（强制访问控制方式），该模型在军事和安全部门应用较多，目标具有一个包含等级的安全标签（如不保密、限制、秘密、机密、绝密），访问者拥有包含等级列表的许可，其中定义了可以访问哪个级别的目标，例如允许访问秘密级信息，则秘密级、限制级和不保密级的信息是允许被访问的，但是机密级和绝密级的信息不允许访问；④RBAC（基于角色的

访问控制方式），该模型首先定义一些组织内的角色，如局长、科长、职员，再根据管理规定给这些角色分配相应的权限，最后对组织内的每个人根据具体业务和职位分配一个或多个角色。

参考答案

（64）B

试题（65）

____（65）____的目标是防止内部机密或敏感信息非法泄露和单位资产的流失。

（65）A．数字证书　　　B．安全审计　　　C．入侵监测　　　D．访问控制

试题（65）分析

参考《信息系统项目管理师教程》（第 3 版）22.5.1 小节。

安全审计具体包括两方面内容：①采用网络监控与入侵防范系统，识别网络各种违规操作与攻击行为，及时响应并阻断；②对信息内容和业务流程进行审计，可以防止内部机密或敏感信息的非法泄露和单位资产的流失。

参考答案

（65）B

试题（66）、（67）

某电池厂生产甲、乙两种型号产品（单位：万个），这两种产品都需要设备和 A、B 两种原材料，利润与资源限制条件如下表所示，为了获得最大的利润，该电池厂每天生产的甲产品的数量应为____（66）____万个，此时该企业每天的利润为____（67）____万元。

	甲	乙	资源限制条件
设备/台时	2	3	20
原材料 A/千克	3	1	15
原材料 B/千克	0	2	12
利润/万元	2	4	

（66）A．1　　　　　B．2　　　　　C．3　　　　　D．4

（67）A．20　　　　B．22　　　　C．24　　　　D．26

试题（66）、（67）分析

参考《信息系统项目管理师教程》（第 3 版）27.4 节。

本题知识点为线性规划问题。

设 X、Y 分别为每天计划生产甲、乙产品的数量，$X \geq 0$，$Y \geq 0$，则上表可以用以下数学模型表示：

目标函数：MAX $Z = 2X + 4Y$

约束条件：

$2X + 3Y \leq 20$

$3X + Y \leq 15$

$2Y \leq 12$

$X, Y \geq 0$

求解以上约束条件可知，当 $X=1$ 时，即甲生产 1 万个时，乙生产 6 万个的利润为 $2X+4Y=26$ 万元；当 $X=2$ 时，即甲生产 2 万个时，乙生产 5 万个的利润为 $2X+4Y=24$ 万元；当 $X=3$ 时，即甲生产 3 万个时，乙生产 4 万个的利润为 $2X+4Y=22$ 万元。所以该电池厂每天生产甲产品 1 万个时，利润最高为 26 万元。

参考答案

（66）A（67）D

试题（68）

下图为某地区的通信线路图，图中节点为 8 个城市，节点间标识的数字为城市间拟铺设通信线路的长度（单位：千米），为了保持 8 个城市通信连接，则至少铺设　（68）　千米的线路。

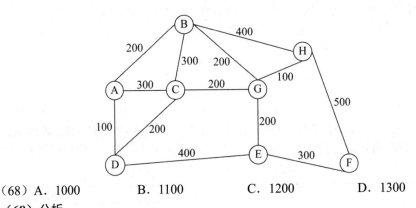

（68）A．1000　　　B．1100　　　C．1200　　　D．1300

试题（68）分析

求连通图的最小生成树，如下图中粗线条所示。

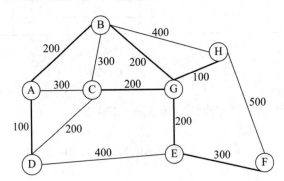

参考答案

（68）D

试题（69）

张先生向商店订购某一商品，每件定价 100 元，共订购 60 件。张先生对商店经理说："如果你肯减价，每减价 1 元，我就多订购 3 件。"商店经理算了一下，如果减价 4%，由于张先生多订购，仍可获得与原来一样多的总利润。请问这件商品的成本是　（69）　元。

　　（69）A．76　　　　　　B．80　　　　　　C．75　　　　　　D．85

试题（69）分析

　　设这件商品的成本是 x 元，$60\times(100-x)=(60+4\times3)(96-x)$，解得 $x=76$。

参考答案

　　（69）A

试题（70）

　　为响应环保号召，某电池生产厂家承诺用 3 块旧电池可以换 1 块新电池，小李有 21 块旧电池，请问他一共可以换取__（70）__块新电池。

　　（70）A．7　　　　　　B．9　　　　　　C．10　　　　　　D．11

试题（70）分析

　　第一次：21 块旧电池可以换 7 块新电池；第二次：使用后，7 块可以再换 2 块新电池，剩余 1 块；第三次：2 块使用后，再加上第二次剩余的 1 块，还可以再换 1 块新电池。一共可以换取 10 块新电池。

参考答案

　　（70）C

试题（71）

　　__（71）__ seeks to perform root cause investigation as to what is leading identified trends.

　　（71）A．Problem management　　　　　B．Incident management

　　　　　C．Change management　　　　　　D．Knowledge management

试题（71）分析

　　问题管理寻求进行根本原因调查，以确定什么原因导致了确定的趋势。

参考答案

　　（71）A

试题（72）

　　__（72）__ provides guidance for the development and improvement of capabilities for introducing new and changed services into supported environments.

　　（72）A．Service strategy　　　　　　B．Service transition

　　　　　C．Service design　　　　　　　D．Service operation

试题（72）分析

　　在受支持的环境中引入新的及已更改的服务时，服务转换可以为服务能力的开发及改进提供指导。

参考答案

　　（72）B

试题（73）

　　__（73）__ is the process of managing procurement relationships, monitoring contract performance, and making changes and corrections as appropriate, and closing out contracts.

　　（73）A．Control Procurements　　　　　B．Conduct Procurements

　　　　　C．Plan Procurement Management　　　D．Procurement Strategy

试题（73）分析

　　控制采购是管理采购关系、监督合同绩效、实施必要的变更和纠偏，以及关闭合同的过程。

参考答案

　　（73）A

试题（74）

　　The ___（74）___ is a hierarchical decomposition of the total scope of work to be carried out by the project team to accomplish the project objectives and create the required deliverables.

　　（74）A．Project scope statement　　　B．Work package
　　　　　C．WBS　　　　　　　　　　　　D．Project scope plan

试题（74）分析

　　WBS 是对项目团队为实现项目目标、创建所需可交付成果而需要实施的全部工作范围的层级分解。

参考答案

　　（74）C

试题（75）

　　Risk ___（75）___ acknowledges the existence of a threat, but no proactive action is taken.

　　（75）A．avoidance　　　　　　　　　B．transfer
　　　　　C．mitigate　　　　　　　　　　D．acceptance

试题（75）分析

　　风险接受是指承认威胁的存在，但不主动采取措施。

参考答案

　　（75）D

第11章 2019下半年信息系统项目管理师
下午试题 I 分析与解答

试题一（共25分）

阅读下列说明，回答问题1至问题3，将解答填入答题纸的对应栏内。

【说明】

2019年3月某公司中标当地轨道交通的车载广播系统项目，主要为地铁列车提供车载广播、报警、对讲及电子地图系统。公司任命具有丰富经验的老王担任项目经理。老王从各部门抽调人员成立了项目组，安排质量部的老杨负责质量工作。

根据甲方提出的技术要求，结合公司质量管理手册、程序文件和作业文件，老杨编制了《项目质量计划书》《项目验收规范》等质量文件，组织人员对《项目质量计划书》等文件进行了评审，并对项目组成员进行了质量管理培训。项目实施过程中，按照《项目质量计划书》，老杨组织相关人员定期对项目进行检查并跟踪改进情况。

系统调试过程中，调试人员发现某电路板会导致系统运行出现严重的错误，立刻向项目经理进行汇报。老王找到负责该电路设计的人员，要求其对系统出现的 Bug 进行原因分析，找到问题根源，若需要修改设计，对电路的缺陷设计进行更正，填写设计更改单，并进行评审。

经过分析并评审通过后，相关人员实施更改并升级了电路图版本。经验证，系统运行正常。工程样机生产出来后，根据项目技术条件，对产品进行型式试验和例行试验。在产品进行电磁兼容试验时，某指标不符合要求，项目人员分析原因后进行了整改，重新试验并顺利通过。

验收前，老杨对照《项目验收规范》，对系统功能及性能进行确认，并由质量部门开具了合格证。系统最终上线，经过一个月的试运行，客户反馈以下问题：

序号	故障时间	位置	客户反馈问题	故障定位
1	2019.6.13	1 客室	接通司机室没声音	报警器
2	2019.6.16	3 客室	接通客室没声音	报警器
3	2019.6.18	6 客室	呼不通	报警器
4	2019.6.20	5 客室	黑屏	电子地图
5	2019.6.24	5 客室	呼叫灯不亮	报警器
6	2019.6.25	司机室	监听声音小	监听扬声器
7	2019.6.25	2 客室	接通客室没声音	报警器
8	2019.6.27	司机室	监听声音小	监听扬声器
9	2019.6.28	4 客室	接通司机室没声音	报警器
10	2019.7.2	司机室	对讲无声音	对讲装置
11	2019.7.4	司机室	监听声音小	监听扬声器

续表

序号	故障时间	位置	客户反馈问题	故障定位
12	2019.7.4	2 客室	接通司机室\客室没声音	报警器
13	2019.7.6	1 客室	广播声音小	广播主机
14	2019.7.10	2 客室	黑屏	电子地图
15	2019.7.13	6 客室	呼不通	报警器

项目组针对试运行出现的问题进行了更改。

【问题 1】（8 分）

将案例中实际应用的质量管理措施分类填入答题纸对应表格。

过程	实际应用的质量管理措施
质量规划	
质量保证	
质量控制	

【问题 2】（6 分）

（1）请简述帕累托分析原理。

（2）根据试运行期间用户反馈的问题记录，请应用帕累托原理分析造成系统故障的主要原因，并指出解决系统故障的优先级。

【问题 3】（11 分）

（1）写出一致性成本和非一致性成本的定义。

（2）请分析案例中发生的成本，哪些属于一致性成本，哪些属于非一致性成本。

试题一分析

本题重点考查质量管理，考生需全面多视角综合分析并作答。

【问题 1】

案例问答题，重点考查考生对质量管理措施的分类和定义是否清晰了解，先找到案例中的质量管理措施，再分别对应到质量规划、质量保证和质量控制中（参考《信息系统项目管理师教程》（第 3 版）[①]8.2 节）。

【问题 2】

（1）本题重点考查帕累托原理。

（2）根据故障定位的问题分类进行计数统计，并计算出百分比，按占比大小进行排序，然后根据帕累托二八原理，把占比 80% 的问题优先解决。

【问题 3】

（1）本题重点考查一致性成本和非一致性成本的定义。

（2）将在问题 1 中找出的质量管理措施按一致性成本和非一致性成本进行分类。

---

① 本章提及的《信息系统项目管理师教程》（第 3 版）为全国计算机技术与软件专业技术资格（水平）考试指定用书，由清华大学出版社出版。

参考答案

【问题 1】（8 分）

过程	实际应用的质量管理措施
质量规划	（1）编制了《项目质量计划书》《项目验收规范》等质量文件 （2）组织项目人员对《项目质量计划书》等文件进行了评审 （3）对项目组成员进行了质量管理培训
质量保证	（1）项目实施过程中，按照《项目质量计划书》，老杨组织相关人员定期对项目进行检查并跟踪改进情况 （2）设计人员对电路的缺陷设计进行更正，填写设计更改单，并进行评审
质量控制	（1）系统调试过程中，调试人员发现某电路板会导致系统运行出现严重的错误，立刻向项目经理进行汇报 （2）工程样机生产出来后，根据项目技术条件，对产品进行型式试验和例行试验 （3）验收前，老杨对照《项目验收规范》，对系统功能及性能进行确认 （4）项目组针对试运行出现的问题进行了更改

（每条 2 分，全部答对，得 8 分）

【问题 2】（6 分）

（1）帕累托分析原理：一种特殊的垂直条形图，用于识别造成大多数问题的少数重要原因。（2 分）

（2）依据缺陷数量及种类，统计如下：报警器故障 8 次，电子地图故障 2 次，监听扬声器故障 3 次，对讲装置故障 1 次，广播主机故障 1 次，共 15 次。

按故障次数从多到少排序为报警器、监听扬声器、电子地图，三者总共占 13 次，占比为 13/15=86.7%，前两者总共占 11 次，占比为 11/15=73.3%。

根据帕累托二八原理，造成系统故障的主要原因是报警器故障、监听扬声器故障和电子地图故障。（写出 1 点得 1 分，共 3 分）

排除故障顺序为：①报警器故障；②监听扬声器故障；③电子地图故障。（1 分）

【问题 3】（11 分）

（1）一致性成本：确保与要求一致而做的所有工作成本。（1 分）

非一致性成本：由于不符合要求所引起的全部工作成本。（1 分）

（2）一致性成本：

- 编制了《项目质量计划书》《项目验收规范》等质量文件；
- 组织项目人员对《项目质量计划书》等文件进行了评审；
- 对项目组成员进行了质量管理培训；
- 老杨按照《项目质量计划书》，对项目质量进行检查；
- 根据项目技术条件，对产品进行型式试验和例行试验；
- 老杨对照《项目验收规范》，对系统功能及性能进行确认。

非一致性成本：

- 设计人员对电路设计问题进行原因分析，修改设计并更正；
- 项目人员对电磁兼容问题进行原因分析，修改并更正；

● 项目组针对试运行出现的问题进行了更改。

（每条 1 分，共 9 分）

试题二（共 25 分）

阅读下列说明，回答问题 1 至问题 3，将解答填入答题纸的对应栏内。

【说明】

某公司完成一个工期 10 周的系统集成项目，该项目包含 A、B、C、D、E 五项任务。项目经理制定了成本预算表（如表 2-1），执行过程中记录了每个时段项目的执行情况（如表 2-2、表 2-3）。

表 2-1　成本预算表　（单位：万元）

任务	1 周	2 周	3 周	4 周	5 周	6 周	7 周	8 周	9 周	10 周
A	10	15	5							
B		10	20	20						
C				5	5	25	5			
D					5	15	10	10		
E								5	20	25
合计	10	25	25	25	10	40	15	15	20	25

表 2-2　实际发生成本表　（单位：万元）

任务	1 周	2 周	3 周	4 周	5 周	6 周	7 周	8 周	9 周	10 周
A	10	14	10							
B		10	14	20						
C				5	5	10				
D					5	8				
E										
合计	10	24	24	25	10	18	0	0	0	0

表 2-3　任务完成百分比

任务	1 周	2 周	3 周	4 周	5 周	6 周	7 周	8 周	9 周	10 周
A	30%	50%	100%							
B		20%	50%	100%						
C				5%	10%	40%				
D					10%	20%				
E										
合计										

【问题 1】（5 分）

项目执行到了第 6 周，请填写如表 2-4 所示的项目 EV 表，将答案填写在答题纸对应栏内。

表 2-4　EV 表　　　　　　　　　　　　　　　（单位：万元）

任务	1 周	2 周	3 周	4 周	5 周	6 周	7 周	8 周	9 周	10 周
A										
B										
C										
D										
E										
合计										

【问题 2】（14 分）

（1）经分析，任务 C 的成本偏差是非典型的，而任务 D 的偏差是典型的。针对目前的情况，请计算项目完工时的成本估算值（EAC）。

（2）判断项目目前的绩效情况。

【问题 3】（6 分）

针对项目目前的进度绩效，请写出项目经理可选的措施。

试题二分析

本题重点考查项目成本管理知识，考生需全面多视角综合分析并作答。

【问题 1】

考查考生对挣值的测算。（参考《信息系统项目管理师教程》（第 3 版）7.3.2 小节。）

【问题 2】

（1）综合计算题，按预算单价完成 ETC 工作，公式：EAC=AC+（BAC–EV）。（参考《信息系统项目管理师教程》（第 3 版）7.3.2 小节。）

（2）综合计算题，监测实际绩效与基准之间的差。（参考《信息系统项目管理师教程》（第 3 版）7.3.2 小节。）

【问题 3】

项目进度通过提高效率、提高质量的方法进行改善，列举相关措施。

参考答案

【问题 1】（5 分）

表 2-4　EV 表　　　　　　　　　　　　　　　（单位：万元）

任务	1 周	2 周	3 周	4 周	5 周	6 周	7 周	8 周	9 周	10 周
A	9	15	30	30	30	30				
B		10	25	50	50	50				
C				2	4	16				
D					4	8				
E										
合计	9	25	55	82	88	104				

（每空 0.5 分，满分 5 分）

【问题 2】（14 分）

（1）

任务 A 的 EAC=AC=34（1 分）

任务 B 的 EAC=AC=44（1 分）

任务 C 的 EAC=AC+ETC=AC+(BAC–EV)=20+(40–16)=44（2 分）

任务 D 的 EAC=AC+ETC=AC+(BAC–EV)/CPI=13+(40–8)/(8/13)=65（2 分）

任务 E 的 EAC=BAC=50（1 分）

因此，项目 EAC=34+44+44+65+50=237（1 分）

（2）第 6 周，项目总 PV=10+25+25+25+10+40=135（1 分）

AC=10+24+24+25+10+18=111（1 分）

CV=EV–AC=104–111=–7（1 分）

SV=EV–PV=104–135=–31（1 分）

所以当前项目成本超支（1 分），进度滞后（1 分）。

【问题 3】（6 分）

项目经理可选的措施包括：

- 赶工；
- 快速跟进，并行施工；
- 使用高绩效的资源或经验丰富的人员；
- 减小活动范围或降低活动要求；
- 改进方法或技术，以提高生产效率；
- 加强质量管理，及时发现问题，减少返工，从而缩短工期。

（每个 1 分，共 6 分）

试题三（共 25 分）

阅读下列说明，回答问题 1 至问题 4，将解答填入答题纸的对应栏内。

【说明】

A 公司中标某系统集成项目，正式任命王伟担任项目经理。王伟是资深的技术专家，在公司各部门具有较高的声望。

接到任命后，王伟组建了项目团队。除服务器工程师小张是新招聘的外，其余项目组成员都是各个团队的老员工。项目中王伟经常身先士卒，亲自参与解决复杂问题，深受团队成员好评。

项目中期，服务器厂商供货比计划延迟了一周。为了保证项目进度，王伟与其他项目经理协商，借调了两名资深人员，随后召开项目会议，动员大家加班赶工。会议上，王伟向大家承诺会向公司申请额外项目奖金。大家均同意加班，只有小张以家中有事、朋友聚会等理由拒绝加班。由于小张负责服务器基础平台，他的工作进度会影响整体进度，所以大家纷纷指责小张没有团队意识。

王伟认为好的项目团队中绝对不能出现冲突现象，这次冲突与小张的个人素养有直接关系。为了避免冲突对团队产生不良影响，王伟宣布立即终止会议并请小张留下来单独谈话。

在沟通中，王伟批评小张缺乏团队合作意识。小张表示他对加班费、项目奖金等不在意，而且他技术经验丰富，很容易找到一份收入不错的工作。他不加班的原因是最近家人、朋友等各种圈子应酬太多。王伟表明如果因为小张的原因导致项目工期延误，会影响小张在团队中的个人声誉，同时更会影响整个项目团队在客户和公司内部的声誉。小张虽不情愿，但最终选择了加班。

【问题1】（8分）

管理者的权力来源有 5 种，请指出这 5 种权力在王伟身上的具体体现（请将（1）～（4）处的答案及具体体现填写在答题纸的对应表格内）。

权力来源	具体体现
（1）　权力	
惩罚权力	
（2）　权力	
（3）　权力	
（4）　权力	

【问题2】（6分）

结合马斯洛需求理论，指出案例中小张已经满足的需求层次，并指出具体表现。如果想有效激励小张，应该在哪些层次上采取措施？

【问题3】（8分）

（1）结合本案例，请指出王伟针对冲突的认识和做法有哪些不妥。

（2）解决冲突的方式有哪些？王伟最终采用了哪种冲突解决方式？

【问题4】（3分）

结合案例中项目团队的人员构成，请指出该项目采用了哪些组建项目团队的方法。

试题三分析

本题重点考查项目人力资源管理知识，考生需全面多视角综合分析并作答。

【问题1】

本问题考查管理者的 5 种权力的分类和定义，考生需识别案例中王伟的 5 种权力的具体体现。

【问题2】

本问题主要考查考生对马斯洛需求理论的掌握程度。马斯洛需求理论把需求由低层次到高层次分成生理需求、安全需求、社会交往的需求、受尊重的需求和自我实现的需求。高层次需求比低层次需求具有更大的价值，能使人得到高峰体验，获得激励行为的动力（参考《信息系统项目管理师教程》（第 3 版）9.3.8 小节）。

【问题3】

（1）本问题中王伟对冲突的认识不足，冲突不一定是有害的，一团和气的集体不一定是一个高效率的集体。王伟未抓住冲突的根源，组织需要未能与小张的当前个人需要相匹配，应给予引导和激励，不宜将个人表现与个人素养进行关联。

（2）本问题考查解决冲突的 5 种方法，要求考生识别王伟的解决方法（参考《信息系统项目管理师教程》（第 3 版）9.3.6 小节）。

【问题 4】

列举案例中的人员招募方式。

参考答案

【问题 1】（8 分）

权力来源	具体体现
（1）：职位权力	正式任命王伟担任项目经理
惩罚权力	王伟批评小张缺乏团队合作意识
（2）：专家权力	王伟是资深的技术专家，在公司各部门具有较高的声望
（3）：奖励权力	王伟向大家承诺会向公司申请额外项目奖金
（4）：参照权力	王伟经常身先士卒，亲自参与解决复杂问题，深受团队成员好评

（每条 2 分，共 8 分）

【问题 2】（6 分）

小张已经满足的需求层次及具体表现为：

（1）生理需求：小张对加班费、项目奖金并不在意；

（2）安全需求：小张很容易找到一份收入不错的工作；

（3）社会交往的需求：家人、朋友等各种圈子应酬多。

（每条 2 分，满分 4 分）

要想有效激励小张，应该在社会交往层、受尊重层和自我实现层激励。

（每个 1 分，满分 2 分）

【问题 3】（8 分）

（1）王伟的不妥之处：

- 认为好的项目团队中绝对不能出现冲突现象；
- 认为这次冲突与小张的个人素养有直接关系。

（每条 2 分，共 4 分）

（2）解决冲突的方式有：解决问题，合作、强制/命令、妥协/调解、缓和/包容、撤退/回避。（每个 1 分，满分 3 分）

本案例中，王伟采用了强制的解决方式。（1 分）

【问题 4】（3 分）

谈判、招募、预分派。（每个 1 分，共 3 分）

第 12 章 2019 下半年信息系统项目管理师 下午试题 II 写作要点

从下列的 2 道试题（试题一至试题二）中任选 1 道解答。请在答题纸上的指定位置处将所选择试题的题号框涂黑。若多涂或者未涂题号框，则对题号最小的一道试题进行评分。

试题一 论信息系统项目的整体管理

项目整体管理包括选择资源分配方案、平衡相互竞争的目标和方案，以及协调项目管理各知识领域之间的依赖关系。

请以"论信息系统项目的整体管理"为题进行论述：

1. 概要叙述你参与管理过的信息系统项目（项目的背景、项目规模、发起单位、目的、项目内容、组织结构、项目周期、交付的成果等），并说明你在其中承担的工作（项目背景要求本人真实经历，不得抄袭及杜撰）。

2. 请结合你所叙述的信息系统项目，围绕以下要点论述你对信息系统项目整体管理的认识，并总结你的心得体会。

（1）项目整体管理的过程。

（2）项目整体变更管理的过程，并结合项目管理实际情况写出一个具体变更从申请到关闭的全过程记录。

试题一写作要点

第一部分评分要点：

论文结构合理，摘要正确，正文完整，语言流畅，字迹清楚。

所述项目真实可信，介绍得当。

第二部分评分要点：

（1）项目整体管理的过程包括：

- 制定项目章程；
- 制订项目管理计划；
- 指导与管理项目执行；
- 监控项目工作；
- 实施整体变更控制；

- 结束项目或阶段。

（2）项目整体变更管理的过程包括：

- 提出与接受变更请求；
- 变更评估（初审+方案论证）；
- CCB 审批；
- 发出变更通知并实施变更；
- 变更实施的监控；
- 变更效果的评估。

根据考生的论述，确定其叙述的项目整体管理过程是否合适，具体变更从申请到关闭的全过程记录是否完整，是否具有信息系统项目整体管理的实际经验。要求项目真实、逻辑清晰、条理清楚、论述得当。

试题二　论信息系统项目的沟通管理

项目沟通管理是确保及时、正确地产生、收集、分发、储存和最终处理项目信息所需的过程。项目经理应该根据项目特点充分了解项目涉及的各方利益诉求，并且在项目初期为沟通活动分配适当的时间、预算等资源。

请以"论信息系统项目的沟通管理"为题进行论述：

1. 概要叙述你参与管理过的信息系统项目（项目的背景、项目规模、发起单位、目的、项目内容、组织结构、项目周期、交付的成果等），并说明你在其中承担的工作（项目背景要求本人真实经历，不得抄袭及杜撰）。

2. 请结合你所叙述的信息系统项目，围绕以下要点论述你对信息系统项目沟通管理的认识，并总结你的心得体会。

（1）项目沟通管理的过程。

（2）项目干系人管理的过程，并结合项目管理实际情况制订一个具体的干系人管理计划。

试题二写作要点

第一部分评分要点：

论文结构合理，摘要正确，正文完整，语言流畅，字迹清楚。

所述项目真实可信，介绍得当。

第二部分评分要点：

（1）项目沟通管理的过程包括：

- 规划沟通；
- 管理沟通；
- 控制沟通。

（2）项目干系人管理的过程包括：

- 识别干系人；
- 规划干系人管理；

- 管理干系人；
- 控制干系人参与。

　　根据考生的论述，确定其叙述的项目沟通管理过程是否合适，具体写出的干系人管理计划是否完整（至少包含重要性、参与程度、沟通方式、沟通需求和沟通周期或频率等内容），是否具有信息系统项目沟通管理的实际经验。要求项目真实、逻辑清晰、条理清楚、论述得当。

第 13 章   2020 下半年信息系统项目管理师
上午试题分析与解答

试题（1）

　　__(1)__ 使系统的描述及信息模型的表示与客观实体相对应，符合人们的思维习惯，有利于系统开发过程中用户与开发人员的交流和沟通。

　　（1）A．原型化方法　　　　　　　　　　　B．面向对象方法

　　　　　C．结构化方法　　　　　　　　　　　D．面向服务的方法

试题（1）分析

　　参考《信息系统项目管理师教程》（第 3 版）[①]1.2.2 小节。面向对象方法使系统的描述及信息模型的表示与客观实体相对应，符合人们的思维习惯，有利于系统开发过程中用户与开发人员的交流和沟通。

参考答案

　　（1）B

试题（2）

　　TCP/IP 模型中，__(2)__ 协议属于网络层的协议。

　　（2）A．ARP　　　　　　B．SNMP　　　　　　C．TCP　　　　　　　D．FTP

试题（2）分析

　　参考《信息系统项目管理师教程》（第 3 版）1.3.1 小节。SNMP 和 FTP 属于应用层协议，TCP 属于传输层协议，只有 ARP 属于网络层协议。

参考答案

　　（2）A

试题（3）

　　__(3)__ 不属于关系型数据库。

　　（3）A．Oracle　　　　　　B．MySQL　　　　　　C．SQL Server　　　　　　D．MongoDB

试题（3）分析

　　参考《信息系统项目管理师教程》（第 3 版）1.3.7 小节。前三种都是关系型数据库，只有 MongoDB 是非关系型数据库。

参考答案

　　（3）D

---

① 本章提及的《信息系统项目管理师教程》（第 3 版）为全国计算机技术与软件专业技术资格（水平）考试指定用书，由清华大学出版社出版。

试题（4）

影院在线上向消费者提供订票、卖品优惠及其他会员服务，线下提供商品或服务，此模式称为 ___(4)___。

(4) A. O2O 　　　　　　B. B2B 　　　　　　C. B2G 　　　　　　D. C2C

试题（4）分析

参考《信息系统项目管理师教程》（第 3 版）1.7.4 小节。电子商务与线下实体店有机结合向消费者提供商品和服务，称为 O2O 模式。

参考答案

(4) A

试题（5）

___(5)___ 不属于人工智能技术的应用。

(5) A. 机器人 　　　B. 自然语言理解 　　　C. 扫码支付 　　　D. 图像识别

试题（5）分析

机器人、自然语言理解、图像识别属于人工智能技术的应用。

参考答案

(5) C

试题（6）

区别于传统资产，数据资产具有的独有特征是 ___(6)___。

(6) A. 共享性 　　　B. 时效性 　　　　　C. 增值性 　　　　　D. 量化性

试题（6）分析

数据资产是一种虚拟的、数字化的资产，所以可以简单共享，这是数据资产作为一种无形资产区别于其他大部分传统资产的独有的特征。

参考答案

(6) A

试题（7）

区块链在 ___(7)___ 网络环境下，通过透明和可信规则，构建可追溯的块链式数据结构，实现和管理事务处理。

(7) A. 分布式 　　　　B. 集中式 　　　　　C. 关系式 　　　　　D. 共享式

试题（7）分析

出自中国区块链技术和产业发展论坛发布的《分布式应用账本》白皮书。区块链是一种在分布式网络环境下，通过透明和可信规则，构建可追溯的块链式数据结构，实现和管理事务处理的模式。

参考答案

(7) A

试题（8）

软件工程需求分析阶段，使用实体联系图表示 ___(8)___ 模型。

(8) A. 行为 　　　　　B. 数据 　　　　　　C. 功能 　　　　　　D. 状态

试题（8）分析

参考《信息系统项目管理师教程》（第 3 版）1.4.1 小节。需求分析阶段，使用实体联系图表示数据模型，用数据流图表示功能模型，用状态转换图表示行为模型。

参考答案

（8）B

试题（9）

在 CMMI 连续式模型中，"技术解决方案"过程域属于＿＿（9）＿＿过程组。

（9）A．过程管理　　　　　B．工程　　　　　C．项目管理　　　　　D．支持

试题（9）分析

参考《信息系统项目管理师教程》（第 3 版）1.4.4 小节中的表 1-3。

参考答案

（9）B

试题（10）

关于软件测试的描述，不正确的是：＿＿（10）＿＿。

（10）A．软件测试从已知的条件开始，有预知的结果

　　　 B．软件测试过程可以事先设计，进度可以事先确定

　　　 C．软件测试可分为单元测试、集成测试、系统测试等

　　　 D．软件测试的工作内容包括定位和修改错误

试题（10）分析

参考《信息系统项目管理师教程》（第 3 版）1.4.5 小节。测试的目的是找出存在的错误，而调试的目的是定位错误并修改程序以修正错误。

参考答案

（10）D

试题（11）

企业应用集成中，＿＿（11）＿＿超越了数据和系统，由一系列基于标准的、统一数据格式的工作流组成。

（11）A．应用集成　　　　　　　　　　B．功能集成

　　　 C．过程集成　　　　　　　　　　D．表示集成

试题（11）分析

参考《信息系统项目管理师教程》（第 3 版）1.4.6 小节。业务流程集成也称为过程集成，这种集成超越了数据和系统，由一系列基于标准的、统一数据格式的工作流组成。

参考答案

（11）C

试题（12）

关于信息安全的描述，不正确的是：＿＿（12）＿＿。

（12）A．数据安全属性包括秘密性、完整性、可用性

　　　 B．信息的完整性是指信息随时可以正常使用

    C. 内容安全包括信息内容保密、信息隐私保护等

    D. 数据安全是静态安全，行为安全是动态安全

试题（12）分析

    参考《信息系统项目管理师教程》（第 3 版）1.6.1 小节。

    信息的完整性是指信息是正确的、真实的、未被篡改的、完整无缺的。

参考答案

    （12）B

试题（13）

    ___(13)___ 不属于无线网络安全技术或协议。

    （13）A. WEP　　　　　　B. WPA　　　　　　C. SCSI　　　　　　D. 802.11i

试题（13）分析

    参考《信息系统项目管理师教程》（第 3 版）1.6.3 小节。SCSI 是小型计算机系统接口。

参考答案

    （13）C

试题（14）

    "互联网+"是利用信息通信技术以及互联网平台，让互联网与 ___(14)___ 深度融合。

    （14）A. 创新产业　　　B. 金融业　　　　C. 服务业　　　　D. 传统行业

试题（14）分析

    通俗地说，"互联网+"就是"互联网+各个传统行业"，但这并不是简单的两者相加，而是利用信息通信技术以及互联网平台，让互联网与传统行业进行深度融合，创造新的发展生态。

参考答案

    （14）D

试题（15）

    ___(15)___ 不属于移动互联网的特点。

    （15）A. 终端移动性　　　　　　　　　　B. 业务与网络的弱关联性

         C. 业务使用的私密性　　　　　　　　D. 终端和网络的局限性

试题（15）分析

    参考《信息系统项目管理师教程》（第 3 版）1.5.4 小节。移动互联网的特点是：终端移动性，业务使用的私密性，终端和网络的局限性，业务与终端、网络的强关联性。

参考答案

    （15）B

试题（16）

    ___(16)___ 不属于大型信息系统。

    （16）A. 企业门禁系统　　　　　　　　　B. 跨境电子商务系统

         C. 媒体社交系统　　　　　　　　　　D. 铁路订票系统

试题（16）分析

参考《信息系统项目管理师教程》（第 3 版）1.9.1 小节。大型信息系统是以信息技术和通信技术为支撑的。

参考答案

（16）A

试题（17）

信息系统规划是从　（17）　出发，构建企业基本的信息系统架构，利用信息系统管理企业行为，辅助企业进行决策。

（17）A．企业客户需求　　　　　　　　B．信息系统运维需求

　　　　C．企业信息化建设现状　　　　　D．企业战略

试题（17）分析

参考《信息系统项目管理师教程》（第 3 版）1.9.2 小节。信息系统规划是从企业战略出发，构建企业基本的信息系统架构。

参考答案

（17）D

试题（18）

　（18）　不属于信息系统规划的工具。

（18）A．PERT 图　　　B．R/D 矩阵　　　C．E-R 图　　　　　D．CU 矩阵

试题（18）分析

参考《信息系统项目管理师教程》（第 3 版）1.9.3 小节。E-R 图是数据分析的工具。

参考答案

（18）C

试题（19）

依据《中华人民共和国著作权法》，关于著作权的描述，不正确的是：　（19）　。

（19）A．著作权人对作品享有发表权、署名权和修改权

　　　　B．合同约定著作权属于单位的作品，作者仅享有署名权

　　　　C．后继著作权人指没有参与创作，通过著作权转移活动而享有著作权的人

　　　　D．将已经发表的中文作品改成盲文出版，须经著作权人许可

试题（19）分析

参考《信息系统项目管理师教程》（第 3 版）15.3.1 小节。在下列情况下使用作品，可以不经著作权人许可、不向其支付报酬，但应指明作者姓名、作品名称，不得侵犯其他著作权：

…………

（7）将已经发表的汉族文字作品翻译成少数民族文字在国内出版发行，将已经发表的作品改成盲文出版。

参考答案

（19）D

试题（20）

GB/T 36964—2018《软件工程　软件开发成本度量规范》属于　(20)　。

(20) A. 企业标准　　　　B. 国家标准　　　　C. 行业标准　　　　D. 国际标准

试题（20）分析

GB/T 是国家推荐性标准代号。

参考答案

(20) B

试题（21）

在信息系统项目的经济可行性分析中，　(21)　属于非一次性支出。

(21) A. 差旅费　　　　　　　　　B. 培训费

　　　C. 人员工资和福利　　　　　D. 设备购置费

试题（21）分析

参考《信息系统项目管理师教程》（第 3 版）3.2.1 小节。人员工资和福利属于非一次性支出。

参考答案

(21) C

试题（22）

在项目评估过程中，不可以由　(22)　进行评价、分析和论证。

(22) A. 政府主管部门　　　　　　B. 项目建设单位

　　　C. 银行　　　　　　　　　　D. 第三方评估机构

试题（22）分析

参考《信息系统项目管理师教程》（第 3 版）3.3.2 小节。项目评估由第三方（国家、银行或有关机构）进行评价、分析和论证，从而判断是否可行。

参考答案

(22) B

试题（23）

关于项目管理的描述，不正确的是：　(23)　。

(23) A. 项目管理的主要目的是实现企业管理目标

　　　B. 在项目管理中，时间是一种特殊的资源

　　　C. 项目管理的职能是对资源进行计划、组织、指挥、协调、控制

　　　D. 项目管理把各种知识、技能、手段和技术应用于项目活动中

试题（23）分析

参考《信息系统项目管理师教程》（第 3 版）2.1.6 小节。项目管理的主要目的是实现项目目标，不能跟企业管理目标混为一谈。

参考答案

(23) A

试题（24）

某项目组织结构中，项目经理全职管理项目，拥有很大的职权，且组织中全职参与项目

工作的职员比例占 70%。该项目组织结构属于　(24)　。

（24）A．弱矩阵型　　　B．强矩阵型　　　C．平衡矩阵型　　　D．职能型

试题（24）分析

参考《信息系统项目管理师教程》（第 3 版）2.5.3 小节中的图 2-3。组织中全职参与项目工作的职员的比例占 50%～95%的属于强矩阵型组织。

参考答案

（24）B

试题（25）

软件开发项目中，产品实现的过程不包含　(25)　。

（25）A．需求获取　　　B．编码　　　C．集成测试　　　D．挣值分析

试题（25）分析

参考《信息系统项目管理师教程》（第 3 版）2.8 节。软件开发项目的面向产品的过程一般有：需求获取、需求分析、概要设计、详细设计、编码、单元测试、集成测试、验收测试、安装部署。挣值分析属于项目管理过程。

参考答案

（25）D

试题（26）

某系统集成项目制订风险管理计划时，发现病毒入侵有可能导致服务器死机或不能访问，此风险属于　(26)　。

（26）A．市场风险　　　B．经营风险　　　C．技术风险　　　D．设备风险

试题（26）分析

参考《信息系统项目管理师教程》（第 3 版）4.3.1 小节。技术风险包括黑客攻击、设备损坏、开发进度缓慢等。

参考答案

（26）C

试题（27）

　(27)　不属于"监控项目工作"过程使用的工具与技术。

（27）A．专家判断　　　B．分析技术　　　C．访问控制　　　D．会议

试题（27）分析

参考《信息系统项目管理师教程》（第 3 版）4.5.2 小节。监控项目工作的工具与技术包括：专家判断、分析技术、项目管理信息系统、会议。访问控制是网络安全技术。

参考答案

（27）C

试题（28）

　(28)　不属于整体变更控制的成果。

（28）A．批准的变更请求　　　　　B．工作绩效报告
　　　C．变更日志　　　　　　　　D．项目文件更新

试题（28）分析

参考《信息系统项目管理师教程》（第 3 版）4.6.3 小节。整体变更控制的成果包括：批准的变更请求、变更日志、项目管理计划更新、项目文件更新。工作绩效报告属于整体变更控制过程的输入。

参考答案

（28）B

试题（29）

验收的可交付成果，属于项目范围管理中　（29）　过程的输出。

（29）A．定义范围　　　　B．控制范围　　　　C．收集需求　　　　D．确认范围

试题（29）分析

参考《信息系统项目管理师教程》（第 3 版）5.1.3 小节中的表 5-2。

参考答案

（29）D

试题（30）

在收集需求时，可以采用的群体创新技术包括：　（30）　。

①头脑风暴法　　　　②观察

③原型法　　　　　　④德尔菲技术

⑤文件分析　　　　　⑥名义小组技术

（30）A．①②③　　　　B．①④⑥　　　　C．②③⑤　　　　D．④⑤⑥

试题（30）分析

参考《信息系统项目管理师教程》（第 3 版）5.3.2 小节。群体创新技术包括头脑风暴法、名义小组技术、德尔菲技术、概念/思维导图、亲和图、多标准决策分析等。

参考答案

（30）B

试题（31）

在项目范围管理中，企业管理层主要关注　（31）　。

（31）A．产品的范围

　　　B．项目范围投入产出的合理性

　　　C．交付成果是否满足质量要求

　　　D．项目过程的合理性

试题（31）分析

参考《信息系统项目管理师教程》（第 3 版）5.6.2 小节。企业管理层关注范围对项目的进度、资金和资源的影响，是否超过了组织承受范围，是否在投入产出上具有合理性；客户关注产品的范围；项目管理人员关注可交付成果是否足够，时间、资金和资源是否足够；项目组成员关注项目范围中自己参与的元素与负责的元素。

参考答案

（31）B

试题（32）、（33）

某项目包含 A、B、C、D、E、F、G、H、I、J 一共 10 个活动，各活动历时估算与逻辑关系如下表所示，则该项目工期为 __(32)__ ，活动 C 的总浮动时间是 __(33)__ 。

活动名称	活动历时/天	前置活动
A	2	—
B	4	A
C	2	A
D	3	A
E	3	B
F	4	D
G	2	E、C、F
H	4	G
I	2	G
J	3	H、I

（32）A．17　　　　　B．18　　　　　C．19　　　　　D．20
（33）A．2　　　　　B．3　　　　　C．4　　　　　D．5

试题（32）、（33）分析

参考《信息系统项目管理师教程》（第 3 版）6.3.3 小节。根据题干表格可画出如下的网络图。

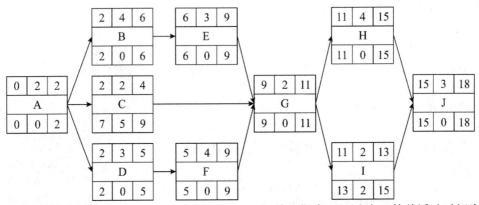

项目关键路径为 A-B-E-G-H-J 或 A-D-F-G-H-J，总工期为 18，活动 C 的总浮动时间为 5。

参考答案

（32）B　　（33）D

试题（34）

如果一个项目的 SPI=0.75，CPI=0.9，此时项目经理最适合采取 __(34)__ 方式来控制项目进度。

（34）A．快速跟进　　　**B**．赶工　　　C．资源平衡　　　D．蒙特卡洛分析

试题（34）分析

参考《信息系统项目管理师教程》（第 3 版）6.2.7 小节。通常可以用下列方法缩短活动

的工期；赶工，需要投入更多的资源或增加工作时间，以缩短关键活动的工期，CPI<1 不支持赶工；资源平衡，通常会增加关键路径长度；快速跟进，在资源不足的情况下，并行执行几项活动来加快项目进度，可以压缩项目进度，有返工风险。所以答案为 A。

参考答案

（34）A

试题（35）

项目经理估算新开发产品的成本，最有可能情况下成本为 17 万元，最好情况下成本为 15 万元，最坏情况下成本为 25 万元，则该项目的预期成本为 __（35）__ 万元。

（35）A．18　　　　　B．19　　　　　C．20　　　　　D．21

试题（35）分析

参考《信息系统项目管理师教程》（第 3 版）7.3.1 小节。三点估算计算预期成本=(15+4×17+25)/6=18 万元。

参考答案

（35）A

试题（36）

关于成本估算与预算的描述，不正确的是：__（36）__。

（36）A．成本估算的作用是确定完成工作所需的成本数额

　　　　B．成本基准是经过批准且按时间段分配的项目预算

　　　　C．成本预算过程依据成本基准监督和控制项目绩效

　　　　D．项目预算包含应急储备，但不包含管理储备

试题（36）分析

参考《信息系统项目管理师教程》（第 3 版）7.2.3 小节。制定预算的作用是确定成本基准，可据此监督和控制项目绩效。成本控制是根据成本基准监督和控制项目绩效。

参考答案

（36）C

试题（37）

某公司对正在进行的四个项目进行了检查，绩效数据如下表所示，则最有可能提前完成且不超支的是 __（37）__。

项目	计划价值	实际成本	挣值
A	1000	600	900
B	1000	1000	1100
C	1000	1300	1200
D	1000	900	800

（37）A．项目 A　　　　B．项目 B　　　　C．项目 C　　　　D．项目 D

试题（37）分析

参考《信息系统项目管理师教程》（第 3 版）7.3.2 小节。

SV=EV–PV。项目 A：900–1000=–100；项目 B：1100–1000=100；项目 C：1200–1000=200；

项目 D：800–1000=–200。

CV=EV–AC。项目 A：900–600=300；项目 B：1100–1000=100；项目 C：1200–1300=–100；项目 D：800–900=–100。

SV>0、CV>0 的只有项目 B，所以答案为 B。

参考答案

（37）B

试题（38）

为保证项目实施质量，某公司组织项目成员进行了三天专业知识培训。该培训成本属于　（38）　。

（38）A．内部失败成本　　　B．外部失败成本　　　C．评估成本　　　D．预防成本

试题（38）分析

参考《信息系统项目管理师教程》（第 3 版）8.3.1 小节。培训属于预防成本中的一种，是一致性成本。故答案为 D。

参考答案

（38）D

试题（39）

某系统上线后频繁收到发生闪退的用户投诉。项目经理安排工程师小王尽快找到故障原因，并推荐使用　（39）　进行分析。

（39）A．鱼骨图　　　B．直方图　　　C．趋势图　　　D．散点图

试题（39）分析

参考《信息系统项目管理师教程》（第 3 版）8.3.2 小节。因果图又称鱼骨图，用于识别造成问题的主要以及根本原因，所以选 A。

参考答案

（39）A

试题（40）

关于控制质量工具的描述，不正确的是：　（40）　。

（40）A．控制图可以判断某一过程是否处于控制之中

　　　B．统计抽样从总体中抽取一部分相关样本用于检查和测量

　　　C．关联图中一条斜线上的数据点距离越近表示关系越密切

　　　D．质量审计可用于确认已批准的变更请求的实施情况

试题（40）分析

参考《信息系统项目管理师教程》（第 3 版）8.3.2 小节。散点图可以显示两个变量之间是否有关系，一条斜线上的数据点距离越近表示两个变量之间的相关性越密切。

参考答案

（40）C

试题（41）

A 公司任命黄总为新项目的项目经理，黄总任命小张为开发经理，并在公司内部调集 10

人组成项目团队。则该项目团队内的沟通渠道共　__(41)__　条。

（41）A．45　　　　　　　　　B．55　　　　　　　　C．66　　　　　　　　D．78

试题（41）分析

参考《信息系统项目管理师教程》（第 3 版）10.3 节。沟通渠道的计算公式为 $n(n-1)/2$，团队成员共有 1+1+10=12 人，所以共有沟通渠道 12×11/2=66 条。故答案为 C。

参考答案

（41）C

试题（42）

　__(42)__　不属于沟通管理过程的工具与技术。

（42）A．标杆对照　　　　　　　　B．信息管理系统

　　　C．沟通方法　　　　　　　　D．报告绩效

试题（42）分析

参考《信息系统项目管理师教程》（第 3 版）10.3 节。标杆对照为质量管理的工具与技术。

参考答案

（42）A

试题（43）

某手机应用上线后，收到老年用户的多起投诉：界面烦琐，字体太小，使用不方便。这反映了项目组在　__(43)__　工作中存在不足。

（43）A．变更控制　　　　　　　　B．识别干系人

　　　C．质量控制　　　　　　　　D．团队建设

试题（43）分析

参考《信息系统项目管理师教程》（第 3 版）10.5 节。该案例中应该是在项目一开始没有识别到目标用户的使用习惯，导致用户使用不方便而发生的投诉，故答案为 B。

参考答案

（43）B

试题（44）

根据干系人管理的权力/利益方格，对于项目建设方主管领导应该　__(44)__　。

（44）A．令其满意　　　　　　　　B．重点管理

　　　C．监督　　　　　　　　　　D．随时告知

试题（44）分析

参考《系统集成项目管理工程师教程》（第 2 版）[①]12.5.2 小节。项目建设方领导权力高、利益相关度高，所以对其应该是重点管理。故答案为 B。

参考答案

（44）B

---

① 本章提及的《系统集成项目管理工程师教程》（第 2 版）为全国计算机技术与软件专业技术资格（水平）考试指定用书，由清华大学出版社出版。

试题（45）

关于项目风险的描述，不正确的是＿＿(45)＿＿。

(45) A. 风险具有随机性、相对性、可变性

　　　B. 项目收益越大，人们愿意承担的风险越大

　　　C. 项目投入越多，人们愿意承担的风险越大

　　　D. 风险按照影响范围可分为局部风险和总体风险

试题（45）分析

参考《信息系统项目管理师教程》（第 3 版）11.1.2 小节。项目活动投入得越多，人们对成功所抱的希望也越大，愿意冒的风险也越小。故答案为 C。

参考答案

(45) C

试题（46）

＿＿(46)＿＿不属于识别风险过程的成果。

(46) A. 已识别风险清单　　　　　　B. 潜在应对措施清单

　　　C. 风险根本原因　　　　　　　D. 风险描述格式和模板

试题（46）分析

参考《信息系统项目管理师教程》（第 3 版）11.3.3 小节。风险描述格式和模板属于组织过程资产，是风险识别的输入。故答案为 D。

参考答案

(46) D

试题（47）

＿＿(47)＿＿不属于定性风险分析的技术。

(47) A. 风险数据质量评估　　　　　B. 概率和影响矩阵

　　　C. 风险紧迫性评估　　　　　　D. 预期货币价值分析

试题（47）分析

参考《信息系统项目管理师教程》（第 3 版）11.4.2 小节。预期货币价值分析属于定量风险分析技术。故答案为 D。

参考答案

(47) D

试题（48）

关于管理者和领导者的描述，不正确的是：＿＿(48)＿＿。

(48) A. 领导者的主要工作是确定方向、统一思想、激励和鼓舞

　　　B. 管理者负责某件事情的管理或实现某个目标

　　　C. 领导者设定目标，管理者率众实现目标

　　　D. 项目经理的身份是管理者而非领导者

试题（48）分析

参考《信息系统项目管理师教程》（第 3 版）9.1.3 小节。项目经理具有领导者和管理者

的双重身份。

参考答案

（48）D

试题（49）

为了暂时或部分解决冲突，寻找能让各方在一定程度上都满意的方案。这种冲突解决方法称为　（49）　。

（49）A．妥协/调解　　　　　　　　B．缓和/包容

　　　　C．撤退/回避　　　　　　　　D．合作/解决问题

试题（49）分析

参考《信息系统项目管理师教程》（第 3 版）9.3.6 小节。妥协 / 调解：为了暂时或部分解决冲突，寻找能让各方都在一定程度上满意的方案。双方在态度上都愿意果断解决冲突，也愿意合作。双方都得到了自己想要的东西，但只是一部分，而不是全部。双方做了让步，都有得有失。缓和/包容：强调一致、淡化分歧（甚至否认冲突的存在）。

参考答案

（49）A

试题（50）

在团队发展的 5 个阶段中，　（50）　的特征是：团队成员开始协同工作，并调整各自的工作习惯和行为来支持团队，团队成员开始相互信任，项目经理能够得到团队的认可。

（50）A．形成阶段　　B．震荡阶段　　C．发挥阶段　　D．规范阶段

试题（50）分析

参考《信息系统项目管理师教程》（第 3 版）9.3.3 小节。规范阶段：经过一定时间的磨合，团队成员开始协同工作，并调整各自的工作习惯和行为来支持团队，团队成员开始相互信任，项目经理能够得到团队的认可。

参考答案

（50）D

试题（51）

关于配置管理的描述，正确的是：　（51）　。

（51）A．某个配置项的版本号为 0.91，该配置项的状态为"正式"

　　　　B．配置项版本管理的目的是保留配置项的最新版本，删除所有旧的版本，以避免发生版本混淆

　　　　C．一个产品只能有一个基线，因此对基线的变更必须遵循正式的变更控制程序

　　　　D．开发库中的信息可能被频繁修改，因此可以由开发人员自行控制

试题（51）分析

参考《信息系统项目管理师教程》（第 3 版）14.2.1 小节。A 的错误之处在于：0.XY 的状态为"草稿"；B 的错误之处在于：配置项版本管理的目的是按照一定的规则保存配置项的所有版本，避免发生版本丢失或混淆现象；C 的错误之处在于：一个产品可以有多个基线，也可以只有一个基线。

参考答案

（51）D

试题（52）

　　配置管理员的工作职责不包括　（52）　。

　　（52）A. 基线设立审批　　　　　　　B. 版本管理和配置控制
　　　　　　C. 建立和维护配置库　　　　　D. 配置状态报告

试题（52）分析

　　参考《信息系统项目管理师教程》（第 3 版）14.2.1 小节。基线设立审批由配置控制委员会（CCB）负责，配置管理员不负责。

参考答案

　　（52）A

试题（53）

　　　（53）　的目的是确认变更的必要性，确保变更是有价值的。

　　（53）A. 提出变更申请　　　　　　　B. 变更效果评估
　　　　　　C. 变更初审　　　　　　　　　D. 变更实施

试题（53）分析

　　参考《信息系统项目管理师教程》（第 3 版）16.3.2 小节。变更初审的目的包括：对变更提出方施加影响，确认变更的必要性，确保变更是有价值的。

参考答案

　　（53）C

试题（54）

　　关于招投标的描述，正确的是：　（54）　。

　　（54）A. 中标人确定后，招标人应当向中标人发出中标通知书，并同时将中标结果通知所有未中标的投标人
　　　　　　B. 依法必须进行招标的项目，自招标文件开始发出之日起至提交投标文件截止之日止，最短不得少于 10 日
　　　　　　C. 在招标文件要求提交投标文件截止时间 5 日前，投标人可以以书面形式对已发出的招标文件进行必要的澄清或者修改
　　　　　　D. 招标人和中标人应当自中标通知书发出之日起 10 日内，按照招标文件和中标人的投标文件订立书面合同

试题（54）分析

　　参考《信息系统项目管理师教程》（第 3 版）12.4.3 小节。B 的错误之处在于：依法必须进行招标的项目，自招标文件开始发出之日起至提交投标文件截止之日止，最短不得少于 20 日。C 的错误之处在于：在招标文件要求提交投标文件截止时间至少 15 日前，招标人可以以书面形式对已发出的招标文件进行必要的澄清或者修改。D 的错误之处在于：招标人和中标人应当自中标通知书发出之日起 30 日内，按照招标文件和中标人的投标文件订立书面合同。

参考答案

（54）A

试题（55）

　　(55)　为卖方报销履行合同工作所发生的一切合法成本（即成本实报实销），买方再给卖方支付一笔利润，完全由买方根据自己对卖方绩效的主观判断来决定，并且卖方通常无权申诉。

　　（55）A．总价加激励费用合同　　　　B．总价加经济价格调整合同
　　　　　　C．成本加固定费用合同　　　　D．成本加奖励费用合同

试题（55）分析

　　参考《信息系统项目管理师教程》（第 3 版）13.1.1 小节。成本加奖励费用合同为卖方报销履行合同工作所发生的一切合法成本（即成本实报实销），买方再凭自己的主观感觉给卖方支付一笔利润，完全由买方根据自己对卖方绩效的主观判断来决定奖励费用，并且卖方通常无权申诉。

参考答案

（55）D

试题（56）

　　(56)　是隐性知识的特征。

　　（56）A．经过编码、格式化、结构化　　　B．规范、系统、稳定、明确
　　　　　　C．不易保存、传递、掌握　　　　　D．用公式、规律、原则等方式表述

试题（56）分析

　　参考《信息系统项目管理师教程》（第 3 版）15.1.1 小节中的表 15-1。隐性知识的特征包括：尚未编码、格式化、结构化；背后的科学原理不甚明确；不易保存、传递、掌握；用诀窍、习惯、信念、个人特技等形式呈现。

参考答案

（56）C

试题（57）

　　组织高层从如何动员全体成员参与战略实施活动的角度考虑战略的制定和执行，属于　(57)　战略组织模式的特点。

　　（57）A．文化型　　　　B．合作型　　　　C．变革型　　　　D．增长型

试题（57）分析

　　参考《信息系统项目管理师教程》（第 3 版）17.2.1 小节。文化型战略组织模式的特点是：组织高层从如何动员全体成员都参与战略实施活动的角度来考虑战略的制定和执行。

参考答案

（57）A

试题（58）

　　业务流程分析工具中，　(58)　反映现有系统各部门的业务处理过程和它们之间的业务分工与联系，以及连接各部门的物流、信息流的传递和流动关系，体现现有系统的边界、环

境、输入、输出、处理和数据存储等内容。

（58）A．业务流程图　　B．UML 活动图　　C．N-S 图　　D．Petri 网

试题（58）分析

参考《信息系统项目管理师教程》（第 3 版）19.2.1 小节。业务流程图是分析和描述现有系统的传统工具，是业务流程调查结果的图形化表示。它反映现有系统各部门的业务处理过程和它们之间的业务分工与联系，以及连接各部门的物流、信息流的传递和流动关系，体现现有系统的边界、环境、输入、输出、处理和数据存储等内容。

参考答案

（58）A

试题（59）

___(59)___ 不是项目集指导委员会的职责。

（59）A．保证项目集与组织愿景和目标的一致性

　　　　B．对项目组合的投资以及优先级进行决策

　　　　C．批准项目集章程

　　　　D．批准和启动项目集

试题（59）分析

参考《信息系统项目管理师教程》（第 3 版）20.3.3 小节、21.3.4 小节。选项 B 是项目组合治理机构（如项目组合治理委员会）的职责。

参考答案

（59）B

试题（60）

关于项目组合和项目集的描述，不正确的是___(60)___。

（60）A．项目组合和项目集中都可能包含日常运作业务

　　　　B．项目集是项目组合的一部分

　　　　C．项目组合中的项目既可以位于项目集之内，也可以位于项目集之外

　　　　D．项目组合中的项目集和项目应有依赖关系

试题（60）分析

参考《信息系统项目管理师教程》（第 3 版）21.1.2 小节。项目组合中的项目集和项目可能没有必然的联系，但它们都是组织实现战略时需要关注的管理对象。

参考答案

（60）D

试题（61）

缺陷发现率＝Σ 缺陷数（系统测试）（个）÷Σ 执行系统测试的有效时间（小时），是衡量测试人员___(61)___的指标。

（61）A．测试设计中工作效率　　　　　　B．测试设计中工作质量

　　　　C．测试执行中工作效率　　　　　　D．测试执行中工作质量

试题（61）分析

参考《信息系统项目管理师教程》（第 3 版）23.3.6 小节。缺陷发现率，即测试人员各自发现的缺陷数总和除以各自所花费的测试时间总和，是测试执行中工作效率的指标。

参考答案

（61）C

试题（62）

____（62）____用于评估工作产品的质量，辅助项目进行决策。

（62）A．过程度量　　　　B．技术度量　　　C．项目度量　　　D．经济度量

试题（62）分析

参考《信息系统项目管理师教程》（第 3 版）25.4 节。度量分为过程度量、项目度量、技术度量。技术度量用于评估工作产品的质量，在项目中进行决策。

参考答案

（62）B

试题（63）

按照系统安全策略"七定"要求，系统安全策略首先要 ____（63）____。

（63）A．定员　　　　B．定制度　　　　C．定方案　　　　D．定岗

试题（63）分析

参考《信息系统项目管理师教程》（第 3 版）22.1.1 小节。安全策略的核心内容就是"七定"，即定方案、定岗、定位、定员、定目标、定制度、定工作流程。按照系统安全策略"七定"要求，系统安全策略首先要解决定方案，其次就是定岗。

参考答案

（63）C

试题（64）

____（64）____方式针对每个用户指明能够访问的资源，对于不在指定的资源列表中的对象不允许访问。

（64）A．自主访问控制　　　　　　　　B．基于策略的访问控制

　　　　C．强制访问控制　　　　　　　　D．基于角色的访问控制

试题（64）分析

参考《信息系统项目管理师教程》（第 3 版）22.4.5 小节。DAC（自主访问控制方式）：该模型针对每个用户指明能够访问的资源，对于不在指定的资源列表中的对象不允许访问。

参考答案

（64）A

试题（65）

ISO/IEC 17859 标准将安全审计功能分为 6 个部分，其中，____（65）____通过分析系统活动和审计数据，寻找可能的或真正的安全违规操作，可以用于入侵检测或安全违规的自动响应。

（65）A．安全审计事件存储功能　　　　B．安全审计数据生成功能

　　　　C．安全审计分析功能　　　　　　D．安全审计浏览功能

试题（65）分析

参考《信息系统项目管理师教程》（第 3 版）22.5.1 小节。ISO/IEC 17859 标准将安全审计功能分为 6 个部分。其中，安全审计分析功能定义了分析系统活动和审计数据来寻找可能的或真正的安全违规操作，它可以用于入侵检测或安全违规的自动响应。

参考答案

（65）C

试题（66）

某公司主营产品有甲、乙、丙、丁四种。按照历史数据预测，下半年的市场需求总量可能有 10 万件、15 万件和 20 万件三种情况，对应的概率分别为 50%、30%、20%。不同情况下各产品带来的市场收益（单位：万元）如表所示。为了追求利润最大化，该公司应该生产 （66） 。

产品	需求量为 10 万件	需求量为 15 万件	需求量为 20 万件
甲	−25	35	70
乙	−20	30	65
丙	−10	25	55
丁	10	15	40

（66）A. 甲   B. 乙   C. 丙   D. 丁

试题（66）分析

生产甲的收益：$-25\times0.5+35\times0.3+70\times0.2=12$；生产乙的收益：$-20\times0.5+30\times0.3+65\times0.2=12$；生产丙的收益：$-10\times0.5+25\times0.3+55\times0.2=13.5$；生产丁的收益：$10\times0.5+15\times0.3+40\times0.2=17.5$。故该公司应选择生产丁。

参考答案

（66）D

试题（67）、（68）

某乳制品加工厂用纯牛奶和酸牛奶两种生产原料，加工生产甲、乙两种乳制品。该厂加工每单位乳制品消耗原料数、现有原料数、每单位乳制品的利润如下表所示。则该公司的最大利润为 （67） 万元。公司获得最大利润时，生产甲的数量是 （68） 吨。

项目		甲	乙	现有原料/吨
原料/吨	纯牛奶	1	2	86
	酸牛奶	5	3	150
利润/万元		3	4	

（67）A. 140   B. 144   C. 175   D. 178
（68）A. 5   B. 6   C. 40   D. 50

试题（67）、（68）分析

设加工甲 x_1 件，乙 x_2 件，利润为 C，建立线性规划模型：

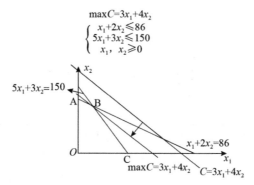

$$\max C = 3x_1 + 4x_2$$
$$\begin{cases} x_1 + 2x_2 \leqslant 86 \\ 5x_1 + 3x_2 \leqslant 150 \\ x_1,\ x_2 \geqslant 0 \end{cases}$$

图中，四边形 OABC 区域为两个约束条件交集与坐标轴围成的可行域，因为所求值为目标函数最大值，所以将目标函数自上而下平移，直到与可行域首次相交于一点 B，B 点即为既满足约束条件，又达到目标函数最大的最优解，求得 B 点为（6,40），得 $x_1 = 6$，$\max C = 178$。

参考答案

（67）D　　（68）B

试题（69）

有 A、B、C、D 4 个邻省，同时向甲、乙、丙、丁 4 个城市运送援助物资，假设规定一个省对口援助一个城市。四省到各城市的运输时间如下表所示。请给出一个合理的方案，使得物资运输总时间最短，则最短物资运输时间为　（69）　小时。

单位：小时

省＼城市	甲	乙	丙	丁
A	17	20	23	26
B	21	25	24	20
C	28	19	18	21
D	21	21	19	19

（69）A. 74　　　　B. 75　　　　C. 76　　　　D. 77

试题（69）分析

$$\text{系数矩阵 } \boldsymbol{C} = \begin{pmatrix} 17 & 20 & 23 & 26 \\ 21 & 25 & 24 & 20 \\ 28 & 19 & 18 & 21 \\ 21 & 21 & 19 & 19 \end{pmatrix} \begin{matrix} -17 \\ -20 \\ -18 \\ -19 \\ -1 \end{matrix} \rightarrow \begin{pmatrix} 0 & 2 & 6 & 9 \\ 1 & 4 & 4 & 0 \\ 10 & 0 & 0 & 3 \\ 2 & 1 & 0 & 0 \end{pmatrix} = \boldsymbol{C}' \rightarrow \begin{pmatrix} \triangle & 2 & 6 & 9 \\ 1 & 4 & 4 & \triangle \\ 10 & \triangle & \varnothing & 3 \\ 2 & 1 & \triangle & \varnothing \end{pmatrix},$$ 由于独

立 0 元素数正好等于 4 个，所以得出最优解矩阵形式为 $\begin{pmatrix} 1 & 0 & 0 & 0 \\ 0 & 0 & 0 & 1 \\ 0 & 1 & 0 & 0 \\ 0 & 0 & 1 & 0 \end{pmatrix}$，即 A 省援助甲市，

B 省援助丁市，C 省援助乙市，D 省援助丙市，最短时长为 75。

参考答案

（69）B

试题（70）

甲、乙、丙、丁 4 个已完工项目的历史数据如表所示，其中负值代表项目的投资额，正值代表项目的收益。从投资收益率来看，____（70）____项目最优。

单位：万元

项目	2016 年	2017 年	2018 年	2019 年	2020 年
甲	−10	2	23	7	
乙		−100	80	110	
丙		−20	15	18	30
丁	−150	150	150		

（70）A. 甲　　　　　　　B. 乙　　　　　　　C. 丙　　　　　　　D. 丁

试题（70）分析

项目的投资收益率=年平均收益/投资额。则各项目的投资收益率分别为：

甲项目：$(2+23+7) \div 3 \div 10 = 1.067$。

乙项目：$(80+110) \div 2 \div 100 = 0.95$。

丙项目：$(15+18+30) \div 3 \div 20 = 1.05$。

丁项目：$(150+150) \div 2 \div 150 = 1$。

参考答案

（70）A

试题（71）

The patterns of ____（71）____ show the next probable behavior of a person or market without a logical explanation as to why.

（71）A. Internet of Things　　　　　　B. Cloud Computing

　　　　C. Artificial Intelligence　　　　D. Big Data

试题（71）分析

大数据模式显示了一个人或市场的下一个可能的行为，而没有逻辑解释。A 项是物联网、B 项是云计算、C 项是人工智能、D 项是大数据。

参考答案

（71）D

试题（72）

____（72）____ can be scripted as a new science and technology, which is used to simulate human intelligence. Namely, computers simulate the way of human's thinking and intelligent behavior, such as Learning, Reasoning, Thinking, Planning, and so on.

（72）A. Internet of Things　　　　　　B. Cloud Computing

　　　　C. Artificial Intelligence　　　　D. Big Data

试题（72）分析

人工智能可以作为一种新的科学技术，用于模拟人类智能。也就是说，计算机模拟了人类思维和智慧行为的方式，如学习、推理、思考、规划等。A 项是物联网、B 项是云计算、C 项是人工智能、D 项是大数据。

参考答案

（72）C

试题（73）

_____（73）_____ is preservation of confidentiality, integrity and availability of information, inaddition, other properties such as authenticity, accountability, non-repudiation and reliability can also be involved.

　　（73）A．Equipment security　　　　　B．Network security

　　　　　　C．Information security　　　　　D．Content security

试题（73）分析

信息安全是保护信息的保密性、完整性、可用性及其他属性，如真实性、可确认性、不可否认性和可靠性。A 项是设备安全、B 项是网络安全、C 项是信息安全、D 项是内容安全。

参考答案

（73）C

试题（74）

_____（74）_____ involves choosing part of a population of interest for inspection.

　　（74）A．Check list　　　　　　　　　B．Check sheet

　　　　　　C．Statistical sampling　　　　　D．Questionnaire

试题（74）分析

统计抽样是指从目标总体中选取部分样本用于检查（如从 75 张工程图纸中随机抽取 10 张）。A 项是核对单、B 项是检查表、C 项是统计抽样、D 项是问卷调查。

参考答案

（74）C

试题（75）

_____（75）_____ is the process of formalizing acceptance of the completed project deliverables. The key benefit of this process is that it brings objectivity to the acceptance process and increases the probability of final product, service, or result acceptance by validating each deliverable.

　　（75）A．Validate scope　　　　　　　　B．Define scope

　　　　　　C．Control scope　　　　　　　　D．Collect requirement

试题（75）分析

确认范围是正式验收已完成的项目可交付成果的过程。本过程的主要作用是验收过程具有客观性，同时通过确认每个可交付成果来提高最终产品、服务或成果获得验收的可能性。A 项是确认范围、B 项是定义范围、C 项是控制范围、D 项是收集需求。

参考答案

（75）A

第14章 2020下半年信息系统项目管理师

下午试题 I 分析与解答

试题一（25分）

阅读下列说明，回答问题1至问题4，将解答填入答题纸的对应栏内。

【说明】

某集成公司和某地区的燃气公司签订了系统升级合同，将原有的终端抄表系统升级改造，实现远程自动抄表且提供 App 终端应用服务。

公司指定原系统的项目经理张工来负责该项目，目前张工已经升任新产品研发部经理。张工调派了原项目团队的核心骨干刘工和李工分别负责新项目的需求调研和开发工作。

刘工和李工带领团队根据以往经验完成了需求调研和范围说明书。但由于该项目甲方负责人负责多个项目，时间紧张，导致需求评审会无法召开。张工考虑到双方已经有合作基础，李工和刘工对原系统非常熟悉，为了不影响进度，张工让项目组采用敏捷开发模式，直接进入了设计和编码阶段。

在客户验收测试时，甲方负责人提出 App 的 UI 设计不符合公司风格、不兼容新燃气表的数据接口、数据传输加密算法不符合要求等多项问题，要求必须全部实现这些需求后才能验收。此时张工把公司新产品研发部正在研发的新产品给甲方负责人展示，双方口头约定可以采用新产品部分功能实现未完善的需求。经过增加人员和加班赶工，延期1个月完成。项目上线后用户又发现了若干问题。

【问题1】（8分）

结合案例，请从项目范围管理的角度指出该项目实施过程中存在的问题。

【问题2】（6分）

请写出范围说明书的内容和作用。

【问题3】（6分）

结合案例，请阐述张工在需求变更过程中需要完成的具体工作内容。

【问题4】（5分）

请将下面①～⑤处的答案填写在答题纸的对应栏内。

（1）在每个项目任务的分解单元中都存在可交付成果和 ① ，标志着某个可交付成果或阶段的正式完成。

（2）创建 ② 是将项目的可交付成果和项目工作分解为较小的、更易管理的组件的过程，其主要作用是对所要交付的内容提供一个结构化的视图。其最底层的可交付成果或项目工作组成部分称为 ③ 。

（3）项目干系人提出变更申请后，一般由 ④ 或 ⑤ 进行初审。

试题一分析

本题重点考核项目需求和范围管理，考生需全面多视角来综合分析并作答。

【问题 1】

案例分析题，主要考核项目实施过程中范围管理存在的问题，考查考生根据实际案例分析解决问题的能力（参考《信息系统项目管理师教程》（第 3 版）[①]5.6.1 小节）。

【问题 2】

问答题，本题重点考核范围说明书的内容和作用（参考《信息系统项目管理师教程》（第 3 版）5.4.2 小节）。

【问题 3】

问答题，本题重点考核需求变更过程中需要完成的工作内容（参考《信息系统项目管理师教程》（第 3 版）4.6 节）。

【问题 4】

细节填空题，本题重点考核 WBS 相关的核心概念和变更管理工作程序（参考《信息系统项目管理师教程》（第 3 版）5.5 节、16.3.2 小节）。

（1）考查里程碑的概念。

（2）考查 WBS 和工作包的概念。

（3）考查变更管理工作程序。

参考答案

【问题 1】（8 分）

（1）没有编制范围管理计划；

（2）项目范围定义和收集需求不充分，定义范围未包括新型燃气表；

（3）项目经理没有跟客户正式评审确定项目范围，导致客户需求没有被有效识别；

（4）范围控制过程执行不到位，不应该口头约定修改客户提出的新需求，应该按照变更管理流程执行，尽量减少需求变更的范围。

（每项 2 分，共 8 分）

【问题 2】（6 分）

范围说明书的内容：

（1）范围描述；

（2）验收标准；

（3）可交付成果；

（4）项目的除外责任（哪些内容不属于项目范围）；

（5）制约因素（预算、日期、协议条款等）；

（6）假设条件（不需要验证即可视为正确或确定的因素）。

范围说明书的作用：

（1）确定范围；

[①] 本章提及的《信息系统项目管理师教程》（第 3 版）为全国计算机技术与软件专业技术资格（水平）考试指定用书，由清华大学出版社出版。

（2）沟通的基础；

（3）变更的基础；

（4）规划和控制的依据。

（每条 1 分，满分 6 分）

【问题 3】（6 分）

（1）提交变更申请，并得到变更控制委员的批准；

（2）控制申请变更的流程，保证只实施经过批准的变更；

（3）根据批准的变更控制与更新范围、成本、预算进度和质量要求，协调整个项目的变更；

（4）对批准的变更，保证基线完整性，做好各版本的配置管理，并保留记录；

（5）根据变更控制的要求做好项目文件的更新；

（6）审查和批准所有的纠正与预防措施建议；

（7）根据质量报告并按照标准控制项目质量。

（每条 1 分，满分 6 分）

【问题 4】（5 分）

① 里程碑

② WBS

③ 工作包

④ 项目经理

⑤ 项目配置管理员

（每个 1 分，共 5 分，④和⑤的答案顺序可互换）

试题二（25 分）

阅读下列说明，回答问题 1 至问题 4，将解答填入答题纸的对应栏内。

【说明】

某软件开发项目包括 A、B、C、D 4 个活动，项目总预算为 52 000 元。截至 6 月 30 日，各活动相关信息如下表所示。

活动	成本预算	计划成本	实际进度	实际成本
A	25 000	25 000	100%	25 500
B	12 000	9000	50%	5400
C	10 000	5800	50%	1100
D	5000	0	0	0

C 活动是项目中的一项关键任务，目前刚刚开始，项目经理希望该任务能在 24 天之内完成，项目组一致决定采取快速跟进的方法加快项目进度，并估算 C 活动的预计工期为乐观 14 天、最可能 20 天、悲观 32 天。

【问题 1】（13 分）

结合案例，请计算截至 6 月 30 日各活动的挣值和项目的进度偏差（SV）及成本偏差（CV），并判断项目的执行绩效。

【问题 2】（3 分）

项目组决定采用快速跟进的方式加快进度，请简述该方式的不足。

【问题 3】（4 分）

如果当前项目偏差属于典型偏差，请计算完工估算成本（EAC）。

【问题 4】（5 分）

项目经理尝试采用资源优化技术用 24 天完成 C 活动的目标，请计算能达到项目经理预期目标的概率。

试题二分析

本题重点考核项目进度管理和成本管理，考生需全面多视角综合分析并作答。

【问题 1】

综合计算题，本题考核考生对挣值管理的理解程度，尤其是对截至 6 月 30 日各活动的 PV、AC、EV 的理解，要求考生以此为依据计算项目的进度偏差和成本偏差，并会据此分析项目的绩效。PV 是计划成本，是截至 6 月 30 日为计划工作分配的经批准的预算。EV 是对已完成工作的测量值，用分配给该工作的预算来表示（参考《信息系统项目管理师教程》（第 3 版）7.3.2 小节）。

EV(A)=25 000，EV(B)=12 000×50%=6000，EV(C)=10 000×50%=5000，EV(D)=0，则 EV=25 000+6000+5000=36 000。

PV=25 000+9000+5800=39 800。

AC=25 500+5400+1100=32 000。

SV=EV−PV，CV=EV−AC。

【问题 2】

细节问答题，本题考核考生对项目进度改善措施，尤其是快速跟进措施的理解。

快速跟进是并行施工，以缩短关键路径的长度（参考《信息系统项目管理师教程》（第 3 版）6.2.7 小节）。

【问题 3】

综合计算题，要求考生掌握在两种偏差的基础上如何计算完工估算成本。典型偏差情况下，EAC 的计算公式为：EAC=AC+(BAC−EV)/CPI（参考《信息系统项目管理师教程》（第 3 版）7.3.2 小节）。

【问题 4】

综合计算题，考核考生对三点估算方法的理解程度（参考《信息系统项目管理师教程》（第 3 版）6.3.3 小节）。

参考答案

【问题 1】（13 分）

EV(A)=25 000（1 分），EV(B)=12 000×50%=6000（1 分），EV(C)=10 000×50%=5000（1 分），EV(D)=0（1 分）。

则 EV=36 000（1 分），PV=39 800（1 分），AC=32 000（1 分）。

SV=EV−PV=36 000−39 800=−3800<0（公式正确得 1 分，计算正确得 1 分，共 2 分）。

CV=EV–AC=36 000–32 000=4000>0（公式正确得 1 分，计算正确得 1 分，共 2 分）。

进度滞后（1 分）、成本节约（1 分）。

【问题 2】（3 分）

采用快速跟进的方式具有以下不足：

可能引起返工；

质量降低；

团队压力大。

（每条 1 分，共 3 分）

【问题 3】（4 分）

CPI=EV/AC=36 000/32 000=1.125（公式正确得 1 分，计算正确得 1 分，共 2 分）。

EAC=AC+(BAC–EV)/CPI=32 000+(52 000–36 000)/1.125=46 222（公式正确得 1 分，计算正确得 1 分，共 2 分）。

【问题 4】（5 分）

采用三点估算计算出 C 任务的工期为：(14+4×20+32)/6=21 天（2 分）。

标准差为(32–14)/6=3（2 分）。

24 天正好是一倍的标准差位置，因此概率为：1–(1–68%)/2=84%（1 分）。

试题三（25 分）

阅读下列说明，回答问题 1 至问题 4，将解答填入答题纸的对应栏内。

【说明】

A 公司是提供 SaaS 平台服务业务的公司，小张作为研发流程优化经理，他抽查了核心产品的配置管理和测试过程，情况如下：项目组共 10 人，产品经理小马兼任项目经理和配置管理员，还有 7 名开发工程师和 2 名测试工程师，采用敏捷开发的方法，2 周为一个迭代周期，目前刚刚完成一个 3.01 版本的上线。

小张要求看一下配置管理库，小马回复："我正忙着，让测试工程师王工给你看吧，我们 10 个人都有管理员权限。"小张看到配置库分为了开发库和产品库，产品库包括上线的 3 个大版本的完整代码和文档资料，而且与实际运行版本有偏差。小版本只能在开发库中找到代码，但没有相关文档，而且因为新需求迭代太快，有些很细微的修改，开发人员随手进行了修改，文档和代码存在一些偏差。

小张策划对产品做一次 3.01 版本的系统测试，以便更好地解决研发流程和系统本身的问题。

【问题 1】（5 分）

结合本案例，从配置管理的角度指出项目实施过程存在的问题。

【问题 2】（10 分）

结合本案例，请帮助测试工程师从测试目的、测试对象、测试内容、测试过程、测试用例设计依据、测试技术 6 个方面设计核心产品 3.01 版本的系统测试方案。

【问题 3】（6 分）

如果系统测试中需要采用黑盒测试、白盒测试和灰盒测试，请阐述三种测试的含义和用途。

【问题 4】（4 分）

从候选答案中选择正确选项，将该选项编号填入答题纸对应栏内。

配置项的状态通常可分为三种，配置项初建时其状态为　（1）　。配置项通过评审后，其状态变为　（2）　。此后若更改配置项，则其状态变为　（3）　。当配置项修改完毕并重新通过评审时，其状态又变为　（4）　。

A．送审稿　　　　　B．草稿　　　　　C．报批稿

D．征求意见　　　　E．修改　　　　　F．正式

试题三分析

本题重点考核项目配置管理和测试管理，考生需全面多视角来综合分析并作答。

【问题 1】

案例分析题，考核考生对配置管理过程的理解，要求考生能够在项目实施过程中灵活应用配置管理知识并实践（参考《信息系统项目管理师教程》（第 3 版）14.2 节）。

【问题 2】

案例分析题，考核考生对系统测试方案内容的掌握程度，要求考生能够根据实际情况设计系统测试方案（参考《信息系统项目管理师教程》（第 3 版）23.1.2 小节）。

【问题 3】

概念问答题，本题考核考生对黑盒测试、白盒测试和灰盒测试三种测试方法的理解（参考《信息系统项目管理师教程》（第 3 版）23.1.2 小节）。

【问题 4】

细节填空题，本题考核考生对于配置项各个状态的掌握程度（参考《信息系统项目管理师教程》14.2.1 小节）。

参考答案

【问题 1】（5 分）

（1）从信息安全的角度考虑，配置管理员的权限通常指定给一名人员或项目经理，不能项目组的所有成员都被赋予管理员权限。

（2）配置库只有开发库和产品库，缺少了受控库，即所有基线版本都应该放在受控库。

（3）产品库只有 3 个大版本，应该将所有发布的基线进行统一管理。

（4）开发库中的配置项代码和文档存在不一致，应要求项目组对所有的修改在配置工具中做保留，并做好配置标识。

（5）缺少发布管理流程。

（6）从案例描述推断该项目组未能做好配置审计工作，应按计划做好配置审计，保证当前配置项的一致性和完整性。

（每条 1 分，满分 5 分）

【问题 2】（10 分）

（1）测试目的：验证核心产品完整需求配置与系统连接的正确性，发现软件与系统设计文档和合同要求不一致的地方，验证系统的文档是否完整、有效。

（2）测试对象：核心产品软件本身、SaaS 平台基础设施、外部支持软硬件产品的接口和数据。（只有核心产品软件不得分）

（3）测试内容：站在客户视角主要完成核心产品的功能性测试验证，同时应包括合同中约定的非功能性要求的验证，可通过压力测试、安全性测试、容错测试和恢复性测试完成。

（4）测试过程：测试计划、测试设计、测试实施或测试执行、测试评估。

（5）测试用例设计依据：核心产品的需求规格说明书、相关规范、标准和客户协议等。

（6）测试技术：一般使用黑盒测试技术。

（每条 2 分，满分 10 分）

【问题 3】（6 分）

（1）黑盒测试又称功能测试，它通过测试来检测每个功能是否能正常使用。（1 分）

着眼于程序外部结构，不考虑内部逻辑结构，主要针对软件界面和功能进行测试。（1 分）

（2）白盒测试又称结构测试，是通过检查软件内部的逻辑结构，对软件中逻辑路径进行覆盖的测试，可以覆盖全部代码、分支、路径和条件。（1 分）

主要针对每个软件单元的内部实现进行检查。（1 分）

（3）灰盒测试介于白盒测试和黑盒测试之间，关注输出对于输入的正确性，也关注内部表现，是基于程序运行时的外部表现，同时结合程序内部逻辑结构来设计用例、执行程序，并采集程序路径执行信息和外部接口结果的测试技术。（1 分）

主要针对模块之间的交互进行测试。（1 分）

【问题 4】（4 分）

（1）B

（2）F

（3）E

（4）F

（每空 1 分，共 4 分）

第15章 2020下半年信息系统项目管理师 下午试题 II 写作要点

从下列的 2 道试题（试题一至试题二）中任选 1 道解答。请在答题纸上的指定位置处将所选择试题的题号框涂黑。若多涂或者未涂题号框，则对题号最小的一道试题进行评分。

试题一 论信息系统项目的成本管理

项目成本管理在项目管理中占非常重要的地位。成本管理是在项目实施过程中，通过对成本进行管理，使项目实际发生的成本控制在预算范围内。

请以"论信息系统项目的成本管理"为题进行论述：

1. 概要叙述你参与管理过的信息系统项目（项目的背景、项目规模、发起单位、目的、项目内容、组织结构、项目周期、交付的成果等），并说明你在其中承担的工作（项目背景要求本人真实经历，不得抄袭及杜撰）。

2. 请结合你所叙述的信息系统项目，围绕以下要点论述你对信息系统项目成本管理的认识，并总结你的心得体会。

（1）项目成本管理的过程。

（2）项目预算的形成过程。

试题一写作要点

第一部分评分要点：

（1）项目成本管理的过程包括：

- 规划成本；
- 估算成本；
- 制定预算；
- 控制成本。

（2）项目预算的形成过程包括：

- 根据 WBS 估算各活动的成本，形成工作包成本；
- 汇总各工作包成本（考虑应急储备），得到控制账户的成本；
- 汇总各控制账户的成本，得到成本基准；
- 在成本基准上增加管理储备，得到项目预算。

第二部分评分要点：

根据考生的论述，确定其叙述的项目成本管理过程是否合适，具体项目预算的形成过程是否完整，是否具有信息系统项目成本管理的实际经验。要求项目真实、逻辑清晰、条理清楚、论述得当。

试题二　论信息系统项目的采购管理

项目采购管理是从项目团队外部购买或获得为完成项目工作所需的产品、服务或成果的过程。

请以"论信息系统项目的采购管理"为题进行论述：

1. 概要叙述你参与管理过的信息系统项目（项目的背景、项目规模、发起单位、目的、项目内容、组织结构、项目周期、交付的成果等），并说明你在其中承担的工作（项目背景要求本人真实经历，不得抄袭及杜撰）。

2. 请结合你所叙述的信息系统项目，围绕以下要点论述你对信息系统项目采购管理的认识，并总结你的心得体会。

（1）项目采购管理的过程。

（2）如果需要进行招投标，请阐述招投标程序。

试题二写作要点

第一部分评分要点：

（1）项目采购管理的过程包括：

- 编制采购计划；
- 实施采购；
- 控制采购；
- 结束采购。

（2）招投标程序包括：

- 招标人发布招标公告或投标邀请；
- 招标人根据情况组织潜在投标人勘察现场；
- 投标人投标；
- 开标；
- 评标；
- 确定中标人；
- 订立合同。

第二部分评分要点：

根据考生的论述，确定其叙述的项目采购管理过程是否合适，具体写出的招投标程序是否完整，是否具有信息系统项目采购管理的实际经验。要求项目真实、逻辑清晰、条理清楚、论述得当。

第16章 2021上半年信息系统项目管理师

上午试题分析与解答

试题（1）

国家信息化体系包括六个要素，其中__(1)__是信息化体系六要素中的龙头，是国家信息化建设的主阵地，集中体现了国家信息化建设的需求和效益。

（1）A．信息资源　　　　　　　　　　B．信息技术应用

　　　C．信息网络　　　　　　　　　　D．信息化政策法规和标准规范

试题（1）分析

参考《信息系统项目管理师教程》（第3版）[1]1.1.3小节。国家信息化体系包括六个要素，其中信息技术应用是信息化体系六要素中的龙头，是国家信息化建设的主阵地，集中体现了国家信息化建设的需求和效益。

参考答案

（1）B

试题（2）

某行业协会计划开发一个信息管理系统，现阶段用户无法明确该系统的全部功能要求，希望在试用后再逐渐改进并最终实现用户需求。则该信息系统应采用的开发方法是__(2)__。

（2）A．结构化方法　　B．面向对象方法　　C．原型化方法　　D．面向服务方法

试题（2）分析

参考《信息系统项目管理师教程》（第3版）1.2节。结构化方法和面向对象方法有一个共同点：在系统开发初期必须明确系统的功能要求，即明确系统的边界。原型化方法在获得基本的需求说明后，可以构建一个小型的系统，满足用户基本需求，使得用户在试用原型系统中亲身感受并受到启发，进而提出意见进行改进。

参考答案

（2）C

试题（3）

路由器工作在__(3)__，通过逻辑地址进行网络之间的信息转发。

（3）A．物理层　　　　B．数据链路层　　　　C．传输层　　　　D．网络层

试题（3）分析

参考《信息系统项目管理师教程》（第3版）1.3.2小节中的表1-1网络互连设备。路由

---

[1] 本章提及的《信息系统项目管理师教程》（第3版）为全国计算机技术与软件专业技术资格（水平）考试指定用书，由清华大学出版社出版。

器通过逻辑地址进行网络之间的信息转发，它工作在网络层。

参考答案

（3）D

试题（4）

关于网络存储技术的描述，不正确的是__(4)__。

（4）A．当存储容量增加时，采用直接附加存储（DAS）方式很难扩容

　　B．网络附加存储（NAS）支持即插即用，可经济地解决存储容量不足的问题

　　C．光纤通道存储区域网络（FC SAN）相对成本较低，配置简单

　　D．网际协议存储区域网络（IP SAN）设备成本低，可共享和使用大容量存储空间

试题（4）分析

参考《信息系统项目管理师教程》（第 3 版）1.3.4 小节。FC SAN 有两个较大的缺陷，分别是成本和复杂性，因为使用了 FC。在光纤通道上部署 SAN，需要每个服务器都有 FC 适配器、专用的 FC 交换机以及独立的布线基础架构，其维护和配置都比较复杂；网际协议存储区域网络（IP SAN）设备成本低，可共享和使用大容量存储空间。

参考答案

（4）C

试题（5）

根据"十四五"规划和 2035 年远景目标纲要，到 2035 年，我国进入创新型国家前列，基本实现新型工业化、信息化、城镇化、__(5)__。

（5）A．农业现代化　　　B．区域一体化　　　C．智能化　　　D．数字化

试题（5）分析

国家"十四五"规划纲要指出：展望 2035 年，我国将基本实现社会主义现代化。经济实力、科技实力、综合国力将大幅跃升，经济总量和城乡居民人均收入将再迈上新的大台阶，关键核心技术实现重大突破，进入创新型国家前列。基本实现新型工业化、信息化、城镇化、农业现代化。

参考答案

（5）A

试题（6）

工程师小王为测试云计算平台网络的弹性伸缩能力，采用的有效方法是：__(6)__。

（6）A．对网络负载进行压力测试，判断系统能否自行通过调整网络带宽来保障网络传输性能

　　B．检查是否具备计算资源弹性伸缩菜单或按钮

　　C．通过对当前运行的网络资源进行单点中断操作，检查网络是否持续可用

　　D．检查云平台是否具有存储资源容量规划工具

试题（6）分析

参考《信息系统项目管理师教程》（第 3 版）1.5.2 小节。IaaS（基础设施即服务）主要提供计算、存储和网络等资源服务，在测试弹性伸缩能力时，通过增加负载进行压力测试是

个有效的方法。

参考答案

（6）A

试题（7）

关于大数据特点的描述，正确的是　__(7)__　。

①数据体量巨大　　②数据处理速度快　　③数据价值密度高

④数据真实　　　　⑤结构化数据为主

（7）A. ①②③　　　B. ②④⑤　　　C. ①②④　　　D. ①④⑤

试题（7）分析

参考《信息系统项目管理师教程》（第 3 版）1.5.3 小节。大数据的 5V 特性：数据体量巨大（Volume）；处理速度快（Velocity）；数据价值密度低（Value）；数据类型繁多（Variety），相对于以往便于存储的文本为主的结构化数据，非结构化数据越来越多；数据真实（Veracity），数据来自于各类网络系统以及终端的痕迹或行为。

参考答案

（7）C

试题（8）

小王用智能手环来督促自己每天走路 10 000 步，这是将　__(8)__　应用到移动互联网中，为用户提供智能化服务。

（8）A. 用户画像　　　B. 传感技术　　　C. 数据挖掘　　　D. 射频识别

试题（8）分析

参考《信息系统项目管理师教程》（第 3 版）1.5.4 小节。在各类移动互联设备应用中，开发商越来越注重传感技术，将传感技术应用到移动互联网中，极大地推动了移动互联网的成长。

参考答案

（8）B

试题（9）

质量功能部署（Quality Function Deployment，QFD）将软件需求分为常规需求、　__(9)__　和意外需求。

（9）A. 期望需求　　　B. 业务需求　　　C. 系统需求　　　D. 行为需求

试题（9）分析

参考《信息系统项目管理师教程》（第 3 版）1.4.1 小节。质量功能部署（Quality Function Deployment，QFD）是一种将用户要求转化成软件需求的技术，QFD 将软件需求分为三类，分别是常规需求、期望需求和意外需求，意外需求又叫兴奋需求。

参考答案

（9）A

试题（10）

能力成熟度模型（Capability Maturity Model Integration，CMMI）中，连续式模型将 24

个过程域按照功能划分为项目管理、过程管理、__(10)__和支持四类。

(10) A. 技术   B. 服务   C. 系统   D. 工程

试题(10)分析

参考《信息系统项目管理师教程》(第 3 版)1.4.4 小节。连续式模型没有与组织成熟度相关的几个阶段,将 24 个过程域划分为过程管理、项目管理、工程和支持四个过程组。

参考答案

(10) D

试题(11)

用户在开发环境下进行的测试是 __(11)__。

(11) A. 配置项测试   B. Alpha 测试   C. Beta 测试   D. 回归测试

试题(11)分析

参考《信息系统项目管理师教程》(第 3 版)1.4.5 小节。用户在开发环境下进行的测试是 Alpha 测试。

参考答案

(11) B

试题(12)

不必了解程序与数据库的内部构造,为用户提供一个看上去统一,但是由多个系统组成的应用系统,可采用 __(12)__。

(12) A. 表示集成   B. 数据集成   C. 控制集成   D. 业务流程集成

试题(12)分析

参考《信息系统项目管理师教程》(第 3 版)1.4.6 小节。表示集成也称为界面集成,是黑盒集成,不必了解程序与数据库的内部构造,可适用于以下情况:①在现有的基于终端的应用系统上配置基于 PC 的用户界面;②为用户提供一个看上去统一,但是由多个系统组成的应用系统;③当只有可能在显示界面上实现集成时。

参考答案

(12) A

试题(13)

测试人员用工具获取系统的传输数据包,查看发送和接收方内容的一致性,验证数据的 __(13)__。

(13) A. 完整性   B. 保密性   C. 可控性   D. 合法性

试题(13)分析

参考《信息系统项目管理师教程》(第 3 版)1.6 节。数据安全性包括:秘密性(不被未授权者知晓的属性)、完整性(正确、真实、未被篡改、完整无缺的属性)、可用性(可以随时正常使用)。

参考答案

(13) A

试题（14）

　　__（14）__ 加密算法基于以下数论事实：将两个大素数相乘十分容易，但想要对其乘积进行因式分解却极其困难，因此可以将乘积公开作为加密密钥。

　　（14）A．IDEA　　　　　　B．DES　　　　　　C．Hash　　　　　　D．RSA

试题（14）分析

　　参考《信息系统项目管理师教程》（第 3 版）1.6.2 小节。RSA 密码是一种基于大合数因子分解困难性的公开密钥密码。

参考答案

　　（14）D

试题（15）

　　证券领域信息系统对存储数据量的要求较高，其平均存储数据量在 __（15）__ 级别。

　　（15）A．MB　　　　　　B．GB　　　　　　C．TB　　　　　　D．PB

试题（15）分析

　　参考《信息系统项目管理师教程》（第 3 版）1.9.1 小节。存储数据量最高的证券领域的大型信息系统，其平均存储数据量已经近 4PB。

参考答案

　　（15）D

试题（16）

　　信息系统规划（ISP）的第三阶段以集成为核心，围绕 __（16）__ 进行，主要方法包括价值链分析法等。

　　（16）A．职能部门需求　　　　　　　　B．企业战略需求
　　　　　C．市场环境需求　　　　　　　　D．企业整体需求

试题（16）分析

　　参考《信息系统项目管理师教程》（第 3 版）1.9.2 小节。ISP 第三个阶段的方法在综合考虑企业内外环境的情况下，以集成为核心，围绕企业战略需求进行的信息系统规划，主要的方法包括价值链分析法和战略一致性模型。

参考答案

　　（16）B

试题（17）

　　能把企业组织结构和企业过程联系起来的信息系统规划工具为 __（17）__ 。

　　（17）A．P/O 矩阵　　　　　　　　　B．R/D 矩阵
　　　　　C．IPO 图　　　　　　　　　　D．CU 矩阵

试题（17）分析

　　参考《信息系统项目管理师教程》（第 3 版）1.9.3 小节。能说明企业组织结构和企业过程的联系的信息系统规划工具是 P/O 矩阵。R/D 矩阵体现的是企业资源和数据类型之间的关系；IPO 图体现的是过程与输入输出之间的关系；CU 矩阵体现的是企业过程与数据之间的关系。

参考答案

（17）A

试题（18）

学生小李 3 月 20 日向某学术期刊投了一篇论文，自 3 月 20 日起 ＿（18）＿ 日内，如果未收到投稿期刊社决定刊登的通知，小李可以将该论文投稿给其他期刊社。

（18）A. 15　　　　　　B. 30　　　　　　C. 60　　　　　　D. 90

试题（18）分析

参考《信息系统项目管理师教程》（第 3 版）26.3 节。《中华人民共和国著作权法》第三十二条规定：著作权人向报社、期刊社投稿的，自稿件发出之日起十五日内未收到报社通知决定刊登的，或者自稿件发出之日起三十日内未收到期刊社通知决定刊登的，可以将同一作品向其他报社、期刊社投稿。

参考答案

（18）B

试题（19）

某市政府计划采购一批服务，但是采用公开招标方式的费用占该采购项目总价值的比例过大，该市政府可依法采用 ＿（19）＿ 方式采购。

（19）A. 邀请招标　　　B. 单一来源　　　C. 竞争性谈判　　　D. 询价

试题（19）分析

参考《信息系统项目管理师教程》（第 3 版）26.4.2 小节。采用公开招标方式的费用占政府采购项目总价值的比例过大的，可依法采用邀请招标方式采购。

参考答案

（19）A

试题（20）

GB/T 11457—2006 《软件工程术语》中，只引用了 ISO/IEC 15504-9：1998《信息技术软件过程评估 第 9 部分：词汇》中的部分术语和定义，则该国标 GB/T 11457—2006《软件工程术语》 ＿（20）＿ 。

（20）A. 与国际标准的关系是等同采用　　　B. 与国际标准的关系是非等效采用
　　　C. 与国际标准的关系是等效采用　　　D. 是自主制定

试题（20）分析

参考《信息系统项目管理师教程》（第 3 版）26.5.1 小节。我国标准与国际标准的对应关系有等同采用、修改采用、等效采用和非等效采用。等同采用：技术内容相同，没有或仅有编辑性修改，编写方法完全对应；修改采用：与国际标准之间存在技术性差异，并清楚标明差异以及差异产生的原因，允许有编辑性修改；等效采用（修改采用）：主要技术内容相同，技术差异小，编写方法不完全对应；非等效采用：与相应国际标准在技术内容和文本结构上不同，但没有标示这些差异。在标准制定中，参考已有标准的术语和定义是规范性引用标准，而且题目中国标涉及的软工概念更广泛，只是在软件过程评估的相关术语和定义中吸收了国际标准而已，所以 GB/T 11457—2006《软件工程术语》是自主制定。

参考答案

（20）D

试题（21）

关于可行性研究的描述，正确的是　(21)　。

（21）A．详细可行性研究由项目经理负责

　　　　B．可行性研究报告在项目章程制定之后编写

　　　　C．详细可行性研究是不可省略的

　　　　D．可行性研究报告是项目执行文件

试题（21）分析

参考《信息系统项目管理师教程》（第 3 版）3.2 节。机会研究、初步可行性研究、详细可行性研究、评估与决策是投资前期的四个阶段。在实际工作中，前三个阶段依据项目的规模和繁简程度可把前两个阶段省略或合二为一，但详细可行性研究是必不可少的。可以根据项目初步可行性研究形成项目建议书，通过审查项目建议书决定项目的取舍，即"立项"决策。所以可行性研究阶段还没有立项，先有可行性研究报告，才会有项目，可行性研究时还未任命项目经理，所以 A、B、D 错误。可行性研究报告是项目评估和决策的依据。

参考答案

（21）C

试题（22）

关于项目论证的描述，不正确的是　(22)　。

（22）A．项目论证可分为项目建议书、机会研究和详细可行性研究三个阶段

　　　　B．项目论证对技术进行分析，分析技术是否先进适用

　　　　C．项目论证是筹措资金、向银行贷款的依据，是编制计划的依据

　　　　D．项目论证是确定项目是否实施的依据

试题（22）分析

参考《信息系统项目管理师教程》（第 3 版）3.3.1 小节。项目论证一般分为机会研究、初步可行性研究和详细可行性研究三个阶段。项目论证应该围绕市场需求、开发技术、财务经济三个方面展开调查和研究，市场是前提、技术是手段、财务经济是核心。论证时，技术方面论证采用的技术是否先进适用。项目论证是筹措资金、向银行贷款的依据，项目论证是确定项目是否实施的依据，是编制计划、设计、采购、施工以及资源配置的依据。

参考答案

（22）A

试题（23）

以下　(23)　属于项目管理知识体系中的软技能。

（23）A．激励　　　　　B．培训　　　　　C．规划　　　　　D．研发

试题（23）分析

参考《信息系统项目管理师教程》（第 3 版）2.2.5 小节。软技能包括人际关系管理。软技能包含：有效的沟通、影响一个组织让事情办成的能力、领导能力、激励、谈判和冲突管

理、问题解决。

参考答案

(23) A

试题 (24)

关于项目生命周期特征的描述，正确的是__(24)__。

(24) A. 项目生命周期越长，越有利于项目执行

      B. 风险会随着项目的执行越来越大

      C. 风险和不确定性在项目开始时最大，并随项目进展而减弱

      D. 项目生命周期应保持投入人力始终不变

试题 (24) 分析

参考《信息系统项目管理师教程》(第 3 版) 2.6.2 小节。项目生命周期的特征：项目生命周期应长短适度，风险与不确定性在项目开始时最大，成本与人力投入通常在开始时较低，做出变更和纠正错误的成本，随着项目越来越接近完成而显著增高。

参考答案

(24) C

试题 (25)

项目人力资源管理中的"组建项目团队"过程属于__(25)__。

(25) A. 启动过程组   B. 计划过程组   C. 监督与控制过程组   D. 执行过程组

试题 (25) 分析

参考《信息系统项目管理师教程》(第 3 版) 2.8.1 小节。项目人力资源管理中的"组建项目团队"过程属于执行过程组。

参考答案

(25) D

试题 (26)

关于制订项目管理计划的描述，不正确的是__(26)__。

(26) A. 进度基准、成本基准和风险登记册是制订项目管理计划过程的输入

      B. 项目管理计划确定了执行、监控和结束项目的方式和方法

      C. 制订项目管理计划时专家判断是常用的工具和技术

      D. 项目经理应基于实施细节制订项目管理计划

试题 (26) 分析

参考《信息系统项目管理师教程》(第 3 版) 4.3.2 小节。编制项目管理计划需要整合诸多过程的输出，其他规划过程所输出的任何基准和子管理计划，都是本过程的输入。项目管理计划确定了执行、监视、控制和结束项目的方式与方法。项目经理只需从宏观上把握项目的主体管理思路，切记不能理想化而期望项目管理计划一步到位。制订项目管理计划采用的工具和技术主要有专家判断和引导技术。

参考答案

(26) D

试题（27）

在接到一涉密系统集成项目后，项目经理要求信息技术部按公司规定，为每个项目组成员配置并安装数据防泄露工具的笔记本电脑。该项目经理采用的是　（27）　。

（27）A. 批准的纠正措施　　　　　　　B. 批准的预防措施
　　　　C. 批准的缺陷补救措施　　　　　D. 批准的变更请求

试题（27）分析

参考《信息系统项目管理师教程》（第 3 版）4.4 节。指导与管理项目工作要求实施：①批准的纠正措施；②批准的预防措施；③批准的缺陷补救措施。其中，批准的预防措施是降低潜在的消极后果发生的可能性。

参考答案

（27）B

试题（28）

　（28）　是整体变更控制的依据。

①项目管理计划　　　　②批准的变更请求　　　③验收的可交付成果
④配置管理系统　　　　⑤组织过程资产

（28）A. ①③④　　　B. ①②④　　　C. ②③⑤　　　D. ①④⑤

试题（28）分析

参考《信息系统项目管理师教程》（第 3 版）4.6.1 小节和 4.6.3 小节。验收的可交付成果是结束项目或阶段的依据。指导与管理项目整体变更的依据包括项目管理计划、工作绩效报告、变更请求、事业环境因素、组织过程资产。配置管理系统是事业环境因素的一个重要组成部分。

参考答案

（28）D

试题（29）

项目小组正在对项目需求变化数量、变化频率以及变化方式等进行评估，该工作属于　（29）　的管理范畴。

（29）A. 配置管理计划　　　　　　　B. 范围管理计划
　　　　C. 变更管理计划　　　　　　　D. 质量管理计划

试题（29）分析

参考《信息系统项目管理师教程》（第 3 版）5.2.1 小节。范围管理计划描述如何管理项目范围，项目范围怎样变化才能与项目要求相一致等问题，因此它也应对怎样变化、变化频率如何，以及变化了多少等项目范围预期的稳定性进行评估。

参考答案

（29）B

试题（30）

在国家标准 GB/T 8567—2006《计算机软件文档编制规范》中，将系统需求分成三大类，分别是　（30）　。

（30）A. 功能需求、业务需求和数据需求

  B．接口需求、资源需求和数据需求

  C．功能需求、接口需求和安全需求

  D．业务需求、配置需求和维护需求

试题（30）分析

  参考《信息系统项目管理师教程》（第 3 版）1.4.1 小节。GB/T 8567—2006《计算机软件文档编制规范》的"需求"一章中提到："本章分条详述系统需求，是指功能、业务（包括接口、资源、性能、可靠性、安全性、保密性等）和数据需求，也就是构成系统验收条件的系统特性。"

参考答案

  （30）A

试题（31）

  关于确定范围的描述，正确的是　 (31) 　。

  （31）A．确认范围是在正式验收阶段才执行的过程

    B．分解技术是确认范围的主要工具与技术

    C．客户主要关心产品范围和可交付成果

    D．确认范围强调的是结束项目所要做的流程性工作

试题（31）分析

  参考《信息系统项目管理师教程》（第 3 版）5.6 节。确认范围是正式验收项目已完成的可交付成果的过程，确认项目贯穿项目始终，并不是验收阶段才做。确认范围主要的工具和技术是检查和群体决策技术，分解技术是工作分解结构（WBS）时使用的技术。项目干系人对项目范围关注的方面是不同的：管理层关心项目范围，即是否超出组织承受范围以及投入产出是否合理；客户关心产品范围，即项目可交付成果是否足够完成产品和服务；管理人员关注可交付成果是否足够和必须完成，时间、资源是否足够；团队成员关心项目范围中自己参与的元素和负责的元素，工作时间是否足够以及是否有多项工作，这些工作是否有冲突。确认范围和项目收尾的区别：确认范围强调的是核实和接受可交付成果，项目收尾强调的是结束项目（或阶段）所做的流程性工作。

参考答案

  （31）C

试题（32）

  项目进入设计阶段时，GB/T 22239《信息安全技术 网络安全等级保护基本要求》已经升级版本，而项目需求是按旧版本策划的。　 (32) 　直接影响项目进度。

  （32）A．提高需求评审频率   B．执行项目范围变更

    C．与项目干系人沟通   D．重新进行成本估算

试题（32）分析

  参考《信息系统项目管理师教程》（第 3 版）6.2.3 小节。政府或行业标准会影响项目进度管理中的活动排序过程，四个答案均是有效措施，但对时间进度最直接的影响是申请项目范围变更。

参考答案

（32）B

试题（33）、（34）

某项目各活动先后顺序及持续时间如下表所示，该项目的关键路径为__(33)__。执行过程中一名工程师因病缺席，导致活动 D 延期 2 天，为了确保项目按时完成，__(34)__。

活动	持续时间	前序活动
A	4	C
B	3	C
C	4	
D	1	A、B
E	7	C
F	5	B
G	2	D、E、F

（33）A. CBDG　　　　B. CEFG　　　　C. CADG　　　　D. CBFG

（34）A. 应为活动 D 增加更多资源　　B. 不需要采取任何措施

　　　C. 需要为关键路径上的任务赶工　　D. 应改进项目所需技术

试题（33）、（34）分析

参考《信息系统项目管理师教程》（第 3 版）6.3.3 小节。网络图如下图所示。

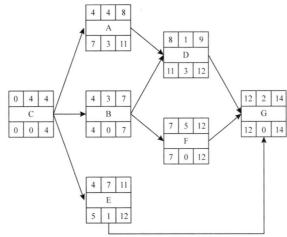

由图可知，关键路径为 CBFG，总的项目周期为 14 天。因活动 D 不在关键路径上，D 的自由浮动为 3 天，延迟 2 天后仍有 1 天自由时差。

参考答案

（33）D　　（34）B

试题（35）

项目经理第一次承接移动端 App 的软件开发项目，在做成本估算时，考虑了最不利的情况，估算出成本为 90 人·日，最有利的情况下成本为 45 人·日，公司的期望成本为 60 人·日。基于贝塔分布的三点估算法，该项目的估算成本为___(35)___人·日。

(35) A. 55   B. 50.5   C. 65   D. 62.5

试题 (35) 分析

参考《信息系统项目管理师教程》(第 3 版) 7.3.1 小节。

贝塔分布 $C_E=(C_O+4C_M+C_P)/6=62.5$ 人·日。

参考答案

(35) D

试题 (36)

关于项目成本预算的描述，不正确的是___(36)___。

(36) A. 范围基准、风险登记册和活动成本估算是制定预算过程的有效输入

　　 B. 资源日历中可获得项目资源种类和使用时间，以确定各阶段的资源成本

　　 C. 做项目成本预算时，需按照正态分布规律，依时间段分配成本

　　 D. 成本基准是经过批准的，包括应急储备，但不包括管理储备

试题 (36) 分析

参考《信息系统项目管理师教程》(第 3 版) 7.2.3 小节。由于成本基准中的成本估算与进度活动直接关联，因此就可以按时间段分配成本基准，得到一条 S 曲线。

参考答案

(36) C

试题 (37)

某项目的估算成本为 90 万元，在此基础上，公司为项目设置 10 万元的应急储备和 10 万元的管理储备，项目工期为 5 个月。项目进行到第三个月的时候，项目 SPI 为 0.6，实际花费为 70 万元，EV 为 60 万元。以下描述正确的是___(37)___。

(37) A. 项目的项目总预算为 110 万元

　　 B. 项目的成本控制到位，进度上略有滞后

　　 C. 基于典型偏差计算，到项目完成时，实际花费的成本为 100 万元

　　 D. 基于非典型偏差计算，到项目完成时，实际花费的成本为 117 万元

试题 (37) 分析

参考《信息系统项目管理师教程》(第 3 版) 7.3.2 小节。

A 项：BAC=90+10=100 万元。应急储备金是成本基准的一部分，参加挣值计算；管理储备金不是成本基准，不参加挣值计算。项目总预算=90+10+10=110 万元。

B 项：第三个月时，SPI=0.6<1，进度落后于计划。

AC=70 万元，EV=70−10=60 万元，CPI=EV/AC=60/70<1，成本超支。

C、D 项：EAC=BAC/CPI=100/(6/7)≈117 万元。

参考答案

(37) A

试题 (38)

___(38)___不属于"规划质量管理"过程的输出。

（38）A. 质量管理计划　B. 质量测量指标　　　　C. 需求文件　　　D. 过程改进计划

试题（38）分析

参考《信息系统项目管理师教程》（第 3 版）8.2.1 小节。需求文件属于规划质量管理的输入。

参考答案

（38）C

试题（39）

____（39）____ 过程的主要作用是确认项目的可交付成果满足干系人的既定需求。

（39）A. 质量规划　　　B. 实施质量保证　　　C. 质量控制　　　D. 质量过程改进

试题（39）分析

参考《信息系统项目管理师教程》（第 3 版）8.2.2 小节和 8.2.3 小节。实施质量保证是审计质量要求和质量控制测量结果，确保采用合理的质量标准和操作性定义的过程。本过程的主要作用是促进质量过程改进。质量控制是监督和记录质量活动执行结果，以便推进必要的变更过程，主要作用是：识别过程低效和产品质量低劣的原因，建议并采取相应措施消除这些原因；确认项目的可交付成果及工作满足主要干系人的既定需求，足以进行最终验收。

参考答案

（39）C

试题（40）

项目 QA 列出各项检查内容，核实所要求的一系列步骤是否已经得到执行。该 QA 采取的质量管理工具为　（40）　。

（40）A. 质量控制图　B. 乌龟图　　　　　C. 鱼骨图　　　D. 质量核对单

试题（40）分析

参考《信息系统项目管理师教程》（第 3 版）8.2.3 小节。质量核对单是一种结构化工具，通常具体列出各项检查内容，用来核实所要求的一系列步骤是否已经得到执行。

参考答案

（40）D

试题（41）

____（41）____ 属于拉式沟通方法。

（41）A. 电子邮件　　　B. 经验教训数据库　　　C. 视频会议　　　D. 备忘录

试题（41）分析

参考《信息系统项目管理师教程》（第 3 版）10.3 节。拉式沟通用于信息量很大或受众很多的情况，要求接收者自主自行访问信息内容，如企业内网、电子在线课程、经验教训数据库、知识库等。

参考答案

（41）B

试题（42）

关于沟通管理过程的描述，正确的是　（42）　。

（42）A. 控制沟通是为了促进项目干系人之间实现有效率且有效果的沟通

　　　　B．项目管理中出现的任何问题都可以通过沟通来解决

　　　　C．管理沟通是识别和记录与干系人有效沟通的方式

　　　　D．项目经理大多数的时间都用于与团队成员和其他干系人沟通

试题（42）分析

　　参考《信息系统项目管理师教程》（第 3 版）10.2 节。管理沟通的主要作用是促进项目干系人之间实现有效率且有效果的沟通。规划沟通的主要作用是识别和记录与干系人有效沟通的方式。项目中的问题除了沟通层面，还涉及质量、成本、进度、人员、资源等方面，沟通只是其中一个方面。

参考答案

　　（42）D

试题（43）

　　关于项目干系人管理的描述，不正确的是__（43）__。

　　（43）A．项目成员的家属也可能成为项目干系人

　　　　B．整个项目周期中项目干系人都可能发生增减变化

　　　　C．规划干系人管理应由项目经理在项目规划阶段完成

　　　　D．应把干系人满意度作为一个关键的项目目标来管理

试题（43）分析

　　参考《信息系统项目管理师教程》（第 3 版）10.5.1 小节和 10.5.2 小节。规划干系人管理是一个反复过程，应由项目经理定期开展。

参考答案

　　（43）C

试题（44）

　　根据干系人的权力、紧迫度和合法性对干系人进行分类的是__（44）__。

　　（44）A．凸显模型　　　　　　　　　　　　B．影响/作用方格

　　　　C．权力/利益方格　　　　　　　　　　D．权力/影响方格

试题（44）分析

　　参考《信息系统项目管理师教程》（第 3 版）10.6 节。干系人分类模型分为权力/利益方格、权力/影响方格、影响/作用方格和凸显模型。其中凸显模型是根据干系人的权力、紧迫度和合法性对干系人进行分类。

参考答案

　　（44）A

试题（45）

　　关于风险的描述，不正确的是__（45）__。

　　（45）A．具有不确定性的事件不一定是风险

　　　　B．项目风险既包括对项目目标的威胁，也包括促进项目目标的机会

　　　　C．风险是零和游戏，有风险受益者，同时也有风险受害者

　　　　D．在项目中应规避投机风险向纯粹风险的转化

试题（45）分析

参考《信息系统项目管理师教程》（第 3 版）11.1.1 小节～11.1.3 小节。当事件、活动或项目有损失或收益与之相联系，涉及某种或然性或不确定性和涉及某种选择时，才称为风险，每一个都是风险的必要条件，不是充分条件，因此选项 A 说法正确。按照后果的不同，风险可划分为纯粹风险和投机风险。纯粹风险不能带来机会和收益的可能，造成的损失也是绝对的；投机风险有可能带来损失和威胁，也有可能带来机会和收益，因此选项 B 和 D 说法正确。风险不是零和游戏，不是只有输赢，在许多情况下，涉及风险的各方都会蒙受损失，无一幸免。

参考答案

（45）C

试题（46）

在识别风险时，先采用问卷匿名方式对项目重要风险进行征询，汇总后再由专家传阅并发表意见，多轮后最终得出项目风险的一致看法。该风险识别方法称为__（46）__。

（46）A. 头脑风暴　　　B. 德尔菲技术　　　C. 根本原因识别　　　D. 专家访谈

试题（46）分析

参考《信息系统项目管理师教程》（第 3 版）11.3.2 小节。头脑风暴的核心要点是主持人推动，与会人员集思广益；德尔菲技术的核心要点是匿名问卷，汇总后专家传阅发表意见，多轮后得出一致看法；根本原因识别的核心要点是对风险的根本原因进行调查；专家访谈的核心要点是通过访谈有经验的专家识别风险。

参考答案

（46）B

试题（47）

在项目定量风险分析技术中，__（47）__需用一个模型，将详细规定的各项不确定性换算为它们对项目目标所产生的潜在影响。

（47）A. 蒙特卡洛技术　　　　　　　B. 概率影响分析
　　　C. 帕累托分析　　　　　　　　D. SWOT 分析法

试题（47）分析

参考《信息系统项目管理师教程》（第 3 版）11.5.2 小节。在定量风险分析和模型技术中，项目模拟用一个模型，将详细规定的各项不确定性换算为它们对整个项目层次上的目标所产生的潜在影响。项目模拟一般采用蒙特卡洛技术。

参考答案

（47）A

试题（48）

关于人力资源管理的描述，不正确的是__（48）__。

（48）A. 项目经理具有领导者和管理者的双重身份
　　　B. 冲突不一定是有害的，"一团和气"不一定是高效的集体
　　　C. 马斯洛需求层次理论中，受尊重是第三层的需求
　　　D. 在团队建设的五个阶段中，可以跳过某些阶段

试题（48）分析

参考《信息系统项目管理师教程》（第 3 版）9.1 节~9.3 节。马斯洛需求理论中，生理、安全、社会交往、受尊重、自我实现是由低到高的层次需求。

参考答案

（48）C

试题（49）

____（49）____ 不是"建设项目团队"过程的输入。

（49）A．认可与奖励　　B．项目人员分派　　C．资源日历　　D．人力资源管理计划

试题（49）分析

参考《信息系统项目管理师教程》（第 3 版）9.2.3 小节。认可与奖励是建设项目团队的工具与技术。

参考答案

（49）A

试题（50）

管理项目团队所获得的主要收益体现在 ____（50）____ 。

①指导团队选择和职责分配　　②管理冲突　　　　　③解决问题

④改进团队协作　　　　　　　⑤影响团队行为　　　⑥评估团队成员绩效

（50）A．①③⑤⑥　　　B．②③④⑥　　　C．①③④⑥　　D．②③⑤⑥

试题（50）分析

参考《信息系统项目管理师教程》（第 3 版）9.2.4 小节。管理项目团队主要收益是影响团队行为、管理冲突、解决问题、评估团队成员绩效。指导团队选择和职责分配是组建项目团队的主要收益。改进团队协作是建设项目团队的主要收益。

参考答案

（50）D

试题（51）

某软件产品集成测试阶段，发现问题需要对源代码进行修改。此时，程序员应将待修改的代码段从 ____（51）____ 检出，放入自己的 ____（51）____ 中进行修改，代码即被锁定，以保证同一段代码只能被一个程序员修改。

（51）A．产品库　开发库　　　　　　　　　B．受控库　开发库

　　　　C．产品库　受控库　　　　　　　　　D．受控库　产品库

试题（51）分析

参考《信息系统项目管理师教程》（第 3 版）14.2.3 小节。程序员将欲修改的代码段从受控库检出，放入自己的开发库中进行修改，代码即被锁定，以保证同一段代码只能被一个程序员修改。

参考答案

（51）B

试题（52）

变更管理是为了使得　（52）　与项目实际执行情况相一致，是应对项目变化的一套管理方法。

（52）A．项目资源　　　　B．项目报告　　　　C．项目基准　　　　D．项目目标

试题（52）分析

参考《信息系统项目管理师教程》（第 3 版）16.1.3 小节。变更管理是为使得项目基准与项目实际执行情况相一致，应对项目变化的一套管理方法。

参考答案

（52）C

试题（53）

关于变更管理工作程序描述，不正确的是　（53）　。

（53）A．项目的干系人都可以提出变更申请

　　　B．CCB 是执行机构，负责提出变更方案

　　　C．变更实施的过程监控，通常由项目经理负责基准监控

　　　D．涉及项目目标及交付成果的变更，客户意见应放在核心位置

试题（53）分析

参考《信息系统项目管理师教程》（第 3 版）16.3.2 小节。CCB 是决策机构，不是作业机构，通常决定项目基准是否变更，但不提出变更方案。

参考答案

（53）B

试题（54）

关于控制采购的描述，不正确的是　（54）　。

（54）A．采购设备不符合采购计划或合同规定的要求，即为不合格品

　　　B．经验证确定为不合格品，应及时处理

　　　C．严格控制，不允许不合格品降级并改作他用

　　　D．不合格品都应进行标识区分

试题（54）分析

参考《信息系统项目管理师教程》（第 3 版）12.3.3 小节。经进货验证确定为不合格的产品，采购应及时处理，其中降级改作他用应由主管领导批准，并在相关部门备案。

参考答案

（54）C

试题（55）

成本加激励费用合同下，实际成本大于目标成本，卖方可得的付款总数为　（55）　。

（55）A．目标成本+目标费用–买方应负担的成本超支

　　　B．目标成本+目标费用+买方应负担的成本超支

　　　C．目标成本+目标费用+卖方应负担的成本超支

　　　D．目标成本+目标费用–卖方应负担的成本超支

试题（55）分析

参考《信息系统项目管理师教程》（第 3 版）13.1.1 小节。成本加激励费用合同为卖方报销履行合同工作所发生的一切合法成本，并在卖方达到合同规定的绩效目标时，向卖方支付预先确定的激励费用，节余或超支部分由双方事先约定按一定比例分担。在成本加激励费用合同下，如果实际成本大于目标成本，卖方可得到的付款总数为"目标成本+目标费用+买方应负担的成本超支"。

参考答案

（55）B

试题（56）

关于知识管理工具的描述，不正确的是 ___（56）___ 。

（56）A．知识管理工具是实现知识的生成、编码和转移技术的集合

B．知识生成的工具包括知识获取、知识合成和知识发布三大功能

C．知识编码的困难在于，知识几乎不能以离散的形式予以表现

D．时间差异、空间差异和社会差异是知识转移的障碍

试题（56）分析

参考《信息系统项目管理师教程》（第 3 版）15.2.3 小节。知识生成的工具包括知识获取、知识合成和知识创新三大功能。

参考答案

（56）B

试题（57）

某组织在战略执行过程中，暴露出下述问题：由于战略是不同观点、不同目的的参与者相互协商折中的结果，使战略的经济合理性降低，且未能充分调动全体管理人员的积极性。该组织采用了 ___（57）___ 战略组织模式。

（57）A．文化型　　　　B．变革型　　　　C．合作型　　　　D．增长型

试题（57）分析

参考《信息系统项目管理师教程》（第 3 版）17.2.1 小节。合作型战略组织模式的缺点是由于战略是不同观点、不同目的的参与者相互协商折中的结果，有可能使战略的经济合理性降低，同时仍然存在着计划者与执行者的区别，仍未能充分调动全体管理人员的积极性。文化型战略组织模式的要点是全体成员参与；变革型战略组织模式的要点是围绕如何实施组织战略这一主题展开；增长型战略组织模式的要点是激励管理人员制定实施战略的积极性及主动性。

参考答案

（57）C

试题（58）

敏捷项目管理的流程包括构想、推测、探索、___（58）___、结束。

（58）A．执行　　　　B．改进　　　　C．测试　　　　D．适应

试题（58）分析

参考《信息系统项目管理师教程》（第 3 版）19.4.2 小节。敏捷项目管理的流程包括构想、

推测、探索、适应、结束。

参考答案

（58）D

试题（59）

项目集管理过程中，项目集经理通过对各组件进行规划和授权、监管和整合以及　(59)　的方式实现组件层面各子阶段的执行和管理。

（59）A. 移交和收尾　　B. 构建和治理　　C. 准备和计划　　D. 转移和控制

试题（59）分析

参考《信息系统项目管理师教程》（第 3 版）20.4.3 小节。项目集经理通过对各组件进行规划和授权、监管和整合以及移交和收尾的方式实现组件层面各子阶段的执行和管理。

参考答案

（59）A

试题（60）

项目组合管理中，定义过程组、调整过程组、授权与控制过程组都涉及的项目组合管理知识领域是　(60)　。

（60）A. 项目组合战略管理　　　　　　　　B. 项目组合治理管理

　　　 C. 项目组合风险管理　　　　　　　　D. 项目组合绩效管理

试题（60）分析

参考《信息系统项目管理师教程》（第 3 版）21.6.1 小节中的表 21-2 项目组合管理过程组和知识领域。定义过程组、调整过程组、授权与控制过程组都涉及的项目组合管理知识领域是项目组合治理管理。其他知识领域都只涉及定义过程组和调整过程组。

参考答案

（60）B

试题（61）

关于软件测试管理的描述，不正确的是　(61)　。

（61）A. 软件测试的目的是尽可能多地找出程序中的错误

　　　 B. 测试的准备工作在分析和设计阶段就要开始

　　　 C. 回归测试可能存在测试不完全的风险

　　　 D. 执行效率、缺陷发现率是测试执行中的质量指标

试题（61）分析

参考《信息系统项目管理师教程》（第 3 版）23.2 节。软件测试的目的是尽可能多地找出程序中的错误，生产出高质量的软件产品。执行效率、缺陷发现率是测试执行中的效率指标。

参考答案

（61）D

试题（62）

　(62)　是应用统计技术对过程中的各个阶段进行评估和监控，对过程存在的异常因素进行预警，建立并保持过程处于可接受的且稳定的水平。

（62）A. 目标问题度量　　　　　　　B. 统计过程控制
　　　 C. 度量和分析　　　　　　　　D. 实用软件度量

试题（62）分析

参考《信息系统项目管理师教程》（第 3 版）25.5 节。统计过程控制是应用统计技术对过程中的各个阶段进行评估和监控，建立并保持过程处于可接受的且稳定的水平。

参考答案

（62）B

试题（63）

工程师小王在检查公司云计算管理平台的网络安全时，需检查虚拟网络边界的 （63） 策略，查看其是否对进出网络的信息内容进行过滤，实现对应用层 HTTP、FTP、TELNET、SMTP、POP3 等的控制。

（63）A. 访问控制　　　　　　　　　B. 属性安全控制
　　　 C. 目录级安全控制　　　　　　D. 网络锁定控制

试题（63）分析

参考《信息系统项目管理师教程》（第 3 版）22.2.2 小节。数据安全机制中考虑之一就是访问控制。

（63）A

试题（64）

关于权限管理基础设施的描述，不正确的是 （64） 。

（64）A. PMI 主要进行授权管理，PKI 主要进行身份鉴别
　　　 B. 认证过程和授权管理是访问控制的两个重要过程
　　　 C. 图书馆对于进入人员的管理属于自主访问控制
　　　 D. 权限管理、访问控制框架、策略规则共同构成 PMI 平台

试题（64）分析

参考《信息系统项目管理师教程》（第 3 版）22.4 节。强访问控制系统中，所有主体、客体都被分配了安全标签，安全标签标识一个安全等级。所谓强制就是安全属性由系统管理员人为设置，或者由操作系统自动地按照严格的安全规则与策略进行设置，用户是不能自己修改的，比如图书馆对进入人员的管理。

参考答案

（64）C

试题（65）

信息安全系统工程能力成熟度模型（ISSE-CMM）中， （65） 属于充分定义级（Level 3 级）的公共特性逻辑域。

（65）A. 对过程进行标准化，协调内外部的沟通
　　　 B. 量化地确定已定义过程的过程能力
　　　 C. 在执行过程域中，使用文档化的规划、标准或程序
　　　 D. 通过改变组织的标准化过程，从而提高过程效能

试题（65）分析

参考《信息系统项目管理师教程》（第 3 版）22.2.5 小节中的表 22-2。对过程进行标准化，协调内外部的沟通属于信息安全系统工程能力成熟度模型（ISSE-CMM）中充分定义级（Level 3 级）的公共特性逻辑域。B 属于量化控制级（Level 4 级），C 属于规划和跟踪级（Level 2 级），D 属于持续改进级（Level 5 级）。

参考答案

（65）A

试题（66）

某供应商为高铁提供设备，并负责该设备 5 年的售后服务，售后可以采取维护方式，也可以选择更换新设备。假设新设备的制造成本为 9 万元，设备从换新的第 2 年起，每年需要支出一定的维护费，各年维护费用如下表所示。则以 5 年期计算，最优化的设备使用成本为___（66）___万元。

年份	第 1 年	第 2 年	第 3 年	第 4 年	第 5 年
维护费/万元	0	6	7	8	8

（66）A. 36　　　　　B. 37　　　　　C. 38　　　　　D. 39

试题（66）分析

运用枚举法列表如下。

成本＼年份	一直维护	第 2 年更换	第 3 年更换	第 4 年更换	第 5 年更换	备注
第 1 年	9	9	9	9	9	更换年+制造成本；
第 2 年	9+6=15	9+9=18	15	15	15	更换后第 2 年维护
第 3 年	15+7=22	18+6=24	15+9=24	22	22	费为 6 万元；
第 4 年	22+8=30	24+7=31	24+6=30	22+9=31	30	更换后第 3 年维护
第 5 年	30+8=38	31+8=39	30+7=37	31+6=37	30+9=39	费为 7 万元

参考答案

（66）B

试题（67）、（68）

某公司计划将 500 万元研发经费投入 3 个研究方向，各方向投入金额和未来能获得的利润如表所示。为获得最大利润，公司在方向 A 应投入___（67）___万元，B 应投入___（68）___万元。

投资额/万元	方向 A	方向 B	方向 C
0	0	0	0
100	300	500	400
200	600	800	700
300	1000	900	900
400	1300	1200	1100
500	1800	1600	1100

（67）A. 100　　　　　B. 200　　　　　C. 300　　　　　D. 400

（68）A. 100　　　　　　B. 200　　　　　C. 300　　　　　D. 400

试题（67）、（68）分析

参考《信息系统项目管理师教程》（第 3 版）27.5 节。利用动态规划法解决实际问题。

从收益最大入手，列举试错法如下。

投资			收益
投 A 500			1800
投 A 400	B 100		1300+500=1800
投 A 300	B 100	C 100	1000+500+400=1900
投 A 200	B 200	C 100	600+800+400=1800
投 A 200	B 100	C 200	600+500+700=1800
投	B 200	C 300	800+900=1700

动态规划计算方法。以下单位为百万元。第 3 阶段分析表如下。

S_3 \ X_3	0	1	2	3	4	5	$r(X_3)$	$f(S_3)$
0	0						0	0
1	0	4					1	4
2	0	4	7				2	7
3	0	4	7	9			3	9
4	0	4	7	9	11		4	11
5	0	4	7	9	11	11	4,5	11

第 2 阶段分析表如下。

S_2 \ X_2	0	1	2	3	4	5	$r(X_2)$	$f(S_2)$
0	0						0	0
1	4	5					1	5
2	7	9	8				1	9
3	9	12	12	9			1,2	12
4	11	14	15	13	12		2	15
5	11	16	17	16	16	16	2	17

第 1 阶段分析表如下。

$S1$ \ X_1	0	1	2	3	4	5	$r(X_1)$	$f(S_1)$
0	0						0	0
1	5	3					0	5
2	9	8	6				0	9
3	12	12	11	10			0,1	12
4	15	15	15	15	13		0,1,2,3	15
5	17	18	18	19	18	18	3	19

最佳方案如下所示。

方向	A	B	C	利润
方案	3	1	1	19

参考答案

（67）C　　（68）A

试题（69）

某公司投资一项目，各年成本和收入如下表所示，折现率为 10%。该项目投资回收期为　（69）　。

成本	初期投资	第 1 年	第 2 年	第 3 年	第 4 年
成本/万元	1500	500	500	500	500
收入/万元	0	1000	1200	1400	1600

（69）A．2.3　　　　　B．2.7　　　　　C．4.2　　　　　D．5.1

试题（69）分析

参考《信息系统项目管理师教程》（第 3 版）4.2.4 小节。本题考查投资回收期计算，具体如下表所示。

	初期投资	第 1 年	第 2 年	第 3 年	第 4 年
成本/万元	1500	500	500	500	500
收入/万元	0	1000	1200	1400	1600
折现因子		0.91	0.83	0.75	0.68
净现金流	−1500	455	581	675	748
累计净现金流		−1045	−464	211	959

$464/675 \approx 0.7$。

参考答案

（69）B

试题（70）

某种商品价格 P 变动与某指标 A 的变化具有很强的相关性，指标 A 的增长会导致 P 的降低，反之亦然。指标 A 和价格 P 的相关性系数是　（70）　。

（70）A．0.18　　　　　B．0　　　　　C．0.98　　　　　D．−0.83

试题（70）分析

相关性基础知识：协方差矩阵 COV 可以表示两种数字序列的相关性，范围−1 到 1，越接近 1 或−1 相关性越大，越接近 0 相关性越小，接近−1 则负相关。

参考答案

（70）D

试题（71）

　（71）　: form of distributed computing in which significant processing and data storage takes place on nodes which are at the edge of the network.

（71）A．Fog computing　　　　　　　B．Edge computing
　　　　C．Cloud computing　　　　　　D．Parallel computing

试题（71）分析

边缘计算：一种分布式计算，其重要的处理和数据存储发生在网络边缘的节点上。

参考答案

（71）B

试题（72）

　　（72）　　is the underlying architecture of Bitcoin, and it is used for other cryptocurrencies, because it provides a verifiable list of ownership, it is also used for contracts, fundraising and the recording of legal documents. The incentive is undeniable proof of digital authenticity.

（72）A．Internet of things　　　　　　B．Big data
　　　　C．Blockchain　　　　　　　　D．Artificial intelligence

试题（72）分析

区块链是比特币的底层架构，因它提供了一个可验证的所有权列表，所以可被用于其他加密货币，也可被用于合同、筹款和记录法律文件。这种激励是数字真实性的不可否认的证据。

参考答案

（72）C

试题（73）

　　（73）　　includes the processes and activities to identify, define, combine, unify, and coordinate the various processes and project management activities within the Project Management Process Groups.

（73）A．Quality management

　　　　B．Cost management

　　　　C．Human Resource management

　　　　D．Integration management

试题（73）分析

参考《信息系统项目管理师教程》（第 3 版）4.1 节。项目整合管理包括对隶属于项目管理过程组的各种过程和管理活动进行识别、定义、组合和协调的各个过程。

参考答案

（73）D

试题（74）

Project Risk Management processes consist of the following elements, except: 　（74）　。

（74）A．hide the risks　　　　　　　　B．identify the risks
　　　　C．assess the risks　　　　　　　D．determine the risks

试题（74）分析

在大多数情况下，风险管理过程由以下要素按照如下顺序执行：识别威胁、评估关键资产对特定威胁的脆弱性、确定风险（即对特定资产的攻击的预期可能性和后果）、确定降低这些风险的方法、优先考虑的风险减缓措施。

参考答案

（74）A

试题（75）

The key benefit of the Project ___（75）___ is that it determines whether to acquire goods and services from outside the project,if so, what to acquire as well as how and when to acquire it.

（75）A．Schedule management　　　　B．Change management

　　　　C．Knowledge management　　　D．Procurement Management

试题（75）分析

参考 PMBOK 指南（第 6 版）。项目采购管理的关键是确定是否从项目团队外部采购或获取产品、服务或成果，以及获取什么、如何获取和何时获取。

参考答案

（75）D

第17章 2021上半年信息系统项目管理师

下午试题I分析与解答

试题一（共25分）

阅读下列说明，回答问题1至问题4，将解答填入答题纸的对应栏内。

【说明】

2020年某公司承接某地方法院的智慧法院信息系统项目，实现法院庭审流程信息化。项目要求引入智能语音技术，将庭审现场人员的语音实时转换成文字，既可在屏幕上输出显示，又可实时编辑，提高庭审记录的效率。

公司没有智慧法院的相关项目经验，选择刚毕业两年的小王担任项目经理。由于项目时间较紧，小王主要围绕工作分解、人员分工、项目进度和预算，独自制订了项目管理计划。考虑到公司从未有过智能语音识别方面的相关开发经验，小王特意从某高校请来人工智能实验室的李教授，为项目组人员培训智能语音相关理论知识和常用算法。经过培训，对语音识别技术有了初步的了解，但还不具备自我研发能力，因此项目组决定将该功能外包。

项目实施过程中，甲方希望能在软件中增加一简单功能，小王认为增加功能并不复杂，直接让软件开发人员进行了修改。由于项目本身时间周期较短，又受疫情影响，时间更加紧迫，为了不耽误进度，小王要求项目组采取997工作模式。项目中后期，有核心人员提出离职。

项目收尾时，小王发现交付的软件存在部分功能与设计文档不一致。

【问题1】（10分）

结合案例，从风险识别的角度，指出该项目存在的问题。

【问题2】（6分）

对于语音识别模块，假设项目组根据过去经验得到如下表信息（单位：万元）。

序号	方式	成功率	花费成本	成功获益	失败赔偿
1	自研	60%	80	100	50
2	外包	90%	45	100	60

请应用决策树分析技术，分别计算自研和外包的期望货币价值，并判断项目组选择外包方式是否正确。

【问题3】（5分）

请描述项目整体管理包括哪几个过程？分别属于哪个项目管理过程组？（将答案补充填写在答题纸的对应表格内。）

【问题4】（4分）

请将下面（1）、（2）处的答案填写在答题纸的对应栏内。

风险按　__(1)__　性可以分为已知风险、可预测风险和不可预测风险。为了预防原材料价格波动，提前储备了一批原材料，结果原材料价格出现了下跌。该风险属于　(2)　。

试题一分析

本题重点考查项目整体管理和风险管理，考生需全面多视角来综合分析并作答。

【问题 1】

综合案例分析题，本问题结合案例考查考生对项目风险识别过程的认识，要求考生能够根据项目实际情况识别项目相关风险。（参考《信息系统项目管理师教程》（第 3 版）[1]11.3 节。）

【问题 2】

细节计算题，本问题重点考查考生对于决策树分析技术的掌握程度。（参考《信息系统项目管理师教程》（第 3 版）11.5.2 小节。）

【问题 3】

问答题，本问题重点考查考生对于整体管理过程的掌握程度，要求考生掌握整体管理各过程所属过程组的知识。（参考《信息系统项目管理师教程》（第 3 版）4.1 节。）

【问题 4】

细节填空题，本问题重点考查考生对风险分类内容的掌握程度，要求考生将风险按照可预测性进行分类。（参考《信息系统项目管理师教程》（第 3 版）11.1.3 小节。）

参考答案

【问题 1】

（1）未进行项目风险识别；

（2）缺少风险管理计划；

（3）没有智慧法院的项目经历；

（4）小王经验不足；

（5）项目管理计划由小王独自制订，未经评审；

（6）变更未经审批，缺少变更控制；

（7）未考虑疫情等突发情况；

（8）未考虑 997 工作模式带来的负面影响；

（9）未考虑核心成员流失的风险；

（10）缺少项目质量确认管理。

（每条 1 分，满分 10 分）

【问题 2】

自研的期望货币价值：$0.6 \times (100-80) - 0.4 \times (50+80) = -40$ 万元（2 分）

外包的期望货币价值：$0.9 \times (100-45) - 0.1 \times (60+45) = 39$ 万元（2 分）

选择外包是正确的。（2 分）

【问题 3】

整体管理过程	项目管理过程组
制定项目章程	启动过程组
制订项目管理计划	计划过程组
指导和管理项目执行	执行过程组
监控项目工作	监控过程组

---

[1] 本章提及的《信息系统项目管理师教程》（第 3 版）为全国计算机技术与软件专业技术资格（水平）考试指定用书，由清华大学出版社出版。

续表

整体管理过程	项目管理过程组
整体变更控制	监控过程组
结束项目或阶段	收尾过程组

（每个过程 0.5 分，对应的过程组正确再给 0.5 分，共 5 分）

【问题 4】

（1）可预测

（2）已知风险

（每个 2 分，共 4 分）

试题二（共 25 分）

阅读下列说明，回答问题 1 至问题 5，将解答填入答题纸的对应栏内。

【说明】

某项目的网络图如下。

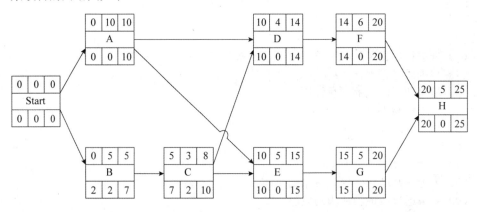

其中，各活动正常完工时间、正常完工直接成本、最短完工时间、赶工增加直接成本如下表所示。另外，项目的间接成本为 500 元/天。

活动	正常完工时间（天）	正常完工直接成本（百元）	最短完工时间（天）	赶工增加直接成本（百元/天）
A	10	30	7	4
B	5	10	4	2
C	3	15	2	2
D	4	20	3	3
E	5	25	3	3
F	6	32	3	5
G	5	8	2	1
H	5	9	4	4
合计		149		

【问题 1】（4 分）

请确定项目的关键路径。

【问题 2】（3 分）

根据网络图确定项目正常完工的工期是多少天？所需的成本是多少？

【问题 3】（3 分）

讨论下列事件对计划项目进度有何影响：

（1）活动 D 拖期 2 天；

（2）活动 B 拖期 2 天；

（3）活动 F 和 G 在规定进度之前 1 天完成。

【问题 4】（7 分）

项目想提前一天完工，基于成本最优原则，可以针对哪些活动赶工？赶工后的项目成本是多少？

【问题 5】（8 分）

（1）基于项目整体成本最优原则，请列出需要赶工的活动及其工期；

（2）基于以上结果，确定赶工后的项目工期及所需成本。

试题二分析

本题重点考查项目成本与进度管理知识，考生需全面多视角来综合分析并作答。

【问题 1】

综合计算题，本问题重点考查考生对关键路径知识的掌握程度，考查考生是否可以根据网络图准确确定项目的关键路径。（参考《信息系统项目管理师教程》（第 3 版）6.3.3 小节。）

【问题 2】

综合计算题，本问题重点考查考生对关键路径知识和项目成本的掌握程度，考查考生是否可以根据网络图准确确定项目的工期，并计算项目成本。（参考《信息系统项目管理师教程》（第 3 版）6.3.3 小节。）

【问题 3】

计算题，本问题重点考查关键路径和非关键路径上的活动延期对整个项目的影响。（参考《信息系统项目管理师教程》（第 3 版）6.3.3 小节。）

【问题 4】

综合计算题，本问题考查进度压缩技术，考查考生是否可以计算出赶工时的各活动的最优成本，需要根据题干所给出的成本表，计算每个活动赶工一天可节约的成本，同时还需要考虑间接成本的影响。（参考《信息系统项目管理师教程》（第 3 版）6.3.3 小节。）

【问题 5】

综合计算题，本问题考查进度压缩技术，考查考生是否可以计算出赶工时项目整体的最优成本，根据问题 4 的计算结果，可以对 A 或 H 赶工或 D、G 同时赶工，每赶工一天节约 100 元。则在不改变关键路径的前提下，A 可以赶工 2 天，H 赶工 1 天，D、G 同时赶工各 1 天，此时总项目可赶工 4 天，总成本减少 400 元。（参考《信息系统项目管理师教程》（第 3 版）6.3.3 小节。）

参考答案

【问题 1】

关键路径为：AEGH（2 分）、ADFH（2 分）。

【问题 2】

项目正常完工的工期为 25 天。（1 分）

所需成本=直接成本+间接成本=14 900+25×500=27 400 元（2 分）

【问题 3】

（1）D 在关键路径上，故项目将延期 2 天；（1 分）

（2）B 在非关键路径上，浮动时间为 2 天，因此拖期 2 天不会影响工期；（1 分）

（3）F 和 G 为并行的关键路径上的活动，因此整个工期将缩短 1 天。（1 分）

【问题 4】

工序	每赶工一天增加的 成本/百元	间接成本 减少/百元	总成本 净变化/百元
A	4	5	−1
D 和 E	3+3=6	5	1
D 和 G	3+1=4	5	−1
F 和 E	5+3=8	5	3
F 和 G	5+1=6	5	1
H	4	5	−1

A 赶工或 H 赶工或 D、G 同时赶工。（每个 2 分，共 6 分）

赶工后的项目成本为 27 300 元。（1 分）

【问题 5】

（1）赶工后各活动工期为：

A 工期为 8 天（1 分），D 工期为 3 天（1 分），G 工期为 4 天（1 分），H 工期为 4 天（1 分），其他活动仍按正常时间进行。

（2）赶工后项目工期为 21 天（2 分），总成本为 27 000 元（2 分）。

试题三（共 25 分）

阅读下列说明，回答问题 1 至问题 4，将解答填入答题纸的对应栏内。

【说明】

某省交通运输厅信息中心对省内高速公路部分路段的监控系统进行升级改造，该项目是省重点项目，涉及 5 个系统集成商、1 个软件供应商、3 个运维服务厂商以及 10 个路段管理单位。项目工期仅为两个月，沟通管理的好坏决定了项目的成败。

小张作为项目经理，在项目建设全过程中建立了项目领导小组的周例会制度，制订了详细的沟通计划，并根据项目发展阶段，识别了不同阶段的关键干系人，形成了干系人登记册，根据沟通需求不同，设置不同的沟通方式，细化了相应的沟通管理策略（见下表），并完善了沟通管理计划。项目执行中周报告采用邮件方式发布，出现的问题采用短信的方式定制发送，使项目如期完工并得到省交通运输厅的好评。

项目阶段	沟通管理策略
需求分析与设计	通过让集成商、软件商与路段管理单位面对面地沟通，尽快获取了系统建设的详细需求和设备的具体选型，项目需求和设备方案需得到路段管理单位的签字认可
集成	集成商、软件商、路段管理单位、省厅信息中心等需要密切配合，每一个变更都需要得到路段管理单位确认，并通知省厅信息中心
测试	系统集成商、软件供应商、设备维护服务商都需要参与，路段管理单位、省厅信息中心进行验收测试

【问题 1】（8 分）

（1）结合案例，请计算该项目的沟通渠道总数。

（2）请指出项目经理的如下活动对应的管理过程（从候选答案中选择正确选项，将该选项的编号填入答题纸对应栏内）。

活动	所属过程
建立了项目领导小组的周例会制度	
根据项目发展阶段，识别了不同阶段的关键干系人	
项目执行中周报告采用邮件方式发布，出现的问题采用短信的方式定制发送	

    A．规划沟通　　　　　　B．管理沟通　　　　　　C．控制沟通

    D．识别干系人　　　　　E．规划干系人管理　　　F．管理干系人

【问题 2】（6 分）

结合案例中的以下干系人，请分别写出干系人影响/作用方格对应的项目阶段（将正确答案填入答题纸对应栏内）。

    ①省交通运输厅信息中心

    ②系统集成商

    ③软件供应商

    ④运维服务商

    ⑤路段管理单位

【问题 3】（6 分）

在试运行阶段，项目经理分析的干系人的参与程度见下表。此时，项目经理是否需要干预？如何干预？

干系人	不知晓	抵制	中立	支持	领导
省交通运输厅信息中心					C D
系统集成商				C D	
软件供应商				C D	
A 运维服务厂商	C			D	
B 路段管理单位			C		D

    注：C 表示当前参与程度，D 表示所需参与程度。

【问题 4】（5 分）

从候选答案中选择正确选项，将该选项的编号填入答题纸对应栏内。

工作绩效报告是　(1)　的输入，工作绩效数据是　(2)　的输入，问题日志是　(3)　的输入。制订干系人管理计划活动属于　(4)　过程，分析绩效与干系人进行沟通，提出变更请求属于　(5)　过程。

A．管理沟通	B．控制沟通
C．识别干系人	D．管理干系人
E．规划干系人管理	F．控制干系人参与

试题三分析

本题重点考查项目沟通管理和干系人管理知识，考生需全面多视角来综合分析并作答。

【问题 1】

综合问答题：

（1）本问题重点考查考生对沟通渠道的理解，并能够根据实际案例计算沟通渠道，计算公式为 $n(n-1)/2$。（参考《信息系统项目管理师教程》（第 3 版）10.3 节。）

（2）本题重点考查考生对沟通管理各过程的主要工作内容的理解。

【问题 2】

综合理解题，本问题重点考查考生对干系人影响/作用方格的掌握程度，考查考生是否可以根据项目进展对干系人进行分析，并判断每个阶段重点关注哪些干系人。（参考《信息系统项目管理师教程》（第 3 版）10.6 节。）

【问题 3】

综合理解题，本问题重点考查考生对分析技术的掌握程度，考查考生是否可以通过干系人参与矩阵记录干系人的参与程度，并根据偏差采取相应措施。（参考《信息系统项目管理师教程》（第 3 版）10.6 节。）

【问题 4】

细节题，其中（1）～（3）考查考生对沟通管理和干系人管理的重要输入、输出的理解，（4）、（5）考查考生对干系人管理过程具体活动内容的理解程度。（参考《信息系统项目管理师教程》（第 3 版）10.2 节～10.5 节。）

参考答案

【问题 1】

（1）沟通渠道总量$=n\times(n-1)/2=(1+5+1+3+10)\times19/2=190$（2 分，公式正确 1 分，结果正确 1 分）

（2）

活动	所属过程
建立了项目领导小组的周例会制度	A
根据项目发展阶段，识别了不同阶段的关键干系人	D
项目执行中周报告采用邮件方式发布，出现的问题采用短信的方式定制发送	B

（每个 2 分，共 6 分）

【问题 2】

序号	干系人影响/作用方格	阶段
（1）		集成
（2）		需求分析与设计
（3）		测试

（每个 2 分，共 6 分）

【问题 3】

需要干预。（2 分）

干预方式：

与 A 运维服务厂商进行沟通，使其了解并支持项目；（2 分）

与 B 路段管理单位进一步沟通，明确自己对项目的领导职责。（2 分）

【问题 4】

（1）A

（2）B

（3）F

（4）E

（5）F

（每空 1 分，共 5 分）

第18章 2021 上半年信息系统项目管理师

下午试题 II 写作要点

> 从下列的 2 道试题（试题一至试题二）中任选 1 道解答。请在答题纸上的指定位置处将所选择试题的题号框涂黑。若多涂或者未涂题号框，则对题号最小的一道试题进行评分。

试题一 论信息系统项目的范围管理

项目范围管理必须清晰地定义项目范围，其主要工作是要确定哪些工作是项目应该做的，哪些不应该包括在项目中。

请以"论信息系统项目的范围管理"为题进行论述：

1. 概要叙述你参与管理过的一个信息系统项目（项目的背景、项目规模、发起单位、目的、项目内容、组织结构、项目周期、交付的成果等），并说明你在其中承担的工作（项目背景要求本人真实经历，不得抄袭及杜撰）。

2. 请结合你所叙述的信息系统项目，围绕以下要点论述你对信息系统项目范围管理的认识，并总结你的心得体会：

（1）项目范围管理的过程；

（2）根据你所描述的项目范围，写出核心范围对应的需求跟踪矩阵。

3. 请结合你所叙述的项目范围和需求跟踪矩阵，给出项目的 WBS。

（要求与描述项目保持一致，符合 WBS 原则，至少分解至 5 层。）

写作要点

第一部分评分要点：

分别论述以下内容。

1. 项目范围管理的过程：

- 规划范围管理；
- 收集需求；
- 定义范围；
- 创建 WBS；
- 确认范围；
- 控制范围。

2. 需求跟踪矩阵的主要内容：

（1）功能点与上游需求的对应关系；

（2）功能点与下游设计、组件、测试用例的对应关系。

3. WBS 图的内容要点：

（1）树形或列表：按阶段划分（生命周期各阶段在第 2 层，可交付成果在第 3 层，依次分解至 5 层以上），或按交付成果划分（可交付成果在第 2 层，依次分解至 5 层以上）；

（2）面向可交付成果；

（3）每层要素之和是下一层工作之和；

（4）每个工作要素应该具体指派一个层次，不能指派给多个层次；

（5）包含项目所有的工作要素；

（6）工作要素必须有人负责，且只由一个人负责；

（7）同一级元素大小相似；

（8）包含管理和外包的工作；

（9）应控制在 4~6 层。

第二部分评分要点：

根据考生的论述，确定其叙述的项目范围管理过程是否合适，具体需求跟踪矩阵和 WBS 图绘制是否合理，是否与所述项目一致，WBS 是否符合 WBS 分解原则和要点，是否具有信息系统项目范围管理的实际经验。要求项目真实、逻辑清晰、条理清楚、论述得当。

试题二　论信息系统项目的合同管理

项目合同管理是通过对项目合同的全生命周期进行管理，以回避和减轻可识别的项目风险。

请以"论信息系统项目的合同管理"为题进行论述：

1. 概要叙述你参与管理过的信息系统项目（项目的背景、项目规模、发起单位、目的、项目内容、组织结构、项目周期、交付的成果等），并说明你在其中承担的工作（项目背景要求本人真实经历，不得抄袭及杜撰）。

2. 请结合你所叙述的信息系统项目，围绕以下要点论述你对信息系统项目合同管理的认识，并总结你的心得体会：

（1）项目合同管理的过程；

（2）在有监理参与的情况下，结合项目管理实际写出详细的合同索赔流程。

3. 请结合你所叙述的信息系统项目，编制一份对应的项目合同（列出主要的条款内容）。

写作要点

第一部分评分要点：

分别论述以下内容。

1. 项目合同管理的过程：

- 合同签订管理；
- 合同履行管理；
- 合同变更管理；
- 合同档案管理；
- 合同违约索赔管理。

2. 合同索赔管理流程：

- 提出索赔要求；
- 报送索赔材料；
- 监理工程师答复；
- 监理工程师逾期答复后果；
- 持续索赔；
- 仲裁和诉讼。

3. 合同主要内容包括：

- 项目名称；
- 标的内容和范围；
- 项目质量要求；
- 项目计划、进度、地点、地域和方式；
- 项目建设过程中的各种期限；
- 技术情报和资料的保密；
- 风险责任的承担；
- 技术成果的归属；
- 验收标准和方法；
- 条款、报酬及其支付方式；
- 违约金或损失赔偿的计算方法；
- 解决争议的方法；
- 名词术语解释；
- 相关文档资料；
- 项目变更的约定；
- 技术支持服务。

第二部分评分要点：

　　根据考生的论述，确定其叙述的项目合同管理过程是否合适，具体写出的合同索赔流程是否完整，编制的合同是否与所描述的项目一致，是否具有信息系统项目合同管理的实际经验。要求项目真实、逻辑清晰、条理清楚、论述得当。

第19章　2021下半年信息系统项目管理师上午试题分析与解答

试题（1）

"十四五"期间，我国关注推动政务信息化共建共用、推动构建网络空间命运共同体，属于___(1)___的建设内容。

（1）A．科技中国　　　B．数字中国　　　C．制造强国　　　D．创新强国

试题（1）分析

我国在《"十四五"规划和 2035 年远景目标纲要》的第五篇 加快数字化发展，建设数字中国中提到"推动政务信息化共建共用"，这属于"提高数字政府建设水平"的内容。"推动构建网络空间命运共同体"属于"营造良好数字生态"的内容。

参考答案

（1）B

试题（2）

___(2)___关注的是业务，以业务驱动技术，强调 IT 与业务的对齐，以开放标准封装业务流程和已有的应用系统，实现应用系统之间的相互访问。

（2）A．面向过程方法　　　　　　　B．面向对象方法

　　　C．面向构件方法　　　　　　　D．面向服务方法

试题（2）分析

参考《信息系统项目管理师教程》（第 3 版）①1.2.4 小节。题干所述为面向服务的方法的特点。

参考答案

（2）D

试题（3）

___(3)___是一种新型的计算模式，其核心在于对开放网络环境下的大规模互联网用户群体资源进行有效管理和系统利用，以实现智能最大化。

（3）A．群智协同计算　　　　　　　B．边缘计算

　　　C．泛在计算　　　　　　　　　D．量子协同计算

试题（3）分析

参考《CCF2016—2017 中国计算机科学技术发展报告》中的"群智协同计算：研究进展与发展趋势"。大规模的互联网用户群体不仅是各类应用服务的使用者，更是网络空间大数

---

① 本章提及的《信息系统项目管理师教程》（第 3 版）为全国计算机技术与软件专业技术资格（水平）考试指定用书，由清华大学出版社出版。

据和应用服务的贡献者，其构成了支撑大量成功应用的群智资源。在此基础上发展出一种新型的计算模式，我们称之为群智协同计算，其核心在于对开放网络环境下的群智资源进行有效管理和系统利用，以实现群体智能的最大化。

参考答案

（3）A

试题（4）

在可用性和可靠性规划与设计中，需要引入特定的方法来提高系统的可用性，其中把可能出错的组件从服务中删除属于 __(4)__ 策略。

（4）A．错误检测　　　　B．错误恢复　　　　C．错误预防　　　　D．错误清除

试题（4）分析

参考《信息系统项目管理师教程》（第 3 版）1.3.10 小节。常见的可用性战术包括：错误检测（命令/响应）、错误恢复（冗余）、错误预防（把可能出错的组件从服务中删除、引入进程监视器）。

参考答案

（4）C

试题（5）

2021 年 9 月 1 日起施行的《关键信息基础设施安全保护条例》（中华人民共和国国务院令　第 745 号）规定，运营者应当自行或者委托网络安全服务机构对关键信息基础设施 __(5)__ 网络安全检测和风险评估。

（5）A．每两年至少进行一次　　　　　　B．每年至少进行一次

　　　C．每半年至少进行一次　　　　　　D．每季度至少进行一次

试题（5）分析

《关键信息基础设施安全保护条例》中的第二十八条：运营者应当自行或者委托网络安全服务机构对关键信息基础设施的安全性和可能存在的风险隐患每年至少进行一次检测评估，对发现的问题及时进行整改，并将有关情况报国家行业主管或监管部门。

参考答案

（5）B

试题（6）

当前，人工智能细分领域涌现出大批专业型深度学习框架，其中 __(6)__ 擅长自然语言处理。

（6）A．ROS　　　　B．OpenCV　　　　C．NLTK　　　　D．ARToolKit

试题（6）分析

中国电子技术标准化研究院编写的《人工智能标准化白皮书》（2021 版）的 2.2.2 中提到：各细分领域涌现出大批专业型深度学习框架，如编写机器人软件的 ROS、应用于计算机视觉领域的 OpenCV、擅长自然语言处理的 NLTK，以及应用于增强现实的 ARToolKit 等。

参考答案

（6）C

试题（7）

数据分析师在数据治理的___(7)___阶段，对业务进行分析，并应用业务埋点的方法分析并获取所需要的数据。

（7）A．数据存储与管理　　　　B．数据应用

　　　C．数据脱敏　　　　　　　D．数据规划

试题（7）分析

数据治理流程是从数据规划、数据采集、数据存储管理到数据应用的整个流程。数据分析师在数据治理规划阶段，对业务进行分析，并应用业务埋点的方法，分析并获取所需要的数据。

参考答案

（7）D

试题（8）

国务院国资委办公厅 2020 年 8 月发布的《关于加快推进国有企业数字化转型工作的通知》中提出的四个转型方向，其中"探索平台化、集成化、场景化增值服务"属于推进___(8)___的内容。

（8）A．产品创新数字化　　　　B．生产运营智能化

　　　C．用户服务敏捷化　　　　D．产业体系生态化

试题（8）分析

国务院国资委办公厅 2020 年 8 月发布的《关于加快推进国有企业数字化转型工作的通知》中提出的四个转型方向包括：①产品创新数字化，包括提升产品与服务策划、实施和优化过程的数字化水平，打造差异化、场景化、智能化的数字产品和服务等；②生产运营智能化，包括推动跨企业、跨区域、跨行业集成互联和智能运营等；③用户服务敏捷化，包括建设数字营销网络，建设敏捷响应的用户服务体系，探索平台化、集成化、场景化增值服务等；④产业体系生态化，包括建设产业链数字化生态协同平台等。

参考答案

（8）C

试题（9）

图中的软件架构设计属于___(9)___风格。

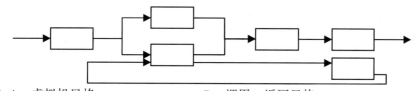

（9）A．虚拟机风格　　　　　　B．调用、返回风格

　　　C．独立构件风格　　　　　D．数据流风格

试题（9）分析

参考《信息系统项目管理师教程》（第 3 版）1.4.2 小节。题图为典型的管道/过滤器结构，

它是数据流风格之一。

参考答案

（9）D

试题（10）

CMMI 的项目管理类过程域不包含____（10）____。

（10）A．配置管理　　　B．量化项目管理　　　C．项目监督与控制　　　D．风险管理

试题（10）分析

参考《信息系统项目管理师教程》（第 3 版）24.3.3 小节。配置管理属于支持类过程域。

参考答案

（10）A

试题（11）

主流的软件开发工具（IDE）均提供一些插件，用来进行代码的静态检查，帮助开发人员做出质量更高的软件。这种插件所进行的测试，不属于____（11）____。

（11）A．静态测试　　　B．白盒测试　　　　C．代码走查　　　　D．功能测试

试题（11）分析

参考《信息系统项目管理师教程》（第 3 版）1.4.5 小节。本题考查考生对测试方法的理解。IDE 提供的插件，在软件开发的过程中使用，是对代码的检查和测试，是白盒测试。A、B、C 三项均为同类的测试，而 D 项属于黑盒测试，是在功能完成后完全不考虑程序内部运行情况的检测。所以选择 D 选项。

参考答案

（11）D

试题（12）

企业内的应用集成可以包括表示集成、数据集成、控制集成和业务流程集成等多个层次和方面，对于这些集成方式关系的描述，不正确的是：____（12）____。

（12）A．在业务逻辑比较稳定的情况下，数据集成比表示集成更灵活

　　　B．控制集成比表示集成和数据集成的灵活性更高

　　　C．数据集成比控制集成的复杂度高，控制集成比表示集成的复杂度高

　　　D．业务流程集成的复杂度最高，这种集成超越了数据和系统

试题（12）分析

参考《信息系统项目管理师教程》（第 3 版）1.4.6 小节。所有表示集成和数据集成适用的环境下，控制集成都适用，但控制集成比表示集成和数据集成都复杂，所以 C 选项说法错误。

参考答案

（12）C

试题（13）

信息必须依赖其存储、传输、处理及应用的载体（媒介）而存在，信息系统设备的安全主要包括____（13）____。

（13）A．秘密性、可靠性、稳定性　　　　B．秘密性、完整性、可用性

　　　　C．稳定性、可靠性、可用性　　　　D．稳定性、完整性、可用性

试题（13）分析

参考《信息系统项目管理师教程》（第 3 版）1.6.1 小节。信息系统设备的安全主要包括三个方面：设备的稳定性、设备的可靠性、设备的可用性。

参考答案

（13）C

试题（14）

《中华人民共和国保守国家秘密法》属于＿＿（14）＿＿。

（14）A．具体规范信息安全技术、信息安全管理方面的规定

　　　　B．直接针对信息安全的特别规定

　　　　C．规范和惩罚网络信息犯罪的法律

　　　　D．一般性法律规定

试题（14）分析

参考《信息系统项目管理师教程》（第 3 版）1.6.1 小节。安全法律法规有不同的层次，其中一般性法律规定并没有专门对信息安全进行规定，但是这些法律法规所规范和约束的对象包括涉及信息安全的行为，如宪法、国家安全法、国家秘密法、治安管理处罚条例等。

参考答案

（14）D

试题（15）

关于 RSA 算法的描述，不正确的是：＿＿（15）＿＿。

（15）A．RSA 算法是非对称算法的代表

　　　　B．RSA 算法中加密密钥与解密密钥不同

　　　　C．RSA 算法中解密密钥公开而加密密钥需要保密

　　　　D．利用 RSA 密码可以同时实现数字签名和数据加密

试题（15）分析

参考《信息系统项目管理师教程》（第 3 版）1.6.2 小节。本题考查考生对 RSA 这个广泛使用的数据加密技术的理解程度。RSA 算法中加密密钥公开而解密密钥需要保密。D 项是干扰项，该说法是正确的。

参考答案

（15）C

试题（16）

依据 2021 年印发的《5G 应用“扬帆”行动计划（2021—2023 年）》的通知，到 2023 年，我国 5G 应用发展水平显著提升，综合实力持续增强。打造＿＿（16）＿＿深度融合新生态。

①信息技术（IT）　　　②通信技术（CT）③运营技术（OT）④网络技术（NT）

（16）A．①②③　　　　B．①②④　　　　C．②③④　　　　D．①③④

试题（16）分析

2021 年 7 月 5 日，十部联合印发的《5G 应用"扬帆"行动计划（2021—2023 年）》的（三）总体目标中提到：到 2023 年，我国 5G 应用发展水平显著提升，综合实力持续增强。打造 IT（信息技术）、CT（通信技术）、OT（运营技术）深度融合新生态，实现重点领域 5G 应用深度和广度双突破，构建技术产业和标准体系双支柱，网络、平台、安全等基础能力进一步提升，5G 应用"扬帆远航"的局面逐步生成。

参考答案

（16）A

试题（17）

当前我国政府信息化和电子政务建设发展迅速，人民群众办理很多业务只需要通过浏览器就可以完成，这些业务提供单位的信息系统软件架构规划属于　（17）　。

（17）A. 文件服务器架构　　　　　　　　B. 典型客户端/服务器两层架构

　　　　C. 客户/服务器 N 层架构　　　　　D. 基于 Web 的架构

试题（17）分析

通过浏览器即可完成意味着所有表示层都部署在 Web 服务器上，不需要客户端即可完成，属于基于 Web 的架构。

参考答案

（17）D

试题（18）

信息化系统规划中，制订项目计划通常用到　（18）　。

（18）A. PERT 图　　　B. P/O 矩阵　　　C. R/D 矩阵　　　D. Pareto 图

试题（18）分析

参考《信息系统项目管理师教程》（第 3 版）1.9.3 小节。在制订计划时，可以利用 PERT 图和甘特图。Pareto 图为质量管理工具。

参考答案

（18）A

试题（19）

2021 年实施的《中华人民共和国个人信息保护法》中规定，个人信息处理者处理不满　（19）　周岁未成年人个人信息的，应当取得未成年人的父母或者其他监护人的同意。

（19）A. 十二　　　　　B. 十四　　　　　C. 十六　　　　　D. 十八

试题（19）分析

《中华人民共和国个人信息保护法》第三十一条：个人信息处理者处理不满十四周岁未成年人个人信息的，应当取得未成年人的父母或者其他监护人的同意。个人信息处理者处理不满十四周岁未成年人个人信息的，应当制定专门的个人信息处理规则。

参考答案

（19）B

试题（20）

GB/T 8566—2007《信息技术　软件生存周期过程》中，将软件生存周期分为获取过程、供应过程、开发过程、运作过程和　(20)　。

(20) A. 验收过程　　　　B. 维护过程　　　　C. 移植过程　　　　D. 退役过程

试题（20）分析

参考《信息系统项目管理师教程》（第 3 版）26.5.3 小节中的表 26-3。

参考答案

(20) B

试题（21）

　(21)　往往决定了项目的方向，一旦开发人员估计错误，将会出现严重的后果。

(21) A. 技术可行性分析　　　　　　　　B. 人员可行性分析

　　　C. 经济可行性分析　　　　　　　　D. 社会可行性分析

试题（21）分析

参考《信息系统项目管理师教程》（第 3 版）3.2.1 小节。技术可行性分析往往决定了项目的方向，一旦开发人员在评估技术可行性分析时估计错误，将会出现严重的后果，造成项目根本上的失败。

参考答案

(21) A

试题（22）

关于项目招投标的描述，不正确的是：　(22)　。

(22) A. 任何单位和个人不得以任何方式为招标人指定招标代理机构

　　　B. 招标项目，共收到两个投标人的标书，则该招标人需重新招标

　　　C. 标书以邮寄方式递交的，以"邮戳为准"

　　　D. 投标价格低于成本不符合中标人条件

试题（22）分析

参考《信息系统项目管理师教程》（第 3 版）3.1.3 小节。如果标书以邮寄方式送达的，投标人必须留出邮寄时间，保证投标文件能够在截止日期前送达招标人指定的地点，而不是以"邮戳为准"。

参考答案

(22) C

试题（23）

使用 Scrum 进行敏捷项目管理，其中，　(23)　负责维护过程和任务。

(23) A. 产品负责人　　B. Scrum 主管　　C. 开发团队　　　D. 系统架构师

试题（23）分析

参考《信息系统项目管理师教程》（第 3 版）2.7.6 小节。Scrum 中的主要角色包括：同项目经理类似的 Scrum 主管角色，负责维护过程和任务；产品责任人，代表利益所有者；开发团队，包括了所有开发人员。以上三个角色构成了"Scrum Team"。与传统的开发方法不

同，Scrum 的研发团队不再有细分的例如系统架构师、后端工程师、前端工程师、UI 工程师等角色，而是将整个开发团队统一在了"Development Team"这一 Scrum 角色下。Scrum 主管促进 Scrum 的进行，为开发团队移除障碍，是服务型的领导。

参考答案

（23）B

试题（24）

某 100 人的公司承接了一个大型项目，所有部门都参与了该项目，其中 55 人为全职参与。项目经理小 A 专职负责项目管理，公司配置管理人员小 B 兼职负责该项目的行政工作。则该公司的组织结构类型是 ___（24）___ 。

（24）A. 强矩阵型组织　　　　　　　　　B. 弱矩阵型组织

　　　C. 项目型组织　　　　　　　　　　D. 平衡矩阵型组织

试题（24）分析

参考《信息系统项目管理师教程》（第 3 版）2.5.3 小节中的图 2-3 组织结构对项目的影响。在平衡矩阵型组织中，全职参与项目工作的职员比例是 15%~60%，项目经理是全部时间参与，但是项目管理的行政人员是部分时间参与。由题中表述可知，组织中全职参与项目工作的职员比例为 55%，可初步判断是平衡矩阵型组织或者强矩阵型组织，由于项目管理行政人员是部分时间参与，所以判定是平衡矩阵型组织。

参考答案

（24）D

试题（25）

关于项目阶段、项目生命周期及项目管理过程的描述，不正确的是：___（25）___ 。

（25）A. 项目生命周期与项目管理过程组含义相同，即同一事物的两个说法

　　　B. 做出变更和纠正错误的成本，随着项目越来越接近完成而显著增高

　　　C. 成本与人力投入在项目开始时较低，在执行期间达到最高，在项目快要结束时快速回落

　　　D. 在螺旋模型中，每个周期一般划分为制订计划、风险分析、实施工程和客户评估四个阶段

试题（25）分析

参考《信息系统项目管理师教程》（第 3 版）2.6.2 小节。不应把通用生命周期与项目管理过程组相混淆，因为过程组中的过程所包含的活动，可以在每个项目阶段执行和重复执行，也可以在整体项目层面执行和重复执行。项目生命周期独立于项目所生产（或改进）的产品的生命周期。但项目应该考虑该产品当前所处的产品生命周期阶段。

参考答案

（25）A

试题（26）

关于项目管理计划的描述，不正确的是：___（26）___ 。

（26）A. 头脑风暴、冲突处理和会议管理可帮助项目管理计划的制订

　　B. 项目章程由项目经理签字，是编制项目管理计划的依据之一

　　C. 项目经理不能理想化期望项目管理计划一步到位

　　D. 组织的过程测量数据库也可以是项目管理计划制订的依据

试题（26）分析

　　参考《信息系统项目管理师教程》（第 3 版）4.3.1 和 4.3.2 小节。项目章程经启动者签字，标志着项目获得批准。制订项目管理计划过程，项目章程是依据之一。

参考答案

　　（26）B

试题（27）

　　在项目管理中，根据可能的项目或环境变量的变化，以及它们与其他变量之间的关系，采用 __（27）__ 来预测潜在的后果。

　　（27）A. 会议　　　　B. 项目管理信息系统　　C. 分析技术　　　　D. 专家判断

试题（27）分析

　　参考《信息系统项目管理师教程》（第 3 版）4.5.2 小节。在项目管理中，根据可能的项目或环境变量的变化，以及它们与其他变量之间的关系，采用分析技术来预测潜在的后果。

参考答案

　　（27）C

试题（28）

　　属于整体变更控制成果的是 __（28）__ 。

　　①变更请求　　　　　　②项目管理计划更新　　　　　　③工作绩效信息

　　④工作绩效报告　　　　⑤变更日志　　　　　　　　　　⑥项目文件更新

　　（28）A. ①②⑤　　B. ④⑤⑥　　　　　　C. ②③⑥　　　　　D. ②⑤⑥

试题（28）分析

　　参考《信息系统项目管理师教程》（第 3 版）4.6.3 小节。整体变更控制的成果包括：批准的变更请求、项目管理计划更新、变更日志和项目文件更新。

参考答案

　　（28）D

试题（29）

　　范围管理计划中不包含 __（29）__ 。

　　（29）A. 确定 WBS 满足项目和职能要求

　　　　　B. 确定所有的工作职责需分配到个人或组织单元

　　　　　C. 确定如何处理项目范围说明书的变更

　　　　　D. 确定并正式验收可交付成果的正确性

试题（29）分析

　　参考《信息系统项目管理师教程》（第 3 版）5.2.1 小节。范围管理计划中对如何确认和正式验收已完成的项目可交付成果有规定，但是检查可交付成果的正确性是质量控制的工作，质量控制强调可交付成果的正确性，并负责为其指定具体的质量要求（质量标准）。

参考答案

（29）D

试题（30）

关于收集需求的描述，不正确的是：____（30）____。

（30）A. 德尔菲技术通过组织专家讨论，并投票来排列最有用创意

　　　B. QFD 对质量需求分为基本需求、期望需求和意外需求

　　　C. 概括性的需求说明文件不能作为基准

　　　D. 如不能将设计元素或测试案例回溯到需求文件，就可能出现镀金行为

试题（30）分析

参考《信息系统项目管理师教程》（第 3 版）5.3.2 小节。德尔菲技术是一种组织专家就某一主题达成一致意见的一种信息收集技术，由一组选定的专家回答问卷，并对每一轮需求收集的结果再给出反馈。专家的答复交给主持人，主持人综合各个专家的意见反馈给各位专家，如此反复多次，形成代表专家组意见的方案。

参考答案

（30）A

试题（31）

在确认范围过程中，____（31）____主要关注项目范围对项目进度、资金和资源的影响，这些因素是否超过了组织承受范围，是否在投入产出上具有合理性。

（31）A. 客户　　　　　B. 管理层　　　　C. 项目经理　　　D. 项目团队成员

试题（31）分析

参考《信息系统项目管理师教程》（第 3 版）5.6.2 小节。管理层关注的是项目范围对项目进度、资金和资源的影响，这些因素是否超过了组织承受范围，是否在投入产出上具有合理性。

参考答案

（31）B

试题（32）

某个程序的两个模块，模块 A 实现设备的运行功能，模块 B 实现设备运行过程中实时监控设备状态数据的功能。则项目计划网络图中，模块 A 和模块 B 的依赖关系可表示为____（32）____型。

（32）A. F-S　　　　　B. F-F　　　　C. S-S　　　　D. S-F

试题（32）分析

参考《信息系统项目管理师教程》（第 3 版）6.3.2 小节。对设备运行过程中状态的监控，应是在设备运行后开始运行，所以模块 A 和模块 B 的依赖关系应该为开始-开始的关系（S-S 型）。

参考答案

（32）C

试题（33）

下表表示某项目各个活动关系及乐观、最可能、悲观完成时间，假设各活动的三种完成时间服从 β 分布，按照三点估算法该项目标准差为 3.2 天，则项目在　（33）　完成的概率为95%。

活动	紧前活动	乐观时间/天	最可能时间/天	悲观时间/天
A	-	8	12	16
B	A	15	18	27
C	-	5	7	9
D	C	11	13	14
E	B,D	4	5	12
F	E	5	13	15

（33）A．42.6 天到 55.4 天　　　　　　　B．45.8 天到 52.2 天

　　　　C．61.4 天到 74.6 天　　　　　　　D．64.7 天到 71.3 天

试题（33）分析

参考《信息系统项目管理师教程》（第 3 版）6.3.3 小节。根据表格可画出网络图，如下图所示。

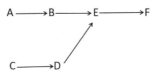

由于 A 和 B 的乐观时间和大于 C 和 D 的悲观时间和，所以计算时不用考虑 C 和 D。根据三点估计，$t=(a+4m+b)/6$，A 的 $t=12$，B 的 $t=19$，E 的 $t=6$，F 的 $t=12$，A 的 $\sigma^2=1.778$，B 的 $\sigma^2=4$，E 的 $\sigma^2=1.778$，F 的 $\sigma^2=2.778$，总的 $T=49$，总方差=10.334，标准差为 3.2 天。概率 95%应在$\pm 2\sigma$范围内，所以为 42.6 天到 55.4 天。

参考答案

（33）A

试题（34）

下图是某项目的进度网络图，则在保障不会影响项目总工期的情况下，活动 E 最多能拖延　（34）　天。

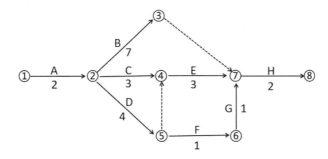

（34）A. 0　　　　　　B. 1　　　　　　C. 2　　　　　　D. 3

试题（34）分析

参考《信息系统项目管理师教程》（第 3 版）6.3.4 小节。关键路径为 ABH 或 ADEH，由于 E 在关键路径上，所以不能拖延。

参考答案

（34）A

试题（35）

某项目估算，最乐观成本 105 万元，利用三点估算法，按三角分布计算出的值为 94 万元，按 β 分布，计算出的值为 94.5 万元，则最悲观成本为　（35）　万元。

（35）A. 80　　　　　B. 81　　　　　C. 82　　　　　D. 83

试题（35）分析

参考《信息系统项目管理师教程》（第 3 版）7.3.1 小节。按三角分布计算，$(105+C_M+C_P)/3=94$。按贝塔分布计算，$(105+C_M\times4+C_P)/6=94.5$。根据方程组可计算出最悲观成本为 82 万元，最可能成本为 95 万元。

参考答案

（35）C

试题（36）

某项目按工作量平均分配到 10 个月完成，每月成本相同。项目管理储备 15 万元。在项目进行到第 3 个月月末时，项目实际花费为 BAC 的 30%，完成总工作量的 20%，如果不加以纠偏，根据当前进度，项目完工估算为 120 万元，则项目总预算为　（36）　万元。

（36）A. 80　　　　　B. 85　　　　　C. 90　　　　　D. 95

试题（36）分析

参考《信息系统项目管理师教程》（第 3 版）7.3.2 小节。典型时，EAC=BAC/CPI，CPI=EV/AC=2/3，所以 BAC=80 万元，因为 BAC 不包括管理储备，所以成本预算为 95 万元。

参考答案

（36）D

试题（37）

四个项目甲、乙、丙、丁的工期均是四年，在第一年年末时，各项目进度数据如下表所示，则最有可能在按时完工的同时更好控制成本的项目是　（37）　。

项目	预算	PV	EV	AC
甲	800	200	230	220
乙	800	200	210	200
丙	800	200	190	160
丁	800	200	200	200

（37）A. 甲　　　　　B. 乙　　　　　C. 丙　　　　　D. 丁

试题（37）分析

参考《信息系统项目管理师教程》（第 3 版）7.3.2 小节。SPI $_{甲}$=1.15，CPI $_{甲}$=1.045；SPI $_{乙}$= 1.05，CPI $_{乙}$=1.05；SPI $_{丙}$=0.95，CPI $_{丙}$=1.1875；SPI $_{丁}$=1，CPI $_{丁}$=1。能按时完工的有甲、乙、丁，它们中 CPI 最大的为乙。

参考答案

（37）B

试题（38）

规划质量管理的目的是：　（38）　。

（38）A．准备对策,确保符合质量要求

　　　B．建立对未来输出在完工时满足特定需求和期望的信心

　　　C．评估绩效

　　　D．确保项目满足承诺的需求

试题（38）分析

参考《信息系统项目管理师教程》（第 3 版）8.2.1 小节。规划质量管理是识别项目及其可交付成果的质量要求和标准，并准备对策，确保符合质量要求的过程，本过程为整个项目中如何管理和确认质量提供了指南和方向。

参考答案

（38）A

试题（39）

实施质量保证的主要作用是：　（39）　。

（39）A．明确项目的质量意识和质量追求

　　　B．把质量目标分解落实到各部门及项目全体成员

　　　C．促进质量过程改进

　　　D．识别过程低效或产品质量低劣的原因

试题（39）分析

参考《信息系统项目管理师教程》（第 3 版）8.2.2 小节。实施质量保证是审计质量要求和质量控制测量结果，确保采用合理的质量标准和操作性定义的过程,本过程的主要作用是,促进质量过程的改进。明确项目的质量意识和质量追求属于规划质量管理中的质量方针和目标的作用。

参考答案

（39）C

试题（40）

关于质量控制的描述，不正确的是：　（40）　。

（40）A．该过程所产生的数据为质量保证过程所用

　　　B．工作绩效数据是该过程的输入

　　　C．质量控制是审计质量要求

　　　D．确认的变更是该过程的输出

试题（40）分析

参考《信息系统项目管理师教程》（第 3 版）8.2.3 小节。控制质量的输入有：项目管理计划、质量测量指标、质量核对单、工作绩效数据、批准的变更请求、可交付成果、项目文件、组织过程资产等。质量保证是审计质量要求和质量控制测量结果。

参考答案

（40）C

试题（41）

工程师小王作为项目干系人之一，主动去访问项目相关的知识库，这种沟通属于 __(41)__ 。

（41）A．交互式沟通　　　　B．拉式沟通　　　　C．推式沟通　　　　D．集中式沟通

试题（41）分析

参考《信息系统项目管理师教程》（第 3 版）10.3 节。拉式沟通，要求接收者自主自行地访问信息内容，这种方法包括企业内网、电子在线课程、经验教训数据库、知识库等。

参考答案

（41）B

试题（42）

__(42)__ 的目的是随时确保所有沟通参与者之间的信息流动的最优化。

（42）A．规划沟通管理　　　　　　　　　　B．管理沟通

　　　　C．控制沟通　　　　　　　　　　　　D．改进沟通

试题（42）分析

参考《信息系统项目管理师教程》（第 3 版）10.2.3 小节。控制沟通的目的是随时确保所有沟通参与者之间的信息流动的最优化。

参考答案

（42）C

试题（43）

干系人管理的活动按时间顺序排列正确的是：__(43)__ 。

①管理干系人期望，确保目标实现　　　　②查看项目章程和采购文件

③识别干系人及其相关信息　　　　　　　④制订干系人管理计划

（43）A．②③④①　　　　　　　　　　　B．②④①③

　　　　C．③④②①　　　　　　　　　　　D．③①②④

试题（43）分析

参考《信息系统项目管理师教程》（第 3 版）10.5 节。识别干系人的输入是项目章程和采购文件等，输出就是干系人及其相关信息。规划干系人管理的输出之一就是干系人管理计划，管理干系人的活动之一就是管理干系人期望，确保目标实现。

参考答案

（43）A

试题（44）

根据干系人分类模型，"高利益 - 低权利"的干系人对项目最不可能的一种态

度是 ___（44）___ 。

（44）A．支持　　　　　B．中立　　　　　C．抵制　　　　　D．领导

试题（44）分析

参考《信息系统项目管理师教程》（第 3 版）10.6 节。干系人分析模型之一的权利/利益方格，是根据干系人的职权大小和对项目结果的关注（利益）程度进行分类。对于"高利益 - 低权利"的干系人的态度最可能是支持、中立或者抵制，由于项目利益大，干系人职权小，不大可能是领导。

参考答案

（44）D

试题（45）

关于风险和风险管理的描述，不正确的是：___（45）___ 。

（45）A．项目投入越多，愿意冒的风险就越小

　　　B．具有不确定性的事件是风险

　　　C．投机风险在一定条件下可以转化为纯粹风险

　　　D．项目风险管理的目标在于增加积极事件的概率和影响

试题（45）分析

参考《信息系统项目管理师教程》（第 3 版）11.1.1 小节。风险的含义可以从多种角度来考察。首先，风险同人们有目的的活动有关。如果对预期的结果没有十足的把握，人们就会认为该项活动有风险。第二，风险同将来的活动和事件有关，如风险同行动方案的选择有关。第三，风险与变化（如客观环境，人们的思想、方针或行动路线等）相关。这三条是风险定义的必要条件，但不是充分条件，即风险是一种不确定的事件，但具有不确定性的事件不一定是风险。

参考答案

（45）B

试题（46）

项目经理在风险识别时，需要分析政策、气候、运输条件等因素与活动所需原材料成本之间的关系，此时需采用的决策工具是___（46）___ 。

（46）A．因果图　　　　　　　　　　B．石川图

　　　C．系统或过程流程图　　　　　D．影响图

试题（46）分析

参考《信息系统项目管理师教程》（第 3 版）11.3.2 小节。在风险识别的工具与技术中，图解技术中的影响图是显示因果影响，按时间顺序排列的事件，以及变量与结果之间的其他关系的图解表示法。

参考答案

（46）D

试题（47）

某厂房建造或者升级的两种方案的决策树分析如下图所示，由图可知，组织宜

选择 ___(47)___ 的方案，因为该方案的 EMV 为 ___(47)___ 万元。

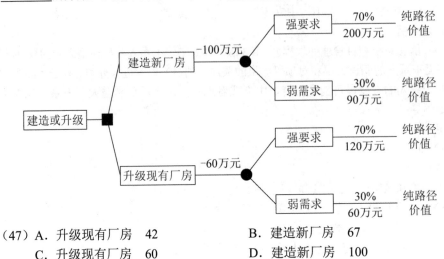

（47）A. 升级现有厂房　42　　　　　　　B. 建造新厂房　67

　　　　C. 升级现有厂房　60　　　　　　　D. 建造新厂房　100

试题（47）分析

　　参考《信息系统项目管理师教程》（第 3 版）11.5.2 小节中的图 11-7。纯路径价值的计算：沿路径，盈利减去费用。EMV 的计算：每个可能的结果的数值与其发生概率相乘之后加总，即得出预期货币价值。在本题中：①建造新厂房的 EMV=（200−100）×0.7+（90−100）×0.3=67 万元；②升级现有厂房的 EMV=(120−60)×0.7+(60−60)×0.3=42 万元。所以建议选择建造新厂房的方案。

参考答案

　　（47）B

试题（48）

　　近期，国家多个部委发布相关文件，其中"督促平台及第三方合作单位为建立劳动关系的外卖送餐员参加社会保险，支持其他外卖送餐员参加社会保险"。本条信息按照马斯洛的需求层次理论，属于 ___(48)___ 的需求。

　　（48）A. 生理　　　　　B. 安全　　　　　C. 社会交往　　　　　D. 受尊重

试题（48）分析

　　参考《信息系统项目管理师教程》（第 3 版）9.3.8 小节。马斯洛需求层次理论中，安全需求包括对人身安全、生活稳定、不致失业以及免遭痛苦、威胁或疾病等的需求。常见的激励措施：养老保险、医疗保障、长期劳动合同、意外保险、失业保险等。

参考答案

　　（48）B

试题（49）

　　团队成员的离职率降低，是 ___(49)___ 过程的输出。

　　（49）A. 规划人力资源管理　　　　　　B. 组建项目团队

　　　　　C. 建设项目团队　　　　　　　　D. 管理项目团队

试题（49）分析

参考《信息系统项目管理师教程》（第 3 版）9.2.3 和 9.4.5 小节。建设项目团队的输出之一是团队绩效评价。评价团队有效性的指标包括：个人技能的改进、团队能力的改进、团队成员离职率的降低、团队凝聚力的加强。

参考答案

（49）C

试题（50）

　　(50)　不是管理项目团队过程的输出。

（50）A．冲突管理　　　　　　　　　　B．人员配备的变化

　　　　C．团队角色描述的更新　　　　D．组织的标准流程

试题（50）分析

参考《信息系统项目管理师教程》（第 3 版）9.2.4 小节。项目人员分派是组建项目团队的输出之一，也是管理项目团队的输入之一。管理项目团队的输出包括：变更请求（人员配备的变化）、项目管理计划更新、项目文件更新（问题日志、角色描述、项目人员分派等）、事业环境因素更新和组织过程资产更新（历史信息和经验教训文档、相关模板、组织的标准流程等）。

参考答案

（50）A

试题（51）

A、B 两个开发人员对信息系统的同一软件部件的两个 Bug（位于同一代码段）进行修改，当 B 欲把计划修改的代码段从　(51)　检出时，显示锁定，基于配置库的变更控制，可知此时该代码段正在工程师 A 的　(51)　中进行修改。

（51）A．开发库　受控库　　　　　　B．受控库　开发库

　　　　C．受控库　产品库　　　　　　D．产品库　开发库

试题（51）分析

参考《信息系统项目管理师教程》（第 3 版）14.2.3 小节。基于配置库的变更控制下，程序员若要修改代码，需要从受控库中检出，放入自己的开发库中修改，代码被检出后即被"锁定"，保证同一段代码只能同时被一个程序员修改。

参考答案

（51）B

试题（52）

项目变更按照变更性质划分为重大变更、重要变更和一般变更，通过不同的　(52)　来实现。

（52）A．变更处理流程　　　　　　　　B．变更内容

　　　　C．审批权限控制　　　　　　　　D．变更原因处理

试题（52）分析

参考《信息系统项目管理师教程》（第 3 版）16.1.2 小节。项目变更的分类：按照变更性

质划分为重大变更、重要变更和一般变更，通过不同审批权限控制；按照变更的迫切性划分为紧急变更和非紧急变更，通过不同变更处理流程进行。

参考答案

（52）C

试题（53）

变更管理组织机构的工作程序按时间先后顺序，排列正确的是：__（53）__。

①变更效果评估　　　　　　　②项目工程师提出变更申请

③项目经理审批变更申请　　　④发出变更通知并组织实施

⑤变更申请文档审核流转　　　⑥变更方案论证

⑦项目管理委员会审查　　　　⑧项目经理和监理单位监控实施

（53）A. ②⑤③④⑥⑧⑦①　　　　B. ②⑤④③⑦①⑥⑧

　　　C. ②③⑤⑥④①⑧　　　　D. ②③⑤⑥⑦④⑧①

试题（53）分析

参考《信息系统项目管理师教程》（第 3 版）16.3.2 小节。变更管理组织机构的工作程序：①提出与接受变更申请，项目干系人提出变更申请，一般需经过指定人员进行审批，一般是项目经理审批；②变更初审，常见方式是变更申请文档的审核流转；③变更方案的论证；④项目管理委员会审查；⑤发出变更通知并组织实施；⑥变更实施的监控；⑦变更效果的评估；⑧判断发生变更后的项目是否已纳入正常轨道。

参考答案

（53）D

试题（54）

关于采购管理过程的描述，不正确的是：__（54）__。

（54）A. 当订购物资规格和技术条件复杂时，采用协商选择法比较合适

　　　B. 确定后的采购需求在履行中发生变更，需走变更控制流程

　　　C. 原厂有相关协议的采购，实施采购时不采用询价比价方法

　　　D. 不合格品可以退货或调货，也可以由采购员确定是否降级改作他用

试题（54）分析

参考《信息系统项目管理师教程》（第 3 版）12.3.3 小节。经验证确定为不合格的产品，采购应及时处理，可以退货、调换或者降级改作他用，但降级处理需主管领导批准，并在相关部门备案。

参考答案

（54）D

试题（55）

在处理索赔的过程中，需要以合同为依据，合同解释非常重要。__（55）__原则不属于合同解释的原则。

（55）A. 整体解释　　　B. 适用法律　　　C. 实时纠偏　　　D. 公平诚信

试题（55）分析

参考《信息系统项目管理师教程》（第 3 版）13.2.5 小节。合同解释的原则主要有：主导语言原则、适用法律原则、整体解释原则和公平诚信原则。

参考答案

（55）C

试题（56）

知识管理的工具通常分为　（56）　三大类。

（56）A．知识生成工具、知识分析工具、知识传播工具

　　　 B．知识采集工具、知识合成工具、知识转移工具

　　　 C．知识生成工具、知识编码工具、知识转移工具

　　　 D．知识采集工具、知识分类工具、知识传播工具

试题（56）分析

参考《信息系统项目管理师教程》（第 3 版）15.2.3 小节。知识管理工具可以分为知识生成工具、知识编码工具和知识转移工具。

参考答案

（56）C

试题（57）

关于企业战略的描述，不正确的是：　（57）　。

（57）A．反应者战略适用于对外部环境缺乏控制，又缺乏内部控制机能的组织

　　　 B．合作型战略组织模式力图在组织内部建立起共同的价值观和行为准则，使每一个员工都参与制定实施组织战略

　　　 C．指挥型战略组织模式适合于业务单一且高度集权式的组织体制

　　　 D．增长型战略组织模式从激励一般管理人员的积极性和主动性角度进行战略制定和实施

试题（57）分析

参考《信息系统项目管理师教程》（第 3 版）17.2 节。B 选项是对文化型战略组织模式的描述。

参考答案

（57）B

试题（58）

关于 BPR 流程再造与优化的描述，不正确的是：　（58）　。

（58）A．BPR 是对企业业务流程的再设计

　　　 B．BPR 实施中应将决策点下放到基层活动中，并建立对过程的控制

　　　 C．基于 BPR 的信息系统规划，结合现行职能式管理模式，从业务流程的价值链出发，确定企业当前的信息化目标

　　　 D．新流程会给企业带来较大的机会，选择一个区域或领域的流程成功后，再进行扩大和推广，逐步覆盖到整个流程

试题（58）分析

参考《信息系统项目管理师教程》（第 3 版）19.3.1～19.3.3 小节。BPR 是对企业业务流程进行的再设计。BPR 实施的指导原则中，"将决策点下放到基层活动中，并建立对过程的控制"是其中之一。基于 BPR 的信息系统规划要突破现行职能式管理模式的局限，从业务流程的价值链出发，确定企业信息化的长远目标。在 BPR 实施中，对业务流程实施新的设计，一般采取"桥头堡"的战略实施变革，选择一个区域或领域的流程成功后，再进行扩大和推广，逐步覆盖到整个流程。

参考答案

（58）C

试题（59）

关于项目集生命周期管理的描述，不正确的是：　（59）　。

（59）A．项目集与组织战略的一致性评估在项目集的构建时完成

　　　B．项目集的项目经理一般在项目集的构建时被任命

　　　C．项目集收益阶段是一个不断迭代的过程

　　　D．项目集收尾阶段主要是保证项目集按照预定的和受控的过程收尾

试题（59）分析

参考《信息系统项目管理师教程》（第 3 版）20.4.2 小节。项目集与组织战略的一致性评估贯穿项目集生命周期的始终。

参考答案

（59）A

试题（60）

　（60）　属于"实施项目组合管理过程"的活动。

（60）A．定义和部署详细的项目组合管理过程

　　　B．调研组织的内外部环境

　　　C．根据组织战略目标，确定项目组合管理目标

　　　D．建立项目组合管理的资源保障

试题（60）分析

参考《信息系统项目管理师教程》（第 3 版）21.4.1 和 21.4.2 小节。B、C、D 三项都是评估项目组合管理过程当前状态的内容。

参考答案

（60）A

试题（61）

产品版本更新后，由于工期紧张，测试工程师补测了更新部分的功能，并将测试结果补充到上一版本测试报告中。则该工程师的操作最可能引发的是　（61）　。

（61）A．缺陷风险　　　　　　　　　　B．测试环境风险

　　　C．回归测试风险　　　　　　　　D．测试技术风险

试题（61）分析

参考《信息系统项目管理师教程》（第 3 版）23.3.5 小节。缺陷风险是难以避免的，但非时间和成本原因，可能是偶发的，难以重现。测试环境风险和测试技术风险，明显是由于测试环境与生产环境不一致或者技术能力问题造成的风险。回归测试是未全部运行测试用例，存在测试不完全造成的风险。

参考答案

（61）C

试题（62）

　　（62）　活动属于"量化的管理项目"过程。

（62）A．建立并维护项目的质量与过程性能目标

　　　　B．选择度量项与分析技术

　　　　C．选择子过程与属性

　　　　D．监督所选子过程的性能

试题（62）分析

参考《信息系统项目管理师教程》（第 3 版）25.2 节。监督所选子过程的性能是量化的管理项目阶段的活动。A、B、C 三项是准备量化管理项目的活动。

参考答案

（62）D

试题（63）

信息安全系统工程（ISSE）将信息安全系统工程的实施过程分为工程过程、　（63）　、保证过程三个基本的部分。

（63）A．策划过程　　　　B．风险过程　　　　C．支持过程　　　　D．质量过程

试题（63）分析

参考《信息系统项目管理师教程》（第 3 版）22.2.5 小节。ISSE 将信息安全系统工程实施过程分为工程过程、风险过程、保证过程三个基本的部分。

参考答案

（63）B

试题（64）

目标资源具有一个包含等级的安全标签，访问者拥有包含等级列表的许可，其中定义了可以访问哪个等级的目标，该模型属于　（64）　。

（64）A．DAC　　　　B．RBAC　　　　C．ACL　　　　D．MAC

试题（64）分析

参考《信息系统项目管理师教程》（第 3 版）22.4.3 小节。目标资源具有一个包含等级的安全标签，访问者拥有包含等级列表的许可，其中定义了可以访问哪个等级的目标，该模型属于 MAC 强制执行访问控制方式。

参考答案

（64）D

试题（65）

安全审计的手段主要包括：　（65）　。

①识别网络各种违规操作

②对信息内容和业务流程进行审计，防止信息非法泄露

③响应并阻断网络攻击行为

④对系统运行情况进行日常维护

（65）A. ①②③　　　　B. ②③④　　　　C. ①②④　　　　D. ①③④

试题（65）分析

参考《信息系统项目管理师教程》（第3版）22.5.1小节。安全审计是信息安全保障系统中的一个重要组成部分，通过安全审计，识别与防止计算机网络系统内的攻击行为，追查计算机网络系统内的泄密行为。安全审计具体包括两方面的内容：①采用网络监控与入侵防范系统，识别网络各种违规操作与攻击行为，即时响应并进行阻断；②对信息内容和业务流程进行审计，可以防止内部机密或敏感信息的非法泄露和单位资产的流失。

参考答案

（65）A

试题（66）、（67）

某项目2016年投资额12万元，2018年开始取得项目的净收益（产品-原料辅料及公用工程）6万元/年，2018—2021年每年还会产生其他成本（包括人员工资、管理成本、制造成本等）1.1万元/年、增值税0.35万元/年、营业税金及附加0.05万元/年。则该项目的静态投资回收期为　（66）　年，截止到2021年年底该项目的投资收益率是　（67）　。

（66）A. 2　　　　　　B. 2.67　　　　　C. 3.25　　　　　D. 3.67

（67）A. 0.25　　　　B. 0.33　　　　　C. 0.35　　　　　D. 0.6

试题（66）、（67）分析

（66）解析：资金使用表如下所示。

年份	2016	2017	2018	2019	2020	2021
固定投资	12					
可变成本	0	0	1.5	1.5	1.5	1.5
收益	0	0	6	6	6	6
净值	–12	0	4.5	4.5	4.5	4.5

投资回收期为3+(12–0–4.5–4.5)/4.5=3.67年。

可能计算错误的情况：

①不考虑每一年支出，结果为2。

②仅考虑一年支出，结果为3+(13.5–6–6)/6=3.25。

③忽略2017年，仅考虑一年支出，结果为2+(12–4.5–4.5)/4.5=2.67。

（67）解析：

投资收益率=年平均收益/投资=4.5×4/6/12=0.25。

可能计算错误的情况：

①不考虑年平均，结果为 1.38。

②不考虑可变成本，结果为 0.33。

③按 4 年计算，结果为 0.35。

参考答案

（66）D　　（67）A

试题（68）、（69）

已知某公司生产 A、B 两种产品，其中生产 1 件 A 产品需要 1 个单位的甲资源，3 个单位的丙资源；生产 1 件 B 产品需要 2 个单位的乙资源和 2 个单位的丙资源。已知现有甲、乙、丙三种资源 4 个单位、12 个单位和 18 个单位。通过市场预测，可知 A 产品的单位市场利润为 2 元，B 产品的单位市场利润为 5 元。该公司获得最大的市场利润应生产 A 产品 (68) 件，此时 (69) 资源仍有剩余。

（68）A. 0　　　　　　B. 2　　　　　　C. 4　　　　　　D. 6

（69）A. 甲　　　　　B. 乙　　　　　C. 丙　　　　　D. 甲及丙

试题（68）、（69）分析

参考《信息系统项目管理师教程》（第 3 版）27.4 节。

设生产 A 产品 x_1 件，生产 B 产品 x_2 件。该问题的数学模型为：

$$\max S = 2x_1 + 5x_2$$

$$\begin{cases} x_1 \leqslant 4 \\ 2x_2 \leqslant 12 \\ 3x_1 + 2x_2 \leqslant 18 \\ x_1,\ x_2 \geqslant 0 \end{cases}$$

图解法得到：

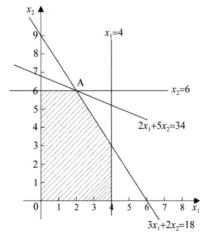

可见 A 点坐标为（2，6），因此此时生产 A 产品 2 件，生产 B 产品 6 件，获得的最大利润为 34 元。此时第一个约束条件不等式成立，因此，甲资源还有剩余。

参考答案

（68）B　（69）A

试题（70）

分配甲、乙、丙、丁四个人去完成五项任务。每人完成各项任务时间如下表所示。由于任务多于人数，故规定其中有一个人可兼完成两项任务，其余三人每人完成一项。为了花费时间最少，　(70)　应该完成两项任务。

人＼任务	任务 1	任务 2	任务 3	任务 4	任务 5
甲	25	25	31	43	33
乙	38	33	25	20	28
丙	41	27	32	45	32
丁	23	37	35	23	40

（70）A．甲　　　　　B．乙　　　　　C．丙　　　　　D．丁

试题（70）分析

指派问题。

假设有第五个人戊参与任务，他完成各项工作时间取甲、乙、丙、丁中最小者，构造表如下。

人＼任务	任务 1	任务 2	任务 3	任务 4	任务 5
甲	25	25	31	43	33
乙	38	33	25	20	28
丙	41	27	32	45	32
丁	23	37	35	23	40
戊	23	25	25	20	28

根据表格列出系数矩阵：

$$C = \begin{bmatrix} 25 & 25 & 31 & 43 & 33 \\ 38 & 33 & 25 & 20 & 28 \\ 41 & 27 & 32 & 45 & 32 \\ 23 & 37 & 35 & 23 & 40 \\ 23 & 25 & 25 & 20 & 28 \end{bmatrix}$$

先对各行元素分别减去本行的最小元素，然后对各列也是如此，即：

$$C = \begin{bmatrix} 0 & 0 & 6 & 18 & 8 \\ 18 & 13 & 5 & 0 & 8 \\ 14 & 0 & 5 & 18 & 5 \\ 0 & 14 & 12 & 0 & 17 \\ 3 & 5 & 5 & 0 & 8 \end{bmatrix} \rightarrow \begin{bmatrix} 0 & 0 & 1 & 18 & 3 \\ 18 & 13 & 0 & 0 & 3 \\ 14 & 0 & 0 & 18 & 0 \\ 0 & 14 & 7 & 0 & 12 \\ 3 & 5 & 0 & 0 & 3 \end{bmatrix} = C'$$

此时，C' 中各行和各列都已经出现零元素。为了确定矩阵中的独立零元素，对 C' 进行画圈，可得：

$$C' = \begin{bmatrix} \cancel{0} & ⓪ & 1 & 18 & 3 \\ 18 & 13 & 0 & 0 & 3 \\ 14 & \cancel{0} & \cancel{0} & 18 & ⓪ \\ ⓪ & 14 & 7 & \cancel{0} & 12 \\ 3 & 5 & 0 & 0 & 3 \end{bmatrix}$$

此时，由于矩阵中第二行和第五行中都有两个 0 并且都在相同的列，所以最优解有两种：

$$X = \begin{bmatrix} 0 & 1 & 0 & 0 & 0 \\ 0 & 0 & 1 & 0 & 0 \\ 0 & 0 & 0 & 0 & 1 \\ 1 & 0 & 0 & 0 & 0 \\ 0 & 0 & 0 & 1 & 0 \end{bmatrix} \quad 或者 \quad X = \begin{bmatrix} 0 & 1 & 0 & 0 & 0 \\ 0 & 0 & 0 & 1 & 0 \\ 0 & 0 & 0 & 0 & 1 \\ 1 & 0 & 0 & 0 & 0 \\ 0 & 0 & 1 & 0 & 0 \end{bmatrix}$$

因为戊是假设的人员，而且当戊做任务 3 或者任务 4，其指代人员都是乙。所以最优指派方案为甲做任务 2，乙做任务 3 和 4，丙做任务 5，丁做任务 1，总计需要 125 个小时。

参考答案

（70）B

试题（71）

　　(71)　 puts computer resources on the web,and must meet the requirements of super capacity, super concurrency, super speed and super security.

（71）A. Cloud computing　　　　　　B. Big data

　　　　C. Blockchain　　　　　　　　D. Internet of things

试题（71）分析

云计算是将计算机资源放在网络上，必须满足超级容量、超级并发、超级速度和超级安全的要求。

参考答案

（71）A

试题（72）

　　(72)　 is a decentralized database, ensure that the data will not be tampered with and forged.

（72）A. Artificial intelligence　　　　B. Blockchain

　　　　C. Sensing technology　　　　　D. Big data

试题（72）分析

区块链是一种分布式的数据库，确保数据不会被篡改和伪造。

参考答案

（72）B

试题（73）

The information security management system preserves the confidentiality, integrity and availability of information by applying a ___（73）___.

（73）A. technology management process   B. resource management process

        C. quality management process   D. risk management process

试题（73）分析

信息安全管理体系是通过应用风险管理过程来保证信息的保密性、完整性和可用性。

参考答案

（73）D

试题（74）

___（74）___: The process of determining, documenting, and managing stakeholder needs and requirements to meet project objectives.

（74）A. Plan Scope Management   B. Collection Requirements

        C. Validate Scope   D. Control Scope

试题（74）分析

参考 PMBOK 指南第 6 版（英文版）。确定、记录和管理利益相关者需求和要求，以满足项目目标的过程，以上是项目管理范围管理中收集需求的过程。

参考答案

（74）B

试题（75）

___（75）___ is that it provides guidance and direction on how quality will be managed and verified throughout the project.

（75）A. Plan Quality Management   B. Manage Quality

        C. Control Quality   D. Project Charter

试题（75）分析

参考 PMBOK 指南第 6 版（英文版）。规划质量管理为在整个项目期间如何管理和核实质量提供指南和方向。

参考答案

（75）A

第20章 2021下半年信息系统项目管理师 下午试题 I 分析与解答

试题一（25分）

阅读下列说明，回答问题1至问题4，将解答填入答题纸的对应栏内。

【说明】

某集团公司希望对总部现有信息系统进行升级改造，升级后的系统能收集整合子公司各类数据，实现总部对全集团人力资源、采购、销售信息的掌握、分析及预测。

小王担任项目经理，项目交付期为60天。小王研究了总部提出的需求后，认为项目核心在于各子公司数据收集以及数据可视化及分析预测功能。各子公司数据收集可以总部现有系统中的数据格式模板为基础，为各子公司建立数据上传接口。针对数据的分析预测功能，由于牵涉到人工智能等相关算法，目前项目组还不具备相关方面的知识储备，因此项目组对该模块功能直接外包。小王将数据收集与可视化工作进行了WBS分解，WBS的部分内容如下：

工作编号	工作任务	工期	负责人
……	……	……	……
2	系统设计	20天	王工
3	程序编制	30天	任工
……	……	……	……
3.2.1	人力资源模块编码	25天	孙工
3.2.2	采购模块编码	20天	赵工
3.2.3	销售模块编码	20天	赵工
……	……	……	……
4	系统测试与验收	5天	张工、李工
……	……	……	……

此外，虽然总部没有提出修改界面，但小王认为旧版的软件界面不够美观，让软件研发团队重新设计并更改了软件界面。

试运行阶段，总部人员试用后，认为已经熟悉旧版的操作模式，对新版界面的布局极其不适应；各子公司数据报送人员认为数据上报的字段内容与自己公司的业务并不相关，填写困难。总部和各子公司的试用人员大部分认为新系统不是很好用。

【问题 1】（12 分）

（1）请结合案例，简要分析该项目经理在 WBS 分解中存在的问题。

（2）写出 WBS 分解时需要注意的事项。

【问题 2】（8 分）

请结合案例，除 WBS 分解的问题外，项目在范围管理中还存在哪些问题？

【问题 3】（3 分）

请描述项目范围说明书的内容。

【问题 4】（2 分）

请将下面（1）～（4）处的答案填写在答题纸的对应栏内。

项目范围是否完成要以___(1)___来衡量，包括___(2)___，___(3)___，___(4)___。

试题一分析

本题重点考核项目范围管理，考生需全面多视角来综合分析并作答。

【问题 1】

综合案例分析题，本题结合案例考查考生对 WBS 及其分解知识的掌握程度。（1）要求考生能够根据项目实际情况分解 WBS；（2）考查 WBS 分解时需要注意的事项。（参考《信息系统项目管理师教程》（第 3 版）①5.5 节。）

【问题 2】

综合案例分析题，本题重点考查考生对于范围管理过程知识的掌握程度。（参考《信息系统项目管理师教程》（第 3 版）5.1 节。）

【问题 3】

问答题，本题重点考查考生对于范围说明书内容的掌握程度。（参考《信息系统项目管理师教程》（第 3 版）5.4.2 小节。）

【问题 4】

细节填空题，本题重点考查考生对范围基准主要内容及其作用的掌握程度。（参考《信息系统项目管理师教程》（第 3 版）5.1.1 小节。）

参考答案

【问题 1】（12 分）

（1）该项目经理在 WBS 分解中存在的问题包括：

①WBS 未包括外包，应包含外包及管理所有的活动；

②WBS 中赵工负责两个核心模块，而且每个模块 20 天，总工期才 60 天，有可能导致精力不足，影响工程进度；

③WBS 的系统测试与验收元素不应该由 2 个人负责，违背了只由一个人负责的原则；

④测试时间只预留了 5 天，时间太短。

（每条 2 分，满分 8 分）

---

① 本章提及的《信息系统项目管理师教程》（第 3 版）为全国计算机技术与软件专业技术资格（水平）考试指定用书，由清华大学出版社出版。

（2）WBS 分解时需要注意的事项包括：

①WBS 必须是面向可交付成果的；

②WBS 必须符合项目的范围；

③WBS 的底层应该支持计划和控制；

④WBS 中的元素必须有人负责，而且只由一个人负责，尽管实际上可能需要多个人参与；

⑤WBS 的指导，作为指导而不是原则，WBS 应控制在 4～6 层；

⑥WBS 应包括项目管理工作（因为管理是项目具体工作的一部分），也要包括分包出去的工作；

⑦WBS 的编制需要所有（主要）项目干系人的参与，需要项目团队成员的参与；

⑧WBS 并非一成不变，在完成了 WBS 之后的工作中，仍然有可能需要对 WBS 进行修改。

（每条 0.5 分，满分 4 分）

【问题 2】（8 分）

（1）以总部数据格式模板为基础，需求调研不充分；

（2）不应该由小王决定更改界面，需要走变更流程；

（3）更改界面不属于范围说明书的内容，属于镀金；

（4）详细的项目范围说明书及 WBS 缺少专家评审环节。

（每条 2 分，共 8 分）

【问题 3】（3 分）

（1）产品范围描述；

（2）验收标准；

（3）可交付成果；

（4）项目的除外责任；

（5）制约因素；

（6）假设条件。

（每条 1 分，满分 3 分）

【问题 4】（2 分）

（1）范围基准

（2）范围说明书

（3）WBS

（4）WBS 词典

（每个 0.5 分，共 2 分，（2）（3）（4）答案可互换）

试题二（25 分）

阅读下列说明，回答问题 1 至问题 4，将解答填入答题纸的对应栏内。

【说明】

某项目的任务计划表如表 1 所示，资金计划和资金使用情况表如表 2 所示。

表 1　任务计划表

序号	包	任务	紧前任务	人数	计划工期/月	计划任务完成率安排					
						1月	2月	3月	4月	5月	6月
1	包A	任务1		4	2	50%	50%				
2		任务2	任务1	2	1			100%			
3	包B	任务3	任务2	1	1				100%		
4		任务4		4	2	50%	50%				
5		任务5	任务1、4	3	3				40%	40%	20%
6	包C	任务6	任务3	2	2					60%	40%
7		任务7	任务3	2	2					50%	50%
8	包D	任务8	任务1、4	2	3				40%	30%	30%
9		任务9	任务5、8	1	1						100%

计划任务完成率：某任务当月计划完成量与该任务全部工作量的比值

表 2　资金计划和资金使用情况表（单位：万元）

时间	总预算计划执行	总预算实际执行	财政资金预算计划执行	财政资金预算实际执行	自筹资金预算计划执行	自筹资金预算实际执行
1月	400	200	200	0	200	200
2月	700	700	300	100	400	600
3月	1100	1700	100	100	1000	1600
4月	2700	3800	600	1000	2100	2800
5月	2300	1400	400	400	1900	1000
6月	1800	1400	500	500	1300	900
累计	9000	9200	2100	2100	6900	7100

项目完成后得到任务完成情况月报表如表 3 所示。

表 3　任务完成情况表

序号	包	任务	计划工期/月	实际任务完成率					
				1月	2月	3月	4月	5月	6月
1	包A	任务1	2	60%	40%				
2		任务2	1			100%			
3	包B	任务3	1				100%		
4		任务4	2	50%	50%				
5		任务5	3			30%	40%	30%	

序号	包	任务	计划工期/月	实际任务完成率					
				1 月	2 月	3 月	4 月	5 月	6 月
6	包 C	任务 6	2					50%	50%
7		任务 7	2					70%	30%
8	包 D	任务 8	3			40%	50%	10%	
9		任务 9	1						100%
实际任务完成率：某任务当月实际完成量与该任务全部工作量的比值									

【问题 1】（4 分）

请根据项目任务计划表，绘制项目的单代号网络图。

【问题 2】（7 分）

（1）项目参与人员均可胜任任意一项任务，请计算项目每月需要的人数，并估算项目最少需要多少人？

（2）项目经理希望采用资源平滑的方法减少项目人员，请问该方法是否可行？为什么？

【问题 3】（5 分）

项目第 1 个月月底时，项目经理考察项目的执行情况，请计算此时项目的 PV、EV 和 AC。

【问题 4】（9 分）

项目第 2 个月月底时，上级部门考核财政资金使用情况，请给出项目此时的执行绩效。

试题二分析

本题重点考核项目成本与进度管理知识，考生需全面多视角来综合分析并作答。

【问题 1】

综合计算题，本题重点考查考生对网络图知识的掌握程度，考查考生是否可以根据任务计划表绘制单代号网络图。（参考《信息系统项目管理师教程》（第 3 版）6.3.2 小节。）

【问题 2】

综合计算题，（1）重点考查考生是否可以根据实际的任务表确定项目的成本；（2）重点考查考生对资源平衡和资源平滑概念的理解。（参考《信息系统项目管理师教程》（第 3 版）6.3.3 小节。）

【问题 3】

综合计算题，本题重点考查考生对挣值管理技术的掌握程度，尤其是对 PV 和 EV 的含义的理解。EV 是对已完成工作的测量值。（参考《信息系统项目管理师教程》（第 3 版）7.3.2 小节。）

【问题 4】

综合计算题，在问题 3 的基础上，进一步考查考生对挣值管理技术的掌握程度。公式：进度偏差 $SV=EV-PV$；成本偏差 $CV=EV-AC$；进度绩效指数 $SPI=EV/PV$；成本绩效指数 $CPI=EV/AC$。同时要求考生以此判断项目的绩效。（参考《信息系统项目管理师教程》（第 3 版）7.3.2 小节。）

参考答案

【问题 1】（4 分）

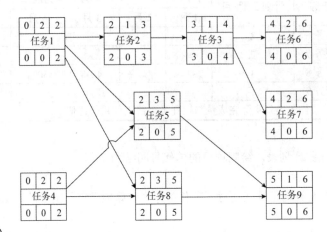

（满分 4 分）

【问题 2】（7 分）

（1）每月需要人数如下表所示。

时间	1 月	2 月	3 月	4 月	5 月	6 月
任务	任务 1、4	任务 1、4	任务 2、5、8	任务 3、5、8	任务 5、6、7、8	任务 6、7、9
总人数	4+4=8	4+4=8	2+3+2=7	1+3+2=6	3+2+2+2=9	2+2+1=5

（每月需要人数答对给 0.5 分，共 3 分）

因此，项目最少需要 9 个人。（2 分）

（2）不可行。（1 分）

所有的活动都在关键路线上，资源平滑需要借助时差，但是所有任务均无时差。（1 分）

【问题 3】（5 分）

PV=400（1 分）

AC=200（1 分）

第一个月的实际工作完成率为：（0.6+0.5）/（0.5+0.5）=1.1（1 分）

EV=1.1×400=440（2 分）

【问题 4】（9 分）

第 2 个月时，仅考虑财政资金使用情况，则 PV=200+300=500（1 分）

AC=0+100=100（1 分）

第 1 个月的实际工作完成率为：

（0.6+0.5）/（0.5+0.5）=1.1（1 分）

第 2 个月的实际工作完成率为：

（0.4+0.5）/（0.5+0.5）=0.9（1 分）

EV=1.1×200+0.9×300=220+270=490（1 分）

因此：

CV=EV–AC=490–100=390（1 分）

SV=EV–PV=490–500=–10（1 分）

或：CPI=EV/AC=490/100=4.9＞1

SPI=EV/PV=490/500=0.98＜1

因此，目前项目进度落后（1 分）、成本结余（1 分）。

试题三（25 分）

阅读下列说明，回答问题 1 至问题 4，将解答填入答题纸的对应栏内。

【说明】

某公司中标医院的信息管理系统。公司指派小王担任项目经理，并组建相应的项目团队。由于人手有限，小王让负责项目质量工作的小杨同时担当配置管理员。小杨编写并发布了质量管理计划和配置管理计划。

小杨利用配置管理软件对项目进行配置管理，为了项目管理方便，小杨给小王开放所有的配置权限，当有项目组成员提出配置变更需求时，小杨直接决定是否批准变更请求。小杨为项目创建了三个文件夹，分别作为存放开发、受控、产品文件的目录，对经过认定的文档或经过测试的代码等能够形成配置基线的文件，存放到受控库中，并对其编号。项目研发过程中，某软件人员打算对某段代码做一个简单修改，他从配置库检出待修改的代码段，修改完成并经测试没问题后，检入配置库，小杨认为代码改动不大，依然使用之前的版本号，并删除了旧的代码。公司在质量审计过程中，发现项目管理方面的诸多问题。

【问题 1】（10 分）

请结合案例，简要分析该项目在配置管理方面存在的问题。

【问题 2】（8 分）

请结合案例，描述在软件升级过程中的配置库变更控制流程。

【问题 3】（5 分）

请简述质量审计的目标。

【问题 4】（2 分）

在候选答案中选择正确选项，将该选项的编号填入答题纸内。

通常来说，质量管理人员不应具备_____。

A．产品库代码的 Check 权限

B．产品库文档的 Check 权限

C．受控库代码的 Check 权限

D．受控库文档的 Check 权限

试题三分析

本题重点考核项目配置管理和质量管理知识，考生需全面多视角来综合分析并作答。

【问题 1】

综合问答题，本题重点考查考生对配置管理过程的理解，要求考生能够根据实际案例分析配置管理过程的执行情况。（参考《信息系统项目管理师教程》（第 3 版）14.2 节。）

【问题 2】

问答题，本题重点考查考生对软件升级过程中的配置库变更控制流程的掌握程度。（参考《信息系统项目管理师教程》（第 3 版）14.2.3 小节。）

【问题 3】

问答题，本题重点考查考生对质量审计内容的掌握程度。（参考《信息系统项目管理师教程》（第 3 版）8.3.2 小节。）

【问题 4】

细节题，考查考生对配置管理中权限部分内容的理解。（参考《信息系统项目管理师教程》（第 3 版）14.2.1 小节。）

参考答案

【问题 1】（10 分）

（1）质量管理员兼配置管理员；

（2）质量和配置管理计划未经审批；

（3）不应该给项目经理开放所有权限；

（4）小杨直接决定是否批准变更请求，缺少配置管理委员会；

（5）更新后，不应该用旧版本号；

（6）更新后，应保留所有版本代码。

（每条 2 分，满分 10 分）

【问题 2】（8 分）

（1）将待升级的软件基线从产品库中取出，放入受控库。

（2）程序员将欲修改的代码段从受控库中检出（Check out），放入自己的开发库中进行修改。代码被 Check out 后即被"锁定"，以保证同一段代码只能同时被一个程序员修改，如果甲正对其修改，乙就无法 Check out。

（3）程序员将开发库中修改好的代码段检入（Check in）受控库。Check in 后，代码的"锁定"被解除，其他程序员可以 Check out 该段代码了。

（4）软件产品的升级修改工作全部完成后，将受控库中的新基线存入产品库中（软件产品的版本号更新，旧的版本并不删除，继续在产品库中保存）。

（每条 2 分，共 8 分）

【问题 3】（5 分）

（1）识别全部正在实施的良好及最佳实践。

（2）识别全部违规做法、差距及不足。

（3）分享所在组织或行业中类似项目的良好实践。

（4）积极、主动地提供协助，以改进过程的执行，从而帮助团队提高生产效率。

（5）强调每次审计都应对组织经验教训的积累做出贡献。

（每条 1 分，共 5 分）

【问题 4】（2 分）

C

第21章 2021下半年信息系统项目管理师 下午试题 II 写作要点

> 从下列的 2 道试题（试题一至试题二）中任选 1 道解答。请在答题纸上的指定位置处将所选择试题的题号框涂黑。若多涂或者未涂题号框，则对题号最小的一道试题进行评分。

试题一 论信息系统项目的招投标管理

招投标管理是应用技术、经济的方法和市场经济的竞争作用，有组织开展的一种择优成交的方式。

请以"论信息系统项目的招投标管理"为题进行论述：

1. 概要叙述你参与管理过的一个信息系统项目（项目的背景、项目规模、发起单位、目的、项目内容、组织结构、项目周期、交付的成果等），并说明你在其中承担的工作（项目背景要求本人真实经历，不得抄袭及杜撰）。

2. 请结合你所叙述的信息系统项目，围绕以下要点论述你对信息系统项目招投标管理的认识，并总结你的心得体会：

（1）项目招投标管理的过程；

（2）根据你所描述的项目，编制一份招标文件中的评分表。

3. 请结合你所叙述的项目招投标管理和投标文件，写出从投标文件编写到投送过程中的注意事项。

写作要点

序号	评分点	内容	占比/%	分值	评分档			
					优	良	中	差
1	项目概述	1. 项目描述是否完整、真实	13.33	10	9～10	7～9	4～7	0～4
		2. 所承担的工作是否符合项目经理定位						
2	项目招投标管理的过程认识	1. 项目招标	13.33	10	9～10	7～9	4～7	0～4
		2. 项目投标 （1）项目意向识别；（2）项目售前交流；（3）获取招标文件；（4）编写招标文件；（5）参加投标活动						
		3. 开标和评标						
		4. 选定项目承建方						
3	项目实践	1. 结合项目实际，招投标管理是否得当	20.00	15	13～15	10～13	6～10	0～6
		2. 解决问题的方法与能力						

续表

序号	评分点	内容	占比/%	分值	评分档			
					优	良	中	差
4	招标文件评分表（需结合项目实践，客观、量化、可操作）	1. 对需求的理解	10.67	8	7～8	5～7	3～5	0～3
		2. 技术能力						
		3. 企业资质						
		4. 经验						
		5. 管理水平						
		6. 其他						
5	投标文件编写到投送过程中的注意事项	1. 按照招标文件格式填写，装订成册，在册面上填"投标文件资料清单"	16.00	12	10～12	8～10	5～8	0～5
		2. 投标文件正本、副本打印并由投标方法人代表或委托代理人签署						
		3. 除投标方对错处做必要修改外，投标文件中不许加行、涂抹或改写						
		4. 不能以电报、电话、传真形式投标						
		5. 投标方应准备正本一份和副本若干，用信封分别密封，封面注明"正/副本"，然后一起放入招标文件袋中，再密封						
		6. 每一密封信封上注明何时之前不准启封						
		7. 投标文件由专人送交，投标方应将投标文件按规定密封和装订后，并按投标注明的时间和地址送至招标方						
		8. 投标文件应对招标文件的要求做出实质性响应，符合招标文件的所有条款、条件和规定且无重大偏离与保留						
		9. 应严格按照招标文件的要求填写"开标一览表""投标价格表"等						
6	综合分析与表达能力	1. 切合题意，具有一定理论水平和实践能力	26.67	20	17～20	14～17	7～14	0～7
		2. 论文结构合理、逻辑清晰						
		3. 卷面整洁、字迹工整、文字通顺、论述得当						
合计			100.00	75				

试题二　论信息系统项目的进度管理

项目进度管理是在项目实施过程中，对各阶段的进展程度和最终完成期限进行管理。其目的是保证项目能在满足时间约束条件的前提下实现其总体目标。

请以"论信息系统项目的进度管理"为题进行论述：

1. 概要叙述你参与管理过的信息系统项目（项目的背景、项目规模、发起单位、目的、项目内容、组织结构、项目周期、交付的成果等），并说明你在其中承担的工作（项目背景要求本人真实经历，不得抄袭及杜撰）。

2. 请结合你所叙述的信息系统项目，围绕以下要点论述你对信息系统项目进度管理的认识，并总结你的心得体会：

（1）项目进度管理的过程；

（2）如果进度管理过程发生进度延迟，请结合实践给出处理方法。

3. 请结合你所叙述的信息系统项目，用甘特图编制一份对应的项目进度计划。

写作要点

序号	评分点	内容	占比/%	分值	评分档 优	良	中	差
1	项目概述	1. 项目描述是否完整、真实 2. 所承担的工作是否符合项目经理定位	13.33	10	9～10	7～9	4～7	0～4
2	进度管理过程要点	1. 规划进度管理 2. 定义活动 3. 排列活动顺序 4. 估算活动资源 5. 估算活动持续时间 6. 制订进度计划 7. 控制进度	13.33	10	13～15	10～13	6～10	0～6
3	项目实践	1. 结合实际，进度管理是否得当 2. 解决问题的方法与能力	20.00	15	13～15	10～13	6～10	0～6
4	项目延迟处理 （需结合项目实践，原因与措施对应、合理）	1. 了解进度延迟情况 2. 分析进度延迟原因 3. 针对进度延迟的原因给出合理的措施（如下措施供参考）： （1）赶工、加班 （2）并行施工 （3）使用经验丰富、高水平人员 （4）降低质量、缩小范围 （5）提高生产效率 （6）加强质量管理，减少返工 （7）与各方沟通，提高沟通效率	13.33	10	9～10	7～9	4～7	0～4

续表

序号	评分点	内容	占比/%	分值	评分档			
					优	良	中	差
5	进度计划主要内容（需结合项目实际）	1. 进度基准	13.33	10	9~10	7~9	4~7	0~4
		2. 进度计划						
		3. 进度数据（包括里程碑、活动、活动属性、假设条件、约束、资源需求、备选计划、进度应急储备、风险等）						
		4. 项目日历						
6	综合分析与表达能力	1.切合题意，具有一定理论水平和实践能力	26.67	20	17~20	14~17	7~14	0~7
		2.论文结构合理、逻辑清晰						
		3.卷面整洁、字迹工整、文字通顺、论述得当						
合计			100.00	75				

第22章　2022上半年信息系统项目管理师 上午试题分析与解答

试题（1）

　　为了表达一只小狗的信息，可以用汉字"小狗"，也可以通过一只小狗的彩色图片，还可以通过声音文件"汪汪"来表示。同一个信息可以借助不同的信息媒体表现出来，这体现了信息的___(1)___。

　　（1）A．传递性　　　　　　　　　　B．依附性

　　　　　C．及时性　　　　　　　　　　D．动态性

试题（1）分析

　　参考《信息系统项目管理师教程》（第 3 版）[1]1.1.1 小节。信息的依附性可以从两个方面来理解：一方面，信息是客观世界的反应，任何信息必然由客观事物所产生，不存在无源的信息；另一方面，任何信息都要依附于一定的载体而存在，需要有物质的承担者，信息不能完全脱离物质而独立存在。

参考答案

　　（1）B

试题（2）

　　面向对象的方法构建在类和对象之上，通过建模技术将相关对象按照___(2)___进行分组，形成___(2)___。

　　（2）A．管理　接口　　　　　　　　B．流程　用例

　　　　　C．活动　系统　　　　　　　　D．业务　构件

试题（2）分析

　　参考《信息系统项目管理师教程》（第 3 版）1.2.4 小节。面向对象的方法构建在类和对象之上，通过建模技术将相关对象按照业务进行分组，形成构件。

参考答案

　　（2）D

试题（3）

　　Hadoop 中，___(3)___是大规模数据集的并行计算框架。

　　（3）A．DataNode　　　　　　　　　B．HDFS

　　　　　C．MapReduce　　　　　　　　D．Hive

---

① 本章提及的《信息系统项目管理师教程》（第 3 版）是全国计算机技术与软件专业技术资格（水平）考试指定用书，由清华大学出版社出版。

试题（3）分析

参考《系统集成项目管理工程师教程》（第 2 版）[②]3.8.4 小节。Hadoop 中，DataNode 是 HDFS 的数据节点，主要作用是存储与管理数据块。HDFS 是分布式文件系统，存储海量的数据。MapReduce 是并行处理框架，实现任务分解和调度。Hive 定义了一种类 SQL 查询语言 HQL，提供 SQL 查询功能。

参考答案

（3）C

试题（4）

按照《"十四五"国家信息化规划》的重大任务和重点工程，要统筹建设物联、　(4)　、智联三位一体的新型城域物联专网，加快 5G 和物联网的协同部署，提升感知设施的资源共享和综合利用水平。

（4）A. 数连　　　　　B. 车联　　　　　C. 网连　　　　　D. 城连

试题（4）分析

《"十四五"国家信息化规划》重大任务和重点工程的"（一）建设泛在智联的数字基础设施体系"中指出，要统筹建设物联、数连、智联三位一体的新型城域物联专网，加快 5G 和物联网的协同部署，提升感知设施的资源共享和综合利用水平。

参考答案

（4）A

试题（5）

在《"十四五"软件和信息技术服务业发展规划》中，　(5)　的主要任务是：发展规划完善桌面、服务器、移动终端、车载等操作系统产品及配套工具集，推动操作系统与数据库、中间件、办公套件、安全软件及各类应用的集成、适配、优化。

（5）A. 协同攻关应用软件　　　　　　　B. 前瞻布局新兴平台软件
　　　 C. 聚力攻坚基础软件　　　　　　　D. 重点突破工业软件

试题（5）分析

《"十四五"软件和信息技术服务业发展规划》中，发展规划完善桌面、服务器、移动终端、车载等操作系统产品及配套工具集，推动操作系统与数据库、中间件、办公套件、安全软件及各类应用的集成、适配、优化等是聚力攻坚基础软件的主要任务。

参考答案

（5）C

试题（6）

《"十四五"数字经济发展规划》中明确提出　(6)　要素是数字经济深化发展的核心引擎。

（6）A. 数据　　　　　B. 信息　　　　　C. 技术　　　　　D. 资源

---

② 本章提及的《系统集成项目管理工程师教程》（第 2 版）是全国计算机技术与软件专业技术资格（水平）考试指定用书，由清华大学出版社出版。

试题（6）分析

根据《"十四五"数字经济发展规划》，数据要素是数字经济深化发展的核心引擎。

参考答案

（6）A

试题（7）

元宇宙本身不是一种技术，而是一个理念和概念，它需要整合不同的新技术，强调虚实相融。元宇宙主要有以下几项核心技术：一是__(7)__，包括 VR、AR 和 MR，可以提供沉浸式的体验；二是__(7)__，能够把现实世界镜像到虚拟世界里面去，在元宇宙里面，我们可以看到很多自己的虚拟分身；三是用__(7)__来搭建经济体系，经济体系将通过稳定的虚拟产权和成熟的去中心化金融生态具备现实世界的调节功能，市场将决定用户劳动创造的虚拟价值。

（7）A．扩展现实　　数字孪生　　区块链
　　　B．增强现实　　虚拟技术　　区块链
　　　C．增强现实　　数字孪生　　大数据
　　　D．扩展现实　　虚拟技术　　大数据

试题（7）分析

根据元宇宙百度百科的信息，元宇宙本身不是一种技术，而是一个理念和概念，它需要整合不同的新技术，强调虚实相融。元宇宙主要有以下几项核心技术：一是扩展现实，包括 VR 和 AR，可以提供沉浸式的体验；二是数字孪生，能够把现实世界镜像到虚拟世界里面去，在元宇宙里面，我们可以看到很多自己的虚拟分身；三是用区块链来搭建经济体系，经济体系将通过稳定的虚拟产权和成熟的去中心化金融生态具备现实世界的调节功能，市场将决定用户劳动创造的虚拟价值。

参考答案

（7）A

试题（8）

OSI 七层协议中，RPC、NFS 协议属于__(8)__。

（8）A．网络层　　　B．传输层　　　　　C．会话层　　　　　D．表示层

试题（8）分析

参考《信息系统项目管理师教程》（第 3 版）1.3.1 小节。OSI 采用了分层的结构化技术，从下到上分为 7 层：物理层、数据链路层、网络层、传输层、会话层表示层和应用层。会话层负责在网络中的两个节点间建立和维持通信，以及提供交互会话的管理功能，常见的协议有 RPC、SQL、NFS。

参考答案

（8）C

试题（9）

使用结构化分析（SA）方法进行需求分析，围绕数据字典建立的三个层次的模型不包括__(9)__。

A．实体关系图　　B．业务流程图　　C．数据流图　　D．状态转换图

试题（9）分析

参考《信息系统项目管理师教程》（第 3 版）1.4.1 小节。使用 SA 方法进行需求分析，围绕数据字典这个核心建立的三个层次的模型包括：用实体联系图（E-R 图）表示的数据模型，用数据流图（DFD）表示的功能模型，用状态转换图（STD）表示的行为模型。

参考答案

（9）B

试题（10）

　　（10）　是一个容器化平台，它以容器的形式将应用程序及所有依赖项打包在一起，以确保应用在任何环境中无缝运行。

（10）A．OOA　　　　B．Spark　　　　C．Docker　　　　D．Spring cloud

试题（10）分析

根据 Docker 的定义，Docker 是一个容器化平台，它以容器的形式将应用程序及所有依赖项打包在一起，以确保应用在任何环境中无缝运行。

参考答案

（10）C

试题（11）

企业能够将软件管理和工程两方面的过程文档化、标准化，并综合成该组织的标准软件过程。所有项目均使用经批准、剪裁的标准软件过程来开发和维护软件，软件产品的生产在整个软件过程是可见的。由此判断，该企业已经达到了 CMMI　（11）　级。

（11）A．2　　　　　　B．3　　　　　　C．4　　　　　　D．5

试题（11）分析

参考《信息系统项目管理师教程》（第 3 版）24.3.4 小节。CMMI 包括五个成熟度级别：1 级称为初始级，主要特点是软件过程是无序的，管理是反应式的。2 级称为可管理级，主要特点是建立了基本的项目管理过程来跟踪费用、进度和功能特性，制定了必要的过程纪律，能重复早先类似应用项目取得的成功经验。3 级称为已定义级，主要特点是已将软件管理和工程两方面的过程文档化、标准化，并综合成该组织的标准软件过程。所有项目均使用经批准、剪裁的标准软件过程来开发和维护软件，软件产品的生产在整个软件过程是可见的。4 级称为量化管理级，分析对软件过程和产品质量的详细度量数据，对软件过程和产品都有定量的理解与控制。管理有一个做出结论的客观依据，管理能够在定量的范围内预测性能。5 级称为优化管理级，主要特点是过程的量化反馈和先进的新思想、新技术促使过程持续不断改进。

参考答案

（11）B

试题（12）

关于信息安全的描述，不正确的是：　（12）　。

（12）A．磁盘阵列、数据备份和恢复以及异地容灾等为了防止数据泄露

B．数据安全的核心属性是机密性、完整性、可用性

C．身份窃取指合法用户在正常通信过程中被其他非法用户拦截

D．防火墙的安全策略由安全规则表示

试题（12）分析

参考《信息系统项目管理师教程》（第 3 版）1.6 节。磁盘阵列、数据备份和恢复以及异地容灾是为了防止数据丢失。

参考答案

（12）A

试题（13）

某公司法人王某花费 3000 余元从网上购买个人信息计 3646 条，并将购得的信息分发给员工用以推销业务。当地警方依据　（13）　规定，对王某予以罚款 10 万元。

（13）A．著作权法　　　　　　　　　B．计算机软件保护条例

　　　　C．网络安全法　　　　　　　　　D．民法通则

试题（13）分析

《中华人民共和国网络安全法》第四章　网络信息安全，第四十一条规定：网络运营者收集、使用个人信息，应当遵循合法、正当、必要的原则，公开收集、使用规则，明示收集、使用信息的目的、方式和范围，并经被收集者同意。网络运营者不得收集与其提供的服务无关的个人信息，不得违反法律、行政法规的规定和双方的约定收集、使用个人信息，并应当依照法律、行政法规的规定和与用户的约定，处理其保存的个人信息。

第四十二条规定：网络运营者不得泄露、篡改、毁损其收集的个人信息；未经被收集者同意，不得向他人提供个人信息。但是，经过处理无法识别特定个人且不能复原的除外。网络运营者应当采取技术措施和其他必要措施，确保其收集的个人信息安全，防止信息泄露、毁损、丢失。在发生或者可能发生个人信息泄露、毁损、丢失的情况时，应当立即采取补救措施，按照规定及时告知用户并向有关主管部门报告。

参考答案

（13）C

试题（14）

　（14）　是利用公开密钥进行加密的技术。

（14）A．AES　　　　　B．IDEA　　　　　C．DES　　　　　D．RSA

试题（14）分析

参考《信息系统项目管理师教程》（第 3 版）1.6.2 小节。对数据加密的技术分为两类，即对称加密（私人密钥加密）和非对称加密（公开密钥加密）。对称加密技术中，以 DES 算法为典型代表，常见的有 DES、IDEA、AES。非对称加密技术通常以 RSA 为代表，RSA 密码是一种基于大合数因子分解困难性的公开密钥密码。

参考答案

（14）D

试题（15）

关于系统规划，不正确的是： ___（15）___ 。

（15）A．要从用户的现状出发   B．以技术的变革为导向

          C．以用户的需求为基础   D．依据组织的战略目标进行

试题（15）分析

系统规划是根据组织的战略目标和用户提出的需求，从用户的现状出发。

参考答案

（15）B

试题（16）

___（16）___ 依照《中华人民共和国数据安全法》和有关法律、行政法规的规定，负责统筹协调网络数据安全和相关监管工作。

（16）A．工信部   B．公安部   C．国资委   D．网信办

试题（16）分析

国家网信部门依照本法和有关法律、行政法规的规定，负责统筹协调网络数据安全和相关监管工作。

参考答案

（16）D

试题（17）

在《国家标准化发展纲要》的发展目标中提到，到 2025 年实现标准供给由政府主导向 ___（17）___ 转变。

（17）A．市场主导   B．行业主导

          C．政府与市场并重   D．市场与行业协会并重

试题（17）分析

在《国家标准化发展纲要》的发展目标中提到，到 2025 年实现供给由政府主导向政府与市场并重转变。

参考答案

（17）C

试题（18）

依据《中华人民共和国政府采购法》，政府采购监督管理部门在处理投诉事项期间，可以视具体情况书面通知采购人暂停采购活动，但暂停时间最长不得超过 ___（18）___ 日。

（18）A．60   B．45   C．30   D．15

试题（18）分析

依据《中华人民共和国政府采购法》，政府采购监督管理部门在处理投诉事项期间，可以视具体情况书面通知采购人暂停采购活动，但暂停时间最长不得超过 30 日。

参考答案

（18）C

试题（19）

关于项目及项目管理基础的描述，不正确的是：__(19)__。

(19) A．项目是为提供一项独特产品、服务或成果所做的临时性努力

B．项目所产生的产品、服务或成果也具有临时性特点

C．项目工作的目的在于得到特定的结果，即项目是面向目标的

D．项目管理和日常运营管理的目标有着本质的不同

试题（19）分析

参考《信息系统项目管理师教程》（第 3 版）2.1.2 小节。临时性一般不适用于项目所产生的产品、服务或成果。大多数项目是为了得到持久的结果。

参考答案

(19) B

试题（20）

因为西部的__(20)__优势，"东数西算"工程选择西部作为大数据中心。

(20) A．自然环境　　　B．教育环境　　　C．人文环境　　　D．技术环境

试题（20）分析

参考《信息系统项目管理师教程》（第 3 版）2.2.3 小节。理解项目的环境要重点考虑社会环境、政治环境和自然环境。

参考答案

(20) A

试题（21）

组建项目团队、建设项目团队和管理项目团队，是__(21)__的过程。

(21) A．启动过程组　　　　　　　　　B．计划编制过程组

C．执行过程组　　　　　　　　　D．监督与控制过程组

试题（21）分析

参考《信息系统项目管理师教程》（第 3 版）2.8.1 小节。执行过程组整合人员和其他资源，在项目的生命期或某个阶段执行项目管理计划，包括人力资源管理中的组建项目团队、建设项目团队和管理项目团队等过程。

参考答案

(21) C

试题（22）

关于可行性研究的描述，不正确的是：__(22)__。

(22) A．技术可行性决定了项目方向，开发人员估计错误会影响项目最终成败

B．信息系统项目可行性研究还包括法律可行性、社会可行性等方面

C．运行环境是信息系统发挥效益的关键，需重点分析其运行环境的可行性

D．经济可行性分析是对经济方面进行分析，不含对项目的社会效益分析

试题（22）分析

参考《信息系统项目管理师教程》（第 3 版）3.2.1 小节。经济可行性分析不仅包含对经

济方面的分析，还需要对项目的社会效益进行分析。

参考答案

（22）D

试题（23）

招标投标是一种国际惯例，是一种___（23）___行为。

（23）A. 资金流转　　B. 项目任务分解　C. 客户关系维护　D. 商品交易

试题（23）分析

参考《信息系统项目管理师教程》（第 3 版）3.1.3 小节。招标和投标是一种商品交易行为，一方提供商品，一方购买商品。

参考答案

（23）D

试题（24）

关于项目管理计划的描述，不正确的是___（24）___。

（24）A. 项目管理计划是项目总体计划，它从整体上指导项目工作的有序进行

　　　B. 项目管理计划具有统筹作用，包括了项目管理与控制过程的所有文件

　　　C. 在项目管理信息系统中，项目管理计划在计划模块中制订和维护

　　　D. 项目管理计划可详可略，可由一个或多个部分计划及其他事项组成

试题（24）分析

参考《信息系统项目管理师教程》（第 3 版）4.3.1 小节。项目管理计划记录了计划过程组各个子计划的全部成果，确定了执行、监视、控制和结束项目的方式与方法，并不包括所有项目管理与控制过程的全部文件。

参考答案

（24）B

试题（25）

___（25）___不是"指导与管理项目执行"过程的成果。

（25）A. 可交付成果　　　　　　　　B. 工作绩效数据

　　　C. 变更请求　　　　　　　　　D. 项目管理计划

试题（25）分析

参考《信息系统项目管理师教程》（第 3 版）4.4.3 小节。D 项为指导与管理项目执行过程的输入，而不是成果。

参考答案

（25）D

试题（26）

小张作为项目经理负责项目 A，因需求方变动需要终止项目，接到通知后，小张采取的应对措施不合适的是：___（26）___。

（26）A. 通知项目所有成员即刻停止工作

　　　B. 与所有合适的干系人整理项目历史信息和经验教训

    C. 制定程序，来调查和记录提前终止的原因

    D. 验收未全部完成的可交付成果

试题（26）分析

    参考《信息系统项目管理师教程》（第 3 版）4.7 节。即使项目因甲方原因中途终止，项目成员依然需要做一系列的活动来正式结束项目。项目经理需要确认所有事项都完成后才可以确认项目正式结束。

参考答案

    （26）A

试题（27）

    某公司承担了一个新项目，为一家小型制造企业开发协同工作系统。该制造企业之前没有使用过协同工作系统，业务比较复杂，需求会持续变更，作为项目经理应通过　(27)　来确保项目顺利完成。

    （27）A. 项目前期多花时间，尽可能地明确和细化需求

         B. 更改项目完成时间，提前进行验收，以便处理验收时发现的问题

         C. 在开发中采用迭代开发的方式，及时调整功能

         D. 制订需求管理计划，规划如何分析、记录和管理需求

试题（27）分析

    参考《信息系统项目管理师教程》（第 3 版）5.2.2 小节。需求是软件项目成功的核心之所在，需求管理计划描述在整个项目生命周期内如何分析、记录和管理需求，是对项目需求进行定义、确定、记载、核实管理和控制的行动指南。在已知需求会有持续变动的情况下，需要制订需求管理计划，并在项目执行过程中按照此计划来管理需求。A、B、C 均为一些需求变更时可以使用的处理方法，无法覆盖整个项目的需求管理。

参考答案

    （27）D

试题（28）

    在需求文件中，　(28)　的需求可作为基准使用。

    ①可测量和可测试　　　②项目经理认可

    ③完整且可跟踪　　　　④相对独立无依赖

    （28）A. ①②　　　　B. ①③　　　　C. ③④　　　　D. ②③

试题（28）分析

    参考《信息系统项目管理师教程》（第 3 版）5.3.3 小节。只有明确的（可测量和可测试的）、可跟踪的、完整的、互相协调的，且主要干系人愿意认可的需求，才能作为基准。

参考答案

    （28）B

试题（29）

    下表为某项目的 WBS，则此项目的最短工期为　(29)　个月。

工作编号	工作任务	工期
0	X 项目	
1	硬件采购	1 个月
2	第三方软件	2 个月
3	系统功能	3 个月
3.1	设备管理	1 个月
3.2	工单管理	1 个月
3.3	采购管理	1 个月
3.4	库存管理	1 个月
4	系统接口	1 个月
5	现场实施	1 个月

（29）A. 3　　　　　　B. 5　　　　　　C. 7　　　　　　D. 8

试题（29）分析

参考《信息系统项目管理师教程》（第 3 版）5.5 节。本题考核对 WBS 的理解。系统功能完成后，才能进行接口和现场实施，所以 3、4、5 顺序进行，最短工期为 5 个月，其他硬件采购、第三方软件可以在系统功能研发时同步进行。

参考答案

（29）B

试题（30）

某项目进度网络图中，活动 A 和 B 之间的依赖关系表示为 SS-8 天，则表明：__（30）__。

（30）A. 活动 A 开始 8 天后活动 B 开始

　　　B. 活动 A 开始 8 天前活动 B 开始

　　　C. 活动 A 结束 8 天后活动 B 开始

　　　D. 活动 A 结束 8 天前活动 B 开始

试题（30）分析

参考《信息系统项目管理师教程》（第 3 版）6.3.2 小节。SS-8，提前量是相对于紧前活动，紧后活动可以提前的时间量。

参考答案

（30）B

试题（31）、（32）

一个软件研发项目使用迭代开发，共计进行 3 次迭代，每次迭代的工作分解均为：需求分析-代码编写-测试验证。该项目的活动关系表如下：

活动描述	活动	持续时间/天	紧前活动
项目整体设计和迭代计划	A	3	
迭代 1-需求分析	B	5	A
迭代 1-代码编写	C	15	B
迭代 1-测试验证	D	5	C

续表

活动描述	活动	持续时间/天	紧前活动
迭代 2-需求分析	E	3	B
迭代 2-代码编写	F	12	C、E
迭代 2-测试验证	G	7	D、F
迭代 3-需求分析	H	3	E
迭代 3-代码编写	I	5	F、H
迭代 3-测试验证	J	7	G、I
系统验证和发布	K	7	J

则该项目的工期为　(31)　天，在迭代 3 需求分析时，用户提出需求变更，导致迭代 3 的代码编写的持续时间增加了 5 天，其他活动持续时间不变，则项目整体持续时间将增加　(32)　天。

（31）A. 52　　　　　　B. 54　　　　　　C. 56　　　　　　D. 58

（32）A. 0　　　　　　B. 1　　　　　　C. 3　　　　　　D. 5

试题（31）、（32）分析

参考《信息系统项目管理师教程》（第 3 版）6.3.3 小节。所给表格可以转化为下图，如图可见，关键路径为 A-B-C-F-G-J-K，整体持续时间为 56 天。发生变更的为活动 I，其持续时间由 5 天变更为 10 天，则关键路径发生变化，变为 A-B-C-F-I-J-K，重新计算整体持续时间为 59 天，比之前增加了 3 天。

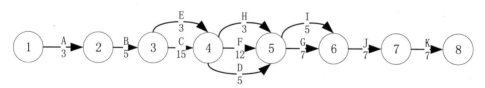

参考答案

（31）C　　（32）C

试题（33）

某学校开发图书管理系统，软件研发专家组给出了如下时间估计：

活动	乐观工期	最可能工期	悲观工期
图书管理系统的代码编写	5 人·天	14 人·天	17 人·天

假设三个估值服从 β 分布，则该图书管理系统软件在 11～15 天完成的可能性约为：　(33)　。

（33）A. 34%　　　　B. 68%　　　　C. 95%　　　　D. 99%

试题（33）分析

可计算出活动的期望工期为 (5+14×4+17)/6=13，标准差为 (17−5)/6=2。

则 δ 区间为：9---11---13---15---17。

所以，在 11～15 天完成，即正负 δ 内完成的可能性为 68%。

参考答案

（33）B

试题（34）

关于制定预算的描述，不正确的是：___（34）___。

（34）A．成本基准是经过批准且按时间段分配的项目预算

　　　　B．项目总资金需求是根据资金投入计算出的成本基准

　　　　C．成本基准中的成本估算与进度活动直接关联

　　　　D．项目资金通常以增量而非连续的方式投入

试题（34）分析

参考《信息系统项目管理师教程》（第 3 版）7.2.3 小节。本题考查对成本基准和项目资金需求的理解。当有管理储备时，总资金需求=成本基准+管理储备，所以 B 项说法不正确。

参考答案

（34）B

试题（35）

某软件开发项目包括 A、B、C 三项活动，目前各活动的相关信息如下（单位：万元），则该项目绩效处于___（35）___状态。

活动	PMB	PV	完成比	AC
A	20	20	100%	20
B	15	5	50%	6
C	7	0	0	0

（35）A．进度提前且成本节约　　　　　　B．进度提前且成本超支

　　　　C．进度落后且成本节约　　　　　　D．进度落后且成本超支

试题（35）分析

参考《信息系统项目管理师教程》（第 3 版）7.3.2 小节。由提供的信息可得：

PV=20+5=25 万元，EV=20+15×50%=27.5 万元，AC=20+6=26 万元，SV=EV–PV=2.5＞0，CV=EV–AC=1.5＞0。

参考答案

（35）A

试题（36）

某公司在教育服务领域持续发展，已有丰富的项目经验。近日新立项的教育服务项目 A 需要规划质量管理，则应采用___（36）___的方法。

（36）A．成本收益分析法　　　　　　　　B．质量成本法

　　　　C．标杆对照法　　　　　　　　　　D．实验设计

试题（36）分析

参考《信息系统项目管理师教程》（第 3 版）8.3.1 小节。按照描述，这个公司有很多类似项目的经验，可以直接使用标杆对照法识别出最佳实践，形成改进意见，并为绩效考核提供依据。

参考答案

（36）C

试题（37）

关于质量保证和质量控制的描述，不正确的是：　（37）　。

（37）A．质量保证是为了满足质量目标而做的前瞻性行为

　　　 B．质量控制监督并记录质量活动的执行结果

　　　 C．质量保证是确保采用合理的质量标准和操作性定义的过程

　　　 D．质量保证和质量控制的对象都是项目的可交付成果

试题（37）分析

参考《信息系统项目管理师教程》（第 3 版）8.2.2 小节和 8.2.3 小节。实施质量保证是审计质量要求和质量控制测量结果，确保采用合理的质量标准和操作性定义的过程。质量控制是监督并记录质量活动执行结果，以便评估绩效。质量保证的对象既有项目过程，也有可交付成果。

参考答案

（37）D

试题（38）

软件项目的质量，主要用　（38）　和软件测试两种方法配合使用来保证。

（38）A．技术评审　　　 B．用户试用　　　 C．流程外包　　　 D．迭代开发

试题（38）分析

软件项目中通常会通过专家评审对技术方法和开发过程进行评估，通过软件测试来保证软件产品的质量。

用户试用是软件测试在产品交付之前的一种测试方法，只是软件测试中的一种方法。迭代开发是软件开发中使用的方法，可以快速适应需求的变更，也有利于最后产品的质量提高，但它并不能保证质量。

参考答案

（38）A

试题（39）

某软件技术公司，主营业务为软件项目研发和交付，公司项目经理均为软件项目经理。为扩大发展，公司承接了一个技术改造项目，涉及硬件的升级和更新及相关软件的开发和部署。关于新项目项目经理的人选，合适的是：　（39）　。

（39）A．从现有软件项目经理中挑选任命，在新项目中锻炼一下

　　　 B．从现有软件项目经理中挑选，脱产学习半年后任命

　　　 C．对外招聘一位有软硬件项目经验的项目经理

　　　 D．设置 2 个项目经理，软件部分从现有软件项目经理遴选，硬件部分由公司老

　　　　　总担任

试题（39）分析

参考《信息系统项目管理师教程》（第 3 版）9.2.2 小节。组建项目团队时，需要找到具

有必要技能和知识的人选。A、B 不符合项目需求；D 项，设置 2 个项目经理，违反"一把手工程"原则，关键事项决策时会出现无人决策局面，影响项目目标。

参考答案

（39）C

试题（40）

项目经理为了使团队高效运行并达成项目目标，可采用的方式不包含 （40） 。

（40）A. 提高项目要求并增加每日工作时长，刺激成员创新

　　　B. 每周组织一次知识分享，提高团队成员的知识和技能

　　　C. 每日组织站会，及时收集成员遇到的问题，协作解决

　　　D. 不定期组织聚餐和团建活动，增加团队凝聚力

试题（40）分析

参考《信息系统项目管理师教程》（第 3 版）9.2.3 小节。A 项的方式不正确，提高项目要求、增加每日工作时长会引起团队成员的压力和情绪，影响团队氛围。

参考答案

（40）A

试题（41）

某公司人员流动性强，最近频频发生人员的变更。作为公司项目经理，此时需要处理的事项不包含 （41） 。

（41）A. 变更项目管理计划

　　　B. 变更问题描述和项目人员分派文件

　　　C. 更新项目范围和目标

　　　D. 总结历史信息和经验教训文档

试题（41）分析

参考《信息系统项目管理师教程》（第 3 版）9.2.4 小节。人员发生变更后，项目管理计划中的人力资源管理计划需要更新（A 项），涉及变动人员的问题描述和任务分派表需要更新（B 项），组织过程资产需要更新（D 项）。但项目的工作量和工期不需要重新评估，工作量和工期是按照项目需求来评估的，跟实际参与项目的人员没有关系。

参考答案

（41）C

试题（42）

某项目沟通渠道为 66，则该项目干系人为 （42） 人。

（42）A. 9　　　　　　　B. 10　　　　　　　C. 11　　　　　　　D. 12

试题（42）分析

参考《信息系统项目管理师教程》（第 3 版）10.3 节。潜在沟通渠道的总量为 $n(n-1)/2$，其中 n 代表干系人的数量，则有 $n(n-1)/2=66$，$n=12$。

参考答案

（42）D

试题（43）

在项目沟通管理过程中，___（43）___是"管理沟通"过程的作用。

（43）A．确保所有沟通参与者之间的信息流动的最优化

　　　 B．促进项目干系人之间实现有效率且有效果的沟通

　　　 C．识别与记录与干系人最有效率且最有效果的沟通方式

　　　 D．针对问题和关键绩效指标的沟通，可引发修正措施

试题（43）分析

参考《信息系统项目管理师教程》（第 3 版）10.2 节。A 是控制沟通的主要作用，B 是管理沟通的主要作用，C 是规划沟通的主要作用，D 是控制沟通对项目的影响。

参考答案

（43）B

试题（44）

关于项目干系人管理的描述，不正确的是___（44）___。

（44）A．应把干系人满意度作为一个关键项目目标来进行管理

　　　 B．规划干系人是一个反复的过程，应由项目经理定期开展

　　　 C．项目干系人管理包含项目需求管理、沟通管理和人力资源管理

　　　 D．建立沟通管理计划是为管理干系人的期望提供指导和信息

试题（44）分析

参考《信息系统项目管理师教程》（第 3 版）10.5 节。项目干系人管理的主要内容包括干系人分析、沟通管理和问题管理，并不包括人力资源管理。从某种意义上讲，需求管理是干系人管理的一部分。

参考答案

（44）C

试题（45）

"通过谈判达成共识"是项目经理应用___（45）___来达成项目目标的方法。

（45）A．管理技能　　　　B．分析技术　　　　C．人际关系　　　　D．专家判断

试题（45）分析

参考《信息系统项目管理师教程》（第 3 版）10.6 节。项目经理利用人际关系技能来管理干系人的期望，如调节团队氛围、建立信任关系、解决冲突矛盾、积极倾听与同理心；项目经理利用管理技能来达成项目目标，如引导干系人对项目达成共识、对干系人施加正面影响、通过谈判达成共识、调整组织行为以接受项目成果。

参考答案

（45）A

试题（46）

关于风险的描述不正确的是：___（46）___。

（46）A．具有不确定性的事件或活动不一定是风险

　　　 B．风险包括对目标的威胁，也包括促进目标的机会

    C. 项目投入越大，可接受的风险越小

    D. 因火灾造成停工引发的成本属于直接风险损失

试题（46）分析

参考《信息系统项目管理师教程》（第3版）11.1.1～11.1.4小节。风险损失中直接损失指财产损毁和人员伤亡的价值。灭火扑救和停工发生的成本属于间接损失。间接损失是直接损失以外的它物损失、责任损失，以及因此而造成的收益减少。

参考答案

（46）D

试题（47）

    __（47）__可以从整体工作和每项工作层级上识别和跟踪风险。

（47）A. WBS   B. 问题日志   C. 进度管理计划 D. 质量核对单

试题（47）分析

参考《信息系统项目管理师教程》（第3版）11.3节。WBS是把一个项目按一定原则分解，将项目分解成任务，将任务再分解成一项项工作，直至分解不下去。WBS归纳与定义了整个项目的工作范围，以及每一层工作的详细定义，所以能从宏观和微观上识别风险。

参考答案

（47）A

试题（48）

关于风险的描述，正确的是：__（48）__。

（48）A. 风险审计可以在日常项目审查中进行，也可以单独召开风险审计会议

        B. 蒙特卡洛分析有助于确定哪些风险对项目具有最大的潜在影响

        C. 制定有效的风险应对策略需要风险量化分析

        D. 建立应急储备，安排资金和资源应对风险是常见的回避风险策略

试题（48）分析

参考《信息系统项目管理师教程》（第3版）11.5.2小节。B项说法错误，敏感性分析有助于确定哪些风险对项目具有最大的潜在影响。C项说法错误，制定有效的风险应对策略不一定需要风险量化分析，是否采取定性或定量风险分析取决于时间、预算、经验，以及对风险及后果进行定性或定量描述的必要性。D项说法错误，建立应急储备，安排资金和资源应对风险是常见的主动接受风险的策略。

参考答案

（48）A

试题（49）

在配置控制中，__（49）__不属于CCB变更申请评估的内容。

（49）A. 变更实施方案可行性   B. 变更工作量的合理性

      C. 变更对项目的影响   D. 记录变更信息的准确性

试题（49）分析

参考《信息系统项目管理师教程》（第3版）14.2.3小节。CCB对变更申请的内容进行

评估，包括：变更对项目的影响、变更内容是否必要、变更的范围是否考虑周全、变更的实施方案是否可行、变更工作量是否合理。变更记录属于变更实施阶段的工作。

参考答案

（49）D

试题（50）

项目变更管理的实质是：＿＿（50）＿＿。

（50）A．满足甲方管理者的要求

　　　　B．调整项目基准或资源配置提升项目价值

　　　　C．有效应对项目管理者的经验不足

　　　　D．实时了解并监控项目进展

试题（50）分析

参考《信息系统项目管理师教程》（第 3 版）16.1 节。变更管理的实质是根据项目推进过程中越来越丰富的项目认知，不断调整项目努力方向和资源配置，最大程度地满足项目需求，提升项目价值。

参考答案

（50）B

试题（51）

关于变更工作程序的描述，正确的是：＿＿（51）＿＿。

（51）A．项目中变更申请应由项目团队成员提出

　　　　B．监理单位可监控主要变更成果和变更进度里程碑

　　　　C．涉及项目目标和交付成果的变更，应以专家意见为准

　　　　D．在变更确认前应将项目实施基准调整情况进行公示

试题（51）分析

参考《信息系统项目管理师教程》（第 3 版）16.3.2 小节。A 项说法错误，项目干系人都可以提出变更申请，但要经过指定人员评审；C 项说法错误，涉及项目目标和交付成果的变更，应首要听取客户意见；D 项说法错误，变更确认时应将项目实施基准调整情况，以及交付日期和成果对干系人的影响进行公示或通知。

参考答案

（51）B

试题（52）

选择合作伙伴的标准应建立在总成本最小化、＿＿（52）＿＿、敏捷性强的核心原则之上。

（52）A．公司规模化　　　　B．资质最优　　　　C．风险最小化　　　　D．地域就近

试题（52）分析

参考《信息系统项目管理师教程》（第 3 版）12.2.3 小节。选择合作伙伴的标准应建立在总成本最小化、敏捷性强、风险最小化的原则之上，此外还需要考虑利润分配是否合理，财务的稳定性、文化和管理的兼容性，合作伙伴的能力与定位等。

参考答案

（52）C

试题（53）

关于采购询价比价环节相关的描述，不正确的是：　（53）　。

（53）A．非专利专有技术、可替代性强的产品一般采用询价比价方式采购

　　　B．原则上应向三家或三家以上的供应商进行询价

　　　C．指定采购供应商可以将考评与合同谈判同时进行

　　　D．供应商的报价可以通过邮件、微信、电话会议等多种方式提交

试题（53）分析

参考《信息系统项目管理师教程》（第 3 版）12.3.2 小节。供应商的报价可以通过提交竞价平台、邮件、传真、邮寄、密封书面等方式送达，需要以书面且直达方式提交。

参考答案

（53）D

试题（54）

　（54）　场景适宜签署成本补偿合同。

①工作范围尚不清楚　　　　　②买方承担成本风险

③购买标准产品且数量不大　　④卖买双方已建立了长期稳定的合作关系

⑤项目设计已具备详细的细节　⑥工期短且不复杂的项目

（54）A．①⑤⑥　　　　　B．①②④　　　　C．②③⑤　　　　D．③④⑥

试题（54）分析

参考《信息系统项目管理师教程》（第 3 版）13.1.1 小节。当工作范围尚不清楚，买方承担成本，卖买双方已建立了信任和全面合作关系时，适宜使用成本补偿合同；购买标准产品且数量不大，则使用单边合同；工期短且不复杂的项目适宜使用工料合同；项目工作范围明确，项目设计已具备详细的细节适宜使用总价合同。

参考答案

（54）B

试题（55）

关于知识管理的方法与工具的描述，不正确的是：　（55）　。

（55）A．知识包含显性知识、隐性知识和共享知识三类

　　　B．隐性知识通常是指难以表达、隐含于过程和行动中的非结构化知识

　　　C．可通过利益驱动促进隐性知识共享

　　　D．组织结构扁平化、决策权向下层移动是学习型组织的特征之一

试题（55）分析

参考《信息系统项目管理师教程》（第 3 版）15.1 节和 15.2 节。A 项说法错误，知识分为显性知识和隐性知识两类。

参考答案

（55）A

试题（56）

平衡计分卡（BSC）是一种基于战略管理的业绩考评工具，从　__(56)__　四个方面，形成一套完整的绩效指标评价体系。

（56）A．资金、资源、流程、人员

　　　　B．领导层、目标层、方针层、行为层

　　　　C．财务、客户、内部运营、学习和成长

　　　　D．业务目标、组织资源、项目组合管理、单项目管理

试题（56）分析

参考《信息系统项目管理师教程》（第 3 版）17.3.1 小节。平衡计分卡是一种绩效评价体系，它的目的是找出超越传统的以财务度量为主的组织绩效评价模式，以使组织的战略能够有效转变为行动。BSC 作为一种基于战略管理的业绩考评工具，从财务、客户、内部运营、学习和成长四个角度，根据组织生命周期的不同阶段的实际情况和采取的具体战略措施，为每一方面设计出评价指标，赋予不同的权重，形成一套完整的绩效指标评价体系。

参考答案

（56）C

试题（57）

关于项目管理流程的优化相关内容的描述，不正确的是：　__(57)__　。

（57）A．由项目组之间对项目进行评价打分

　　　　B．由 PMO 对项目进行随机调查，发现实施中的问题

　　　　C．对项目进行分级管理

　　　　D．优化项目团队人员的组成

试题（57）分析

参考《信息系统项目管理师教程》（第 3 版）19.4.1 小节。项目组成员间的打分往往不具有客观性，往往受到主观情绪和利益制约，需邀请行业专家组成评价委员会或者交给专业的第三方评估机构来评价。

参考答案

（57）A

试题（58）

　__(58)__　不属于"项目集准备"阶段的关键活动。

（58）A．建立项目集治理结构　　　　　B．编制项目集章程

　　　　C．组建项目集组织　　　　　　　D．制订项目集管理计划

试题（58）分析

参考《信息系统项目管理师教程》（第 3 版）20.4.2 小节。项目集准备阶段开始于项目集章程的正式批准。

参考答案

（58）B

试题（59）

关于项目组合管理的描述，不正确的是：___(59)___。

(59) A. 项目组合管理的实施过程也是一个组织变革的过程

　　　 B. 项目组合管理是一个持续的过程，活动可循环发生

　　　 C. 项目组合管理愿景应符合组织愿景，满足组织战略目标

　　　 D. 项目组合组件旨在生成共同的结果或达成共同的利益

试题（59）分析

参考《信息系统项目管理师教程》（第 3 版）21.3 节和 21.4 节。项目集组件通常旨在生成共同的结果或者交付一系列共同的利益。

参考答案

(59) D

试题（60）

对信息系统测试的监控主要包括：___(60)___。

①软件测试模型的定义　　②测试用例执行的进度

③缺陷的存活时间　　　　④缺陷的趋势分析

⑤缺陷分布密度　　　　　⑥缺陷修改质量

(60) A. ①③④⑤⑥　　 B. ①②③④⑤　　 C. ①②③④⑥　　 D. ②③④⑤⑥

试题（60）分析

参考《信息系统项目管理师教程》（第 3 版）23.3.3 小节。测试监控的主要内容包括：（1）测试用例执行的进度；（2）缺陷的存活时间；（3）缺陷的趋势分析；（4）缺陷分布密度；（5）缺陷修复质量。

测试模型的选择是测试策划工作的内容，不属于测试监控的主要内容。

参考答案

(60) D

试题（61）

关于量化项目管理过程的描述，正确的是___(61)___。

(61) A. 项目对所选定子过程的性能监控的主要意图是使用统计和量化技术分析子过程性能的偏差

　　　 B. 项目子过程的选择和度量需尽可能完整地覆盖项目所有的过程，以保证数据分析的全面性

　　　 C. 建立项目的质量与过程性能目标主要需考虑组织对项目的要求及客户对项目的要求，与项目当前自身能力无关

　　　 D. 管理项目绩效时，项目质量与过程性能目标的达成情况分析来源于所选定子过程性能的稳定性和能力数据，与其他子过程、风险和供方进展无关

试题（61）分析

参考《信息系统项目管理师教程》（第 3 版）25.2 节。

A 项说法正确，监督所选子过程的性能的主要意图是使用统计和量化技术分析子过程性

能的偏差。使用统计与其他量化技术的目的是采用统计的方法进行能力范围的客观对比，避免对比均值带来的不客观性。

B 项说法错误，选择子过程与度量的主要工作是选择对评价性能起关键作用，并有助于达成项目质量与过程性能目标的子过程和属性，而非全部。

C 项说法错误，当建立项目质量与过程性能目标时，需考虑已定义过程中会包括的过程，并考虑历史数据对这些过程性能具有何种意义。这些考虑连同技术能力等其他方面一起，有助于项目建立现实的目标，也就是目标设定需考虑项目团队的历史能力，从而确保目标的可行性。

D 项说法错误，项目质量与过程性能目标的达成情况分析的关键输入，包括来源于所选定子过程性能的稳定性和能力数据，以及来自监督其他子过程、风险和供方进展的性能数据。

参考答案

（61）A

试题（62）

使用 GQM（Goal 目标-Question 问题-Metric 度量）技术，建立度量指标的步骤主要包括：　（62）　。

①选择项目目标或企业目标，尽可能将目标可以量化、可以测量

②对于每个目标，设想必须回答的问题，看是否可达成目标

③选择回答每个问题所必需的度量指标

④确认进行软件度量的度量体系

⑤收集和分析度量数据

（62）A．①③④⑤　　　B．①②③④　　　C．①②③⑤　　　D．②③④⑤

试题（62）分析

参考《信息系统项目管理师教程》（第 3 版）25.4 节。

采用 GQM 方法选择度量指标的基本步骤如下：（1）选择项目目标或企业目标，尽可能将目标可以量化、可以测量；（2）对于每个目标，设想必须回答的问题，看是否可达成目标；（3）选择回答每个问题所必需的度量指标；（4）确认进行软件度量的度量体系。

收集和分析度量数据不是建立度量指标的步骤。

参考答案

（62）B

试题（63）

关于信息安全系统工程的描述，不正确的是：　（63）　。

（63）A．是信息系统工程的一部分，符合系统工程的一般原则和规律

　　　B．应吸纳安全管理的成熟规范

　　　C．信息安全系统工程能力成熟度模型用于信息安全系统实施的风险评估

　　　D．安全工程活动与硬件工程、软件工程、系统工程、测试工程均相关

试题（63）分析

参考《信息系统项目管理师教程》（第 3 版）22.2 节。A 项说法正确，信息安全系统工

程是信息系统工程的一部分，其安全体系和策略必须遵从系统工程的一般性原则和规律；B 项说法正确，信息安全系统工程应吸纳安全管理的成熟规范；C 项说法错误，信息安全系统工程能力成熟度模型（ISSE-CMM）建立在统计过程控制理论基础上，是信息安全系统工程实施的度量标准；D 项说法正确，信息安全系统的建设是在 OSI 网络参考模型的各个层面进行的，因此信息安全系统工程活动离不开以下相关工程：硬件工程、软件工程、通信及网络工程、数据存储和灾备工程、系统工程、测试工程、密码工程、企业信息化工程。

参考答案

（63）C

试题（64）

_____（64）_____为证书的持有者提供了对一个资源实体所具有的权限。

（64）A．公钥   B．属性证书

       C．数字签名   D．私钥

试题（64）分析

参考《信息系统项目管理师教程》（第 3 版）22.4.1 小节。属性证书表示证书的持有者（主体）对于一个资源实体（客体）所具有的权限，它是由一个做了数字签名的数据结构来提供的，这种数据结构称为属性证书。数字签名公钥证书的机构被称为 CA。私钥用于加密和解密数据。公钥是私钥通过椭圆曲线加密生成的，公钥证书是对用户名称和他/她的公钥进行绑定。

参考答案

（64）B

试题（65）

网络安全审计的内容不包括_____（65）_____。

（65）A．监控网络内部的用户活动

       B．对日常运行状况的统计和分析

       C．对突发案件和异常事件的事后分析

       D．数字证书的签发、撤销

试题（65）分析

参考《信息系统项目管理师教程》（第 3 版）22.5.1 小节。网络安全审计的具体内容如下：（1）监控网络内部的用户活动；（2）侦查系统中存在的潜在威胁；（3）对日常运行状况的统计和分析；（4）对突发案件和异常事件的事后分析；（5）辅助侦破和取证。认证中心（CA）负责数字证书的签发、撤销和生命周期管理，还提供密钥管理和证书在线查询等服务。

参考答案

（65）D

试题（66）、（67）

炼油厂每季度需供应合同单位汽油 15 吨，煤油 12 吨，重油 12 吨。该厂从甲、乙两处运回原油提炼，已知两处原油成分如表所示。从甲处采购原油价格（含运费）为 2000 元/吨，乙处为 2900 元/吨。为了使成本最低，炼油厂每季度应从甲处采购_____（66）_____吨，

乙处采购＿（67）＿吨。

原油成分	甲	乙
汽油	0.15	0.50
煤油	0.20	0.30
重油	0.50	0.15
其他	0.15	0.5

（66）A．15　　　　　B．20　　　　　C．25　　　　　D．30
（67）A．20　　　　　B．25　　　　　C．30　　　　　D．35

试题（66）、（67）分析

参考《信息系统项目管理师教程》（第 3 版）27.4 节。

该问题的数学模型为：

设每季度从甲处采购 x_1 吨原油，从乙处采购 x_2 吨原油，则有：

$$\min f = 2000x_1 + 2900x_2$$

$$\text{s.t.}\begin{cases}0.15x_1 + 0.5x_2 \geqslant 15\\0.2x_1 + 0.3x_2 \geqslant 12\\0.5x_1 + 0.15x_2 \geqslant 12\\x_1,\ x_2 \geqslant 0\end{cases}$$

用图解法得：

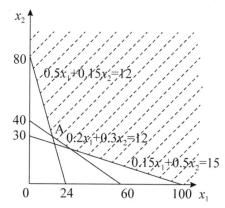

由图可知，在点 A 处取得最优解，最优值为 x_1=15，x_2=30。

故每季度从甲处采购 15 吨原油，从乙处采购 30 吨原油。

参考答案

（66）A　　（67）C

试题（68）

某公司有东部、中部、西部三个生产基地，生产的产品需要运送到甲、乙、丙、丁四个市场，从生产基地到各个市场的单位运价及产量和需求量如表所示，完成该运输任务所需的最小运费为＿（68）＿。

	甲	乙	丙	丁	产量
东部	4	12	4	11	16
中部	2	10	3	9	10
西部	8	5	11	6	22
需求量	8	14	12	14	

（68）A．242　　　　　　B．244　　　　　　C．289　　　　　　D．302

试题（68）分析

		到销地的运量				供应量	运价				差额列			
		甲	乙	丙	丁		甲	乙	丙	丁				
产地	东		12	4		16	4	12	4	11	0	0	0	7
	中	8			2	10	2	10	3	9	1	1	1	6
	西		14		8	22	8	5	11	6	1	2		
需求量		8	14	12	14	差额行	2	5	1	3				
							2		1	3				
							2		1	2				
									1	2				

此时检验数全为非正数，方案达到最优，总运输费用为244。

具体为：中部给甲运费最小，为2，甲需求8个，中部运送8个给甲市场，剩余2个。

东部给丙运费最小，为4，丙需求12个，东部运送12个给丙市场，剩余4个。

西部给乙运费最小，为5，乙需求14个，西部运送14个给乙市场，剩余8个。

中、东、西部剩余的都运送给丁。

总费用为：8×2+12×4+14×5+2×9+4×11+8×6=244。

参考答案

（68）B

试题（69）

下图是某地的街区网络图（单位：千米），疫情防控期间，一辆消毒车从疾控中心出发，需要消杀所有的街道并返回疾控中心。该消毒车完成消杀工作至少需要运行 (69) 千米。

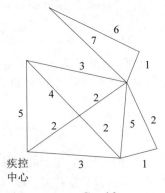

（69）A．43　　　　　　B．45　　　　　　C．46　　　　　　D．48

试题（69）分析

图论中的邮路问题，需要将奇次顶点变成偶次顶点，转化为欧拉图，因此增加 5 对应的那条路。

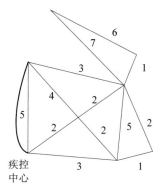

参考答案

（69）D

试题（70）

某公司投资一个使用寿命为 5 年的项目，第一年年初投入 1000 万元，从第 1 年到第 5 年每年年末都有净现金流量 300 万元。则项目的静态投资回收期为 __（70）__ 年。

（70）A．2　　　　　　B．2.5　　　　　　C．3　　　　　　D．3.3

试题（70）分析

年份	净现金流量	累计净现金流量
0	−1000	−1000
1	300	−700
2	300	−400
3	300	−100
4	300	200
5	300	500

由"静态投资回收期=累计净现金流量开始出现正值的年份数-1+上一年累计净现金流量的绝对值/出现正值年份的净现金流量"可知，静态投资回收期=3+100/300=3.3 年。

参考答案

（70）D

试题（71）

Xinhua News Agency reported in January 2022, China will further promote the development of a digital economy during the 14th Five-Year Plan period(2021-2025). The plan also emphasized industrial __（71）__ transformation.

（71）A．digital

　　　　C．intelligentize

　　　　　　　　B．networking

　　　　　　　　D．informatization

试题（71）分析

"十四五"规划指出，我国将大力发展数字经济，强调工业数字化转型。

参考答案

（71）A

试题（72）

____（72）____ is a grid that shows the project resources assigned to each work package.

（72）A. Stakeholder engagement assessment matrix

　　　　B. Requirements traceability matrix

　　　　C. Probability and impact matrix

　　　　D. Responsibility assignment matrix

试题（72）分析

责任分配矩阵是一种展示项目资源在各个工作包中的任务分配的表格。A 项是干系人参与度评估矩阵，B 项是需求跟踪矩阵，C 项是概率和影响矩阵。

参考答案

（72）D

试题（73）

At the project establishment stage, the feasibility study mainly includes techinical feasibility analysis, ____（73）____, operation environment feasibility analysis and other aspects of feasibility analysis.

（73）A. detail feasibility analysis

　　　　B. opportunity analysis

　　　　C. economic feasibility analysis

　　　　D. risk analysis

试题（73）分析

参考《信息系统项目管理师教程》（第 3 版）3.2.1 小节。可行性研究的内容可归纳为如下几个方面：技术可行性分析、经济可行性分析、运行环境可行性分析及其他方面的可行性分析。

参考答案

（73）C

试题（74）

In project human resource management, ____（74）____ is not a source of power for the project manager.

（74）A. referent power　　　　　　　　B. expert power

　　　　C. reward power　　　　　　　　D. audit power

试题（74）分析

参考《信息系统项目管理师教程》（第 3 版）9.3.5 小节。项目经理的权力有 5 种来源：（1）职位权力（legitimate power）；（2）惩罚权力（coercive power）；（3）奖励权力（reward power）；（4）专家权力（expert power）；（5）参照权力（referent power）。D 项的 audit power

为审核权。

参考答案

（74）D

试题（75）

Advancements in ＿＿（75）＿＿ have contributed to the growth of the automotive industry through the creation and evolution of self-driving vehicles.

（75）A．Artificial Intelligence　　　B．Cloud Computing

　　　　C．Internet of Things　　　　　D．Big Data

试题（75）分析

人工智能的进步通过自动驾驶汽车的创造和演变为汽车行业的发展做出了贡献。

参考答案

（75）A

第23章 2022上半年信息系统项目管理师
下午试题I分析与解答

试题一（25分）
阅读下列说明，回答问题1至问题4，将解答填入答题纸的对应栏内。

【说明】
A公司承接了某地方政府的智慧社区云平台的基础设施建设项目，客户方对安全性和系统性能要求较高。为了实现自身业务由硬件设备提供向软件开发转型，A公司承诺免费提供一个智慧社区App小程序，并将其写入项目合同中，合同期为6个月。

项目经理小邱负责App的开发，项目周期4个月，计划2019年12月上线。因合同中没有对App给出明确的功能和性能要求，小邱首先借鉴其他项目的开发经验和成果确定了App的主要便民服务功能。之后开发团队通过走访社区居民和在社区网发放调查问卷收集相关的需求，最终确定了App的功能需求，编制了详细的功能需求说明书，并将业务目标、项目目标、范围、设计、开发、高层级需求、详细需求均纳入到需求跟踪矩阵中。

2019年7月项目组与客户共同召开了范围确认会，讨论了项目的文档交付物清单、各阶段里程碑及详细的工作进度和人员分工图表，形成会议纪要并双方签字。

后期，项目组审核了范围说明书，提交了项目代码和相关设计文档，2019年12月完成功能测试。在项目验收评审会上，与会外部专家认为该项目涉及个人隐私信息，建议请第三方测评机构对该App进行全面的测试。经第三方测评机构测试，发现多项严重的个人信息安全保护问题。经分析，漏洞修复比较困难，全面整改需要投入较大的工作量，但预算已超支。经与公司领导和客户反复协商，不得不提出项目变更。

【问题1】（10分）
（1）结合案例，请分析在7月召开的范围确认会上，范围确认工作是否有遗漏？如有，请指出遗漏的内容。

（2）请阐述范围确认和质量控制的不同点，完成以下表格。

项目	范围确认和质量控制的不同之处
检查内容	
检查的时间点	
执行人员	
详略程度	

【问题2】（5分）
请将下面（1）～（5）处的答案填写在答题纸的对应栏内。

在上述案例中，收集需求阶段项目团队采用了__（1）__、__（2）__和__（3）__的工具和技术；在需求跟踪矩阵设计过程中缺少对__（4）__和__（5）__的策划。

【问题 3】（4 分）

请指出项目变更的决策机构，并简述其成员和职责。

【问题 4】（6 分）

请阐述项目变更应开展哪些工作。

试题一分析

本题重点考核项目范围管理和变更管理，考生需全面多视角来综合分析并作答。

【问题 1】

（1）综合案例分析题，本题结合案例考查考生对确认范围的检查内容等知识的掌握程度，要求考生能够根据项目实际情况发现确认范围遗漏的检查事项（参考《信息系统项目管理师教程》（第 3 版）[1]5.6.1 小节）。

（2）综合案例分析题，本题结合案例考查考生对确认范围和质量控制的不同之处的掌握程度（参考《信息系统项目管理师教程》（第 3 版）5.6.3 小节）。

【问题 2】

综合案例分析题，本题重点考查考生对于收集需求的工具，以及需求跟踪的知识的掌握程度（参考《信息系统项目管理师教程》（第 3 版）5.3.2 小节和 5.3.4 小节）。

【问题 3】

问答题，本题重点考查考生对于 CCB 变更决策机构的职责、组成人员等知识的掌握程度（参考《信息系统项目管理师教程》（第 3 版）16.3.1 小节）。

【问题 4】

细节填空题，本题重点考查考生对项目变更工作程序的知识的掌握程度（参考《信息系统项目管理师教程》（第 3 版）16.3.2 小节）。

参考答案

【问题 1】（10 分）

（1）确认范围时存在遗漏，遗漏内容：

a）项目范围的风险；

b）质量标准；

c）项目范围说明书没有确认。

（每条 1 分，满分 2 分）

（2）

项目	范围确认和质量控制的不同之处
检查内容	确认范围检查的是可交付成果的可接受性；质量控制检查的是可交付成果的正确性，并符合为其制定的具体质量要求
检查的时间点	质量控制一般在确认范围前进行，也可以同时进行；确认范围一般在项目阶段结束时进行

---

[1] 本章提及的《信息系统项目管理师教程》（第 3 版）是全国计算机技术与软件专业技术资格（水平）考试指定用书，由清华大学出版社出版。

续表

项目	范围确认和质量控制的不同之处
执行人员	质量控制属内部检查，参与检查的人员是组织内部人员；确认范围则是由外部干系人（客户或发起人）对项目成果进行检查验收
详略程度	确认范围到质量控制是递进的、越来越细的检查

（每空 2 分，共 8 分）

【问题 2】（5 分）

（1）问卷调查

（2）访谈

（3）标杆对照

（4）测试策略

（5）测试场景

（每条 1 分，共 5 分，（1）、（2）、（3）的顺序可互换，（4）和（5）的顺序可互换）

【问题 3】（4 分）

决策机构：变更控制委员会或配置控制委员会（CCB）。（1 分）

成员：

CCB 由项目所涉及的多方人员共同组成，通常包括用户和实施方的决策人员。（1 分）

职责：

（1）负责审查、评价、批准、推迟或否决项目变更。

（2）作为决策机构，CCB 在变更过程中负责通过评审手段决定项目基准是否变更，但不提出变更方案。

（每条 1 分，共 2 分）

【问题 4】（6 分）

（1）项目经理提出变更申请单，阐明变更内容、影响、成本、时间等。

（2）组织项目干系人对变更进行初审。

（3）提请项目管理委员会对变更进行审批。

（4）CCB 审批通过后，安排项目组成员实施变更。

（5）在项目执行过程中对变更过程进行监控，保留相关记录。

（6）组织相关人员对变更的结果进行验证。

（7）将变更结果通知所有干系人。

（每条 1 分，满分 6 分）

试题二（25 分）

阅读下列说明，回答问题 1 至问题 4，将解答填入答题纸的对应栏内。

【说明】

已知某公司承担一个旅游信息监管系统的开发，整个项目划分为四个阶段九项活动，项目相关信息如表所示：

阶段	活动名称	工期/天（乐观，可能，悲观）	紧前活动	人数/人	总预算/万元
需求分析	A 任务下达	（1,4,7）		6	0.6
	B 需求分析	（12,14,22）	A	15	6.3
设计研发	C 总体设计	（13,14,21）	B	13	10.4
	D 初样实现	（8,9,16）	C	17	24.7
	E 正样研制	（10,17,18）	D	18	10.2
系统测试	F 密码测评	（6,7,8）	E	9	5.1
	G 软件测试	（5,8,11）	E	12	10.6
	H 用户试用	（9,16,17）	F、G	20	15.7
项目收尾	I 收尾	（3,5,7）	H	10	3

【问题 1】（12 分）

结合案例：

（1）每个活动的乐观、可能和悲观成本服从 β 分布，请计算每个活动的成本，并绘制项目的时标网络图。

（2）如果项目人员均为多面手，可以从事任意活动，请指出项目实施需要的最少人数。

【问题 2】（3 分）

请确定项目的关键路径、工期。

【问题 3】（6 分）

项目进展到第 70 天时，项目已完成总工作量的 3/4，花费 60 万元，请计算此时项目的 PV、EV、SV 和 CV 值（假设项目每项活动的日工作量相同，计算结果精确到整数）。

【问题 4】（4 分）

请指出当前项目绩效情况，并说明项目经理应该采取哪些措施。

试题二分析

本题重点考核项目成本与进度管理知识，考生需全面多视角来综合分析并作答。

【问题 1】

（1）综合计算题，本题重点考查考生对三点估算法的掌握程度（参考《信息系统项目管理师教程》（第 3 版）7.3.1 小节），考查考生是否可以根据任务计划表绘制时标网络图（参考《信息系统项目管理师教程》（第 3 版）6.2.6 小节）。

（2）结合开发项目的特点，在测试阶段的工作可以并行，其他活动为串行工作。

【问题 2】

综合计算题，本题重点考查考生对关键路径法概念的掌握程度，以及对项目中时间最长的活动顺序决定项目工期的理解（参考《信息系统项目管理师教程》（第 3 版）6.3.3 小节）。

【问题 3】

综合计算题，本题重点考查考生对挣值管理技术的掌握程度，尤其是对 BAC、PV、EV 的含义的理解（EV 是对已完成工作的测量值），以及对 SV=EV–PV 和 CV=EV–AC 的含义和计算公式的掌握程度（参考《信息系统项目管理师教程》（第 3 版）7.3.2 小节）。

【问题 4】

综合计算题，在问题 3 的基础上，进一步考查对挣值管理技术的掌握程度，判断项目的绩效，没有超过预算，但是进度滞后（参考《信息系统项目管理师教程》（第 3 版）7.3.2 小节）。

参考答案

【问题 1】（12 分）

（1）每个活动的成本如下：

活动 A 的成本=(1+4×4+7)/6=4

活动 B 的成本=(12+4×14+22)/6=15

活动 C 的成本=(13+4×14+21)/6=15

活动 D 的成本=(8+4×9+16)/6=10

活动 E 的成本=(10+4×17+18)/6=16

活动 F 的成本=(6+4×7+8)/6=7

活动 G 的成本=(5+4×8+11)/6=8

活动 H 的成本=(9+4×16+17)/6=15

活动 I 的成本=(3+4×5+7)/6=5

项目的时标网络图如下。

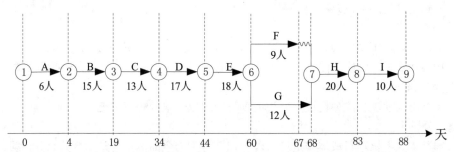

（每个活动历时计算正确并在时间轴上标识正确得 1 分，F 活动浮动 1 天得 1 分，共 10 分）

（2）最少人数为并行工作的 9+12=21 人。（2 分）

【问题 2】（3 分）

项目的关键路径为 ABCDEGHI（1 分），工期为 88 天（2 分）。

【问题 3】（6 分）

BAC=(0.6+6.3+10.4+24.7+10.2+5.1+10.6+15.7+3)=86.6≈87（万元）

项目工期为 88 天，则 70 天时预算：PV=(70/88)×86.6=68.89≈69（万元）（1 分）

70 天时完成了 3/4 的工作量，则 70 天时挣值：EV=86.6×(3/4)=64.95≈65（万元）（1 分）

SV=EV–PV=65–69=–4（万元）（公式正确得 1 分，计算结果正确得 1 分）

CV=EV–AC=65–60=5（万元）（公式正确得 1 分，计算结果正确得 1 分）

【问题 4】（4 分）

项目在 70 天时成本节约，没有超过预算，但是进度滞后。（1 分）

因此项目经理应该：

- 赶工；
- 并行施工（快速跟进）；
- 使用高素质的资源或经验更丰富的人员；
- 减少活动范围或降低活动要求；
- 改进方法或技术，以提高生产效率；
- 加强质量管理，及时发现问题，减少返工，从而缩短工期。

（每条 1 分，满分 3 分）

试题三（25 分）

阅读下列说明，回答问题 1 至问题 4，将解答填入答题纸的对应栏内。

【说明】

A 公司承接某市机关事业单位养老保险信息系统，项目覆盖整个市、区、县的机关事业单位在编人员的养老保险信息，实现数据集中统一管理。公司成立了项目组，并任命小王担任项目经理。

项目组对项目进行调研后,成立了风险管理小组,编写了项目管理计划和风险管理计划,明确项目风险管理流程如下图所示：

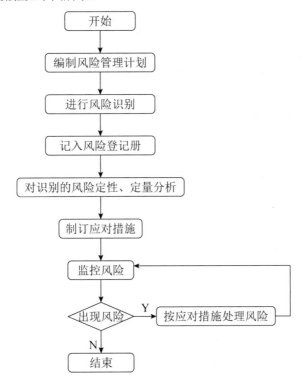

项目组对风险登记册中的各风险制订了相应措施，部分措施如下所示：

风险类别	风险描述	措施
人员风险	人员情绪风险	调离项目组
技术风险	缺少数据库设计相关技术储备	外包
技术风险	需要新的数据安全管理技术	培训
管理风险	非预期事件造成成本增加的风险	应急储备
管理风险	审批流程烦琐	加强部门沟通，建立协调配合机制

此外，在信息安全方面，养老保险数据信息涉及个人隐私，如果不法分子突破安全限制，会造成用户隐私泄露或信息篡改。因此项目组采用 PKI 技术，为系统的安全运行提供了有效的保障。

【问题 1】（4 分）

请结合案例，指出该项目风险管理流程中存在的问题。

【问题 2】（10 分）

请指出案例中列出的风险措施分别采用的是哪种风险应对策略。

【问题 3】（8 分）

项目组使用的 PKI 技术采用双密钥、双证书机制，请简述双密钥证书的生成过程。

【问题 4】（3 分）

请将下面（1）~（3）处的答案填写在答题纸的对应栏内。

SWOT 技术从项目的每个 __（1）__、劣势、__（2）__ 和 __（3）__ 出发，对项目进行考察，把产生于内部的风险都包括在内，从而更全面地考虑风险。

试题三分析

本题重点考核项目风险管理和信息安全管理知识，考生需全面多视角来综合分析并作答。

【问题 1】

综合问答题，本题重点考查考生对风险管理的理解与掌握程度，并要求考生能够根据实际案例分析风险管理过程的执行情况（参考《信息系统项目管理师教程》（第 3 版）11.1.5 小节）。

【问题 2】

问答题，本题重点考查考生对风险应对策略的掌握程度（参考《信息系统项目管理师教程》（第 3 版）11.6.2 小节）。

【问题 3】

问答题，本题重点考查考生对双密钥证书的生成过程的掌握程度（参考《信息系统项目管理师教程》（第 3 版）22.3.1 小节）。

【问题 4】

细节题，考查考生对 SWOT 技术的理解（参考《信息系统项目管理师教程》（第 3 版）11.3.2 小节）。

参考答案

【问题 1】（4 分）

（1）没有进行反复的风险识别。

（2）风险评估会更新风险登记册。

（每条 2 分，共 4 分）

【问题 2】（10 分）

（1）调离项目组：规避。

（2）外包：转移。

（3）培训：减轻。

（4）应急储备：接受。

（5）加强部门沟通，建立协调配合机制：减轻。

（每条 2 分，共 10 分）

【问题 3】（8 分）

（1）用户使用客户端产生签名密钥对。

（2）用户的签名私钥保存在客户端。

（3）用户将签名密钥对的公钥传送给 CA 中心。

（4）CA 中心为用户的公钥签名，产生签名证书。

（5）CA 中心将签名证书传回客户端进行保存。

（6）KMC（密钥管理中心）为用户生成加密密钥对。

（7）在 KMC 中备份加密密钥，以备以后进行密钥恢复。

（8）CA 中心为加密密钥对生成加密证书。

（9）CA 中心将用户的加密私钥和加密证书打包成标准格式。

（10）将打包后的文件传回客户端。

（11）用户的客户端装入加密公钥证书和加密私钥。

（每条 2 分，满分 8 分）

【问题 4】（3 分）

（1）优势

（2）机会

（3）威胁

（每个 1 分，共 3 分）

第24章 2022上半年信息系统项目管理师下午试卷 II 写作要点

试题 论信息系统项目的干系人管理

项目干系人管理是对项目干系人的需求、希望和期望的识别，并通过沟通上的管理来满足其需要、解决问题的过程。

请以"论信息系统项目的干系人管理"为题进行论述：

1. 概要叙述你参与管理过的信息系统项目（项目的背景、项目规模、发起单位、目的、项目内容、组织结构、项目周期、交付的成果等），并说明你在其中承担的工作（项目背景要求本人真实经历，不得抄袭及杜撰）。

2. 请结合你所叙述的信息系统项目，围绕以下要点论述你对信息系统项目干系人管理的认识。

（1）项目干系人管理的过程。

（2）请根据你所描述的项目，说明干系人管理和沟通管理、需求管理的联系与区别。

（3）请根据你所描述的项目，写出项目中所涉及的所有干系人，并按照权利/利益方格进行分析，给出具体干系人的管理策略。

写作要点

第一部分评分要点：

（1）干系人管理的过程包括：

- 识别干系人；
- 规划干系人管理；
- 管理干系人；
- 控制干系人参与。

（2）干系人管理和沟通管理、需求管理的联系与区别：

联系：干系人管理通过沟通来实现；干系人管理间接地管理需求。

区别：干系人管理管理干系人，沟通管理包含所有项目执行过程中的沟通；干系人管理管理与项目相关的组织或人员，需求管理管理项目相关的工作内容。

（3）权利/利益方格及干系人管理策略的主要内容包括：

- 四个区域划分；
- 项目实际背景下四个区域四干系人；
- 不同区域的干系人管理策略。

第二部分评分要点：

根据考生的论述，确定其叙述的内容是否切合题意，所承担的工作是否符合项目经理定位，是否具有一定的理论水平和实践能力，确定其叙述的项目干系人管理过程是否合理、管理是否得当，具体干系人管理和沟通管理、需求管理的联系与区别，以及权利/利益方格及干系人管理策略是否结合项目实际，管理措施是否合理，是否具备解决实际问题的方法与能力，是否具有信息系统项目干系人管理的实际经验。要求项目真实、结构合理、逻辑清晰、卷面整洁、字迹工整、文字通顺、论述得当。

第25章 2022下半年信息系统项目管理师上午试题分析与解答

试题（1）

在信息系统开发过程中，__(1)__ 阶段的任务是回答信息系统"做什么"的问题，__(1)__ 阶段的任务是回答系统"怎么做"的问题。

(1) A. 规划 实施
B. 分析 设计
C. 设计 运行
D. 实施 运行

试题（1）分析

参考《信息系统项目管理师教程》（第3版）[①]1.1.4小节。系统分析阶段的任务是回答系统"做什么"的问题，而系统设计阶段要回答的问题是"怎么做"。系统设计阶段的任务是根据系统说明书中规定的功能要求，考虑实际条件，具体设计实现逻辑模型的技术方案，也就是设计新系统的物理模型。

参考答案

(1) B

试题（2）

利用 __(2)__ 扩展网络设备和服务器带宽、增加吞吐量、加强网络数据处理能力、提高网络的灵活性和可用性。

(2) A. 分布式任务管理技术
B. 负载均衡
C. 资源池管理技术
D. MapReduce

试题（2）分析

A项，分布式任务管理技术实现基于大规模硬件资源上的分布式海量计算，并支持对结构化与非结构化的数据进行存储与管理；B项，负载均衡提供了扩展网络设备和服务器带宽、增加吞吐量、加强网络数据处理能力、提高网络的灵活性和可用性的；C项，资源池管理技术主要实现对物理资源、虚拟资源的统一管理。D项，MapReduce是一种编程模型，用于大规模数据集的并行运算。

参考答案

(2) B

试题（3）

《"十四五"推进国家政务信息化规划》中指出，到2025年，政务信息化建设总体迈入以数据赋能、__(3)__、优质服务为主要特征的融慧治理新阶段。

(3) A. 数据共享、智慧决策
B. 协同治理、应用共享

---

① 本章提及的《信息系统项目管理师教程》（第3版）是全国计算机技术与软件专业技术资格（水平）考试指定用书，由清华大学出版社出版。

 C．协同治理、智慧决策 　 　 　 D．数据共享、应用共享

试题（3）分析

《"十四五"推进国家政务信息化规划》中指出，到 2025 年，政务信息化建设总体迈入以数据赋能、协同治理、智慧决策、优质服务为主要特征的融慧治理新阶段，跨部门、跨地区、跨层级的技术融合、数据融合、业务融合成为政务信息化创新的主要路径，逐步形成平台化协同、在线化服务、数据化决策、智能化监管的新型数字政府治理模式。

参考答案

（3）C

试题（4）

"十四五"规划和 2035 年远景目标纲要提出，到 2035 年基本实现 　(4) 　，建成现代化经济体系。

（4）A．工业化、信息化、城镇化、农业现代化

　 　 B．工业化、数字化、城镇化、市场化

　 　 C．工业化、数字化、城镇化、智能化

　 　 D．工业化、市场化、城镇化、农业现代化

试题（4）分析

在《"十四五"信息化和工业化深度融合发展规划》中，党的十九届五中全会提出 2035 年基本实现社会主义现代化的远景目标，并将"基本实现新型工业化、信息化、城镇化、农业现代化"（新四化）作为重要发展目标。

参考答案

（4）A

试题（5）

"十四五"规划和 2035 年远景目标纲要提出，在推进产业数字化转型中，实施 　(5) 　行动，推动数据赋能全产业链协同转型。

（5）A．上云用数赋智 　 　 　 　 B．数字技术

　 　 C．智能资源 　 　 　 　 　 D．平台化功能

试题（5）分析

《"十四五"规划和 2035 年远景目标纲要》的"第十五章　打造数字经济新优势"中的"第三节　推进产业数字化转型"：实施"上云用数赋智"行动，推动数据赋能全产业链协同转型。

参考答案

（5）A

试题（6）

在物联网架构中，云计算平台属于 　(6) 　。

（6）A．感知层 　 　 B．网络层 　 　 C．会话层 　 　 D．数据链路层

试题（6）分析

参考《信息系统项目管理师教程》（第 3 版）1.5.1 小节。物联网架构可分为三层，分别

是感知层、网络层和应用层。感知层由各种传感器构成，包括温湿度传感器、二维码标签、RFID 标签和读写器、摄像头、GPS 等感知终端。感知层是物联网识别物体、采集信息的来源。网络层由各种网络，包括互联网、广电网、网络管理系统和云计算平台等组成，是整个物联网的中枢，负责传递和处理感知层获取的信息；应用层是物联网和用户的接口，它与行业需求相结合，实现物联网的智能应用。

参考答案

（6）B

试题（7）

《"十四五"软件和信息技术服务业发展规划》中提出要推进重点领域数字化发展，其中包括持续征集并推广　（7）　典型解决方案，支持城市大脑、精准惠民、智慧政务、城市体检等城市级创新应用。

（7）A．数字城市　　　　B．数字社区　　　　C．智慧社区　　　　D．智慧城市

试题（7）分析

《"十四五"软件和信息技术服务业发展规划》中提出要推进重点领域数字化发展，其中包括持续征集并推广智慧城市典型解决方案，支持城市大脑、精准惠民、智慧政务、城市体检等城市级创新应用，培育软件与智慧社会融合发展的新模式、新应用、新业态。

参考答案

（7）D

试题（8）

　（8）　是针对软件的变更，测试软件原有的、正确的功能、性能和其他规定的要求的不损害性。

（8）A．配置项测试　　　B．确认测试　　　　C．回归测试　　　　D．集成测试

试题（8）分析

参考《信息系统项目管理师教程》（第 3 版）1.4.5 小节。A 项，配置项测试的对象是软件配置项，配置项测试的目的是检验软件配置项与 SRS（含接口需求规格说明）的一致性；B 项，确认测试主要用于验证软件的功能、性能和其他特性是否与用户需求一致；C 项，回归测试的目的是测试软件变更之后，变更部分的正确性和对变更需求的符合性，以及软件原有的、正确的功能、性能和其他规定的要求的不损害性；D 项，集成测试的目的是检查模块之间，以及模块和已集成的软件之间的接口关系，并验证已集成的软件是否符合设计要求。

参考答案

（8）C

试题（9）

关于信息内容安全概念的描述，不正确的是：　（9）　。

（9）A．信息安全的内容安全是在政治、法律、道德层次上的安全要求

　　B．广义的内容安全还包括信息内容保密、知识产权保护、信息隐藏和隐私保护等多个方面

　　C．对于信息安全的保护，必须在确保信息系统设备安全和数据安全的基础上，进

　　　　　一步确保信息安全

　　D．如果数据中包含不健康、违法以及违背道德的内容，只要得到了保密、未被篡改，那么这些数据依然是安全的

试题（9）分析

　　参考《信息系统项目管理师教程》（第 3 版）1.6.1 小节。如果数据中充斥着不健康的、违法的、违背社会道德的内容，即使它是保密的、未被篡改的，也不能说是安全的。因为这会危害国家安全、危害社会稳定、危害精神文明。因此，必须在确保信息系统设备安全和数据安全的基础上，进一步确保信息内容的安全。

参考答案

　　（9）D

试题（10）

　　《中华人民共和国网络安全法》规定，网络运营者应当按照网络安全等级保护制度的要求，履行下列安全保护义务：　__（10）__。

　　①制定内部安全管理制度和操作规程，确定网络安全负责人，落实网络安全保护责任

　　②采取防范计算机病毒和网络攻击、网络侵入等危害网络安全行为的技术措施

　　③采取监测、记录网络运行状态、网络安全事件的技术措施，并按照规定留存相关的网络日志不少于六个月

　　④采取数据分类、重要数据备份和加密等措施

　　⑤制定、公布网络关键设备和网络安全专用产品目录，并推动安全认证和安全检测结果互认，避免重复认证、检测

　　（10）A．①②③④　　　　B．①②③⑤　　　　C．①③④⑤　　　　D．②③④⑤

试题（10）分析

　　《中华人民共和国网络安全法》第二十一条规定了网络运营者需履行的安全保护义务，保障网络免受干扰、破坏或者未经授权的访问，防止网络数据泄露或者被窃取、篡改。

　　"制定、公布网络关键设备和网络安全专用产品目录，并推动安全认证和安全检测结果互认，避免重复认证、检测"为国家网信部门的职责，而非网络运营者的职责。

参考答案

　　（10）A

试题（11）

　　关于信息加密、解密的描述，正确的是：　__（11）__。

　　（11）A．对称加密技术和非对称加密技术的加密秘钥和解密秘钥均不可公开

　　　　　B．对称加密技术通常以 RSA 算法为代表

　　　　　C．对称加密从根本上克服了传统密码在秘钥分配上的困难

　　　　　D．利用 RSA 密码可以同时实现数字签名和数字加密

试题（11）分析

　　参考《信息系统项目管理师教程》（第 3 版）1.6.2 小节。非对称加密的加密秘钥和解密秘钥不同，加密秘钥可以公开，而解密秘钥需要保密；非对称加密通常以 RSA 算法为代表；

非对称加密技术中，由于加密秘钥是公开的，只有解密秘钥是保密的，所以从根本上克服了传统密码在秘钥分配上的难题；利用 RSA 密码可以同时实现数字签名和数字加密。

参考答案

（11）D

试题（12）

我国企业信息化发展的战略要点不包含：___（12）___。

（12）A．信息化与企业业务全过程的融合、渗透

　　　　B．高度重视信息安全

　　　　C．全面深化电子政务应用

　　　　D．信息产业发展与企业信息化良性互动

试题（12）分析

参考《信息系统项目管理师教程》（第 3 版）1.7.5 小节。我国企业信息化发展的战略要点包括：（1）以信息化带动工业化；（2）信息化与企业业务全过程的融合、渗透；（3）信息产业发展与企业信息化良性互动；（4）充分发挥政府引导作用；（5）高度重视信息安全；（6）企业信息化与企业的改组改造和形成现代企业制度有机结合；（7）"因地制宜"推进企业信息化。

参考答案

（12）C

试题（13）

依据 2021 年颁布施行的《中华人民共和国个人信息保护法》，不正确的是：___（13）___。

（13）A．为应对突发公共卫生事件，或者紧急情况下为保护自然人的生命健康和财产安全所必需的情况下处理个人数据，需要取得个人同意

　　　　B．处理个人信息应当遵循公开、透明原则，公开个人信息处理规则，明示处理的目的、方式和范围

　　　　C．基于个人同意处理个人信息的，个人有权撤回其同意，但不影响撤回前基于个人同意已进行的个人信息处理活动的效力

　　　　D．国家机关处理的个人信息应当在中华人民共和国境内存储；确需向境外提供的，应当进行安全评估。安全评估可以要求有关部门提供支持与协助

试题（13）分析

《中华人民共和国个人信息保护法》第七条规定，处理个人信息应当遵循公开、透明原则，公开个人信息处理规则，明示处理的目的、方式和范围。第十三条规定，为应对突发公共卫生事件，或者紧急情况下为保护自然人的生命健康和财产安全所必需的情况下处理个人数据，不须取得个人同意。第十五条规定，基于个人同意处理个人信息的，个人有权撤回其同意，但不影响撤回前基于个人同意已进行的个人信息处理活动的效力。第三十六条规定，国家机关处理的个人信息应当在中华人民共和国境内存储；确需向境外提供的，应当进行安全评估。安全评估可以要求有关部门提供支持与协助。

参考答案

（13）A

试题（14）

关于《国家标准化发展纲要》中到 2025 年的发展目标，不正确的是：___（14）___。

（14）A．全域标准化深度发展，农业、工业、服务业和社会事业等领域标准全覆盖

　　　　B．标准化水平大幅提升，标准数字化程度不断提高，标准化的经济效益、社会效益、质量效益、生态效益充分显现

　　　　C．标准化发展基础更加牢固，建成一批国际一流的综合性、专业性标准化研究机构

　　　　D．标准化开放程度适当控制，暂缓标准化国际合作拓展，加大力度推行自主创新标准

试题（14）分析

参考《国家标准化发展纲要》的"一、总体要求"中的"（二）发展目标"。其中关于标准化开放程度的要求是：标准化开放程度显著增强。标准化国际合作深入拓展，互利共赢的国际标准化合作伙伴关系更加密切，标准化人员往来和技术合作日益加强，标准信息更大范围实现互联共享，我国标准制定透明度和国际化环境持续优化，国家标准与国际标准关键技术指标的一致性程度大幅提升，国际标准转化率达到 85% 以上。而非控制和暂缓国际合作拓展，D 项说法不正确。

参考答案

（14）D

试题（15）

在政府采购工作中，不符合政府采购法相关规定的是：___（15）___。

（15）A．采用公开招标方式的费用占政府采购项目总价值的比例过大的情况，可以采用邀请招标方式采购

　　　　B．招标后没有供应商投标或者没有合格标的或者重新招标未能成立的情况，可以采用竞争性谈判方式采购

　　　　C．采购人、采购代理机构对政府采购项目每项采购活动的采购文件应当妥善保存，不得伪造、变造、隐匿或者销毁。采购文件的保存期限为从采购结束之日起至少保存十五年

　　　　D．必须保证原有采购项目一致性或者服务配套的要求，需要继续从原供应商处添购，且添购资金总额不超过原合同采购金额百分之十五的，可以采用单一来源方式采购

试题（15）分析

《中华人民共和国政府采购法》第三章第四十二条：采购人、采购代理机构对政府采购项目每项采购活动的采购文件应当妥善保存，不得伪造、变造、隐匿或者销毁。采购文件的保存期限为从采购结束之日起至少保存十五年。必须保证原有采购项目一致性或者服务配套的要求，需要继续从原供应商处添购，且添购资金总额不超过原合同采购金额百分之十的，

可以采用单一来源方式采购。

参考答案

（15）D

试题（16）

关于项目管理特点的描述，不正确的是：___（16）___。

（16）A. 项目管理具有创造性，由于项目具有一次性的特点，因而项目管理过程中既要承担风险又要发挥创造性

  B. 项目管理负责人除具备技术知识和专业知识外，还需要相关的人际关系软技能，帮助其达成项目的目标

  C. 项目团队应当将项目置于所处的文化、社会、国际、政治和自然的环境中加以考虑

  D. 项目管理作为一种管理方法体系，具有普适性，在不同国家、不同行业、项目管理不同发展阶段，在结构、内容、方法上都是相同的

试题（16）分析

参考《信息系统项目管理师教程》（第 3 版）2.1.6 小节。项目管理作为一种管理方法体系，在不同国家、不同行业及其自身的不同发展阶段，无论在结构、内容上，还是在方法、手段上都有一定的区别。

参考答案

（16）D

试题（17）

关于信息系统项目生命周期的描述，正确的是：___（17）___。

（17）A. 项目执行期间，风险与不确定性在开始时最小

  B. 原型法对于需求的响应是动态的

  C. V 模型不适用于需求明确和需求变更频繁的项目

  D. 敏捷开发模式适用于各类项目

试题（17）分析

参考《信息系统项目管理师教程》（第 3 版）2.6.3～2.7.6 小节。风险与不确定性在开始时最大，逐步减小。原型法的特点在于原型法对于需求的响应是动态的、逐步纳入的，系统分析、设计与实现之间没有明显的界限。V 模型适用于需求明确和变更不频繁的项目。目前尚没有适用于所有项目的最佳结构。

参考答案

（17）B

试题（18）

关于项目组织结构的描述，不正确的是：___（18）___。

（18）A. 职能型组织通常按照员工的专业进行分组，职能型组织内仍然可以有项目存在，但项目的范围通常会限制在职能部门内

  B. 项目型组织通常会将绝大部分组织资源直接配置到项目工作中，项目经理拥

有相当大的独立性和权限

  C．强矩阵模式的组织结构中，项目经理充当协调者角色，全职参与项目的员工比例较小

  D．项目管理办公室（PMO）可以存在于任何组织结构中，尤其在矩阵型结构和项目型结构的组织中设立 PMO 具有明显优势

试题（18）分析

  参考《信息系统项目管理师教程》（第 3 版）2.5.1～2.5.4 小节。强矩阵模式的组织结构中，项目经理的权利更大，全职参与项目的员工比例更大（50%～95%）。

参考答案

  （18）C

试题（19）

  在依法必须进行招标的项目中，公开招标与投标工作的描述不正确的是：　（19）　。

  （19）A．开标前，招标机构需向评标专家介绍即将参与的评标项目内容及招标人和投标人的情况

  B．评标委员会由具有高级职称或同等专业水平的相关专家、招标人与招标机构代表等 5 人以上单数组成，其中技术、经济等方面专家人数不得少于总人数 2/3

  C．评标委员会名单在评标结果公示前必须保密

  D．投递投标书最好是直接送达或委托代理人送达，以便获得招标机构已收到投标书的回执

试题（19）分析

  参考《信息系统项目管理师教程》（第 3 版）3.1.3 小节。开标前，招标机构及任何人不得向评标专家透露即将参与的评标项目内容及招标人和投标人有关的情况。

参考答案

  （19）A

试题（20）

  对于信息系统项目开发的可行性研究，不正确的是：　（20）　。

  （20）A．信息系统项目开发的可行性包含可能性、效益性、必要性和创新性四个方面，四者相辅相成，缺一不可

  B．信息系统项目可行性研究从技术、经济、社会和人员方面进行调查研究

  C．技术可行性分析考虑项目开发的风险、人力资源的有效性、技术能力的可能性、物资的可用性

  D．经济可行性分析考虑项目的投资收益和项目的社会效益

试题（20）分析

  参考《信息系统项目管理师教程》（第 3 版）3.2 节。B 项，信息系统的可行性研究就是从技术、经济、社会和人员等方面的条件和情况进行调查研究；C 项，技术可行性分析一般应考虑项目开发的风险、人力资源的有效性、技术能力的可能性、物资的可用性；D 项，经

济可行性分析除了考虑经济方面的分析外，一般还需要对项目的社会效益进行分析。A 项说法不正确，信息系统项目开发的可行性包含可能性、效益性、必要性三个方面，三者相辅相成，缺一不可，可行性研究不包含创新性。

参考答案

（20）A

试题（21）

关于项目论证、项目评估目的和作用的描述，不正确的是：__(21)__。

（21）A．项目论证应围绕市场需求、开发技术、财务经济三个方面开展

　　　　B．项目论证的作用是审查可行性研究的可靠性、真实性和客观性

　　　　C．项目论证需要从多种可供实施的方案中进行分析、选优

　　　　D．项目评估是在可行性研究基础上，由第三方对项目开展的评价活动

试题（21）分析

参考《信息系统项目管理师教程》（第 3 版）3.3.1～3.3.2 小节。项目评估的作用是审查可行性研究的可靠性、真实性和客观性。

参考答案

（21）B

试题（22）

__(22)__ 不是制作项目章程的依据。

（22）A．口头协议　　　　　　　　　　B．项目管理计划

　　　　C．商业论证　　　　　　　　　　D．项目工作说明书

试题（22）分析

参考《信息系统项目管理师教程》（第 3 版）4.2.2 小节。制定项目章程的依据包括：协议（其中包括合同、谅解备忘录、协议书、口头协议等）、项目工作说明书、商业论证、事业环境因素和组织过程资产。制定项目章程时正在确定项目是否需要启动，所以还没有项目管理计划。

参考答案

（22）B

试题（23）

没有调查就没有发言权，全面、及时而准确地掌握项目各方面的情况，是判断、决策和指导项目工作的基础，这体现了项目经理权力中的 __(23)__。

（23）A．权限　　　　B．感化影响　　　　C．知情力　　　　D．领导力

试题（23）分析

参考《信息系统项目管理师教程》（第 3 版）4.4 节。项目经理的权力包括 3 个方面：权限、感化影响和知情力。知情力更为重要，没有调查就没有发言权，全面、及时而准确地掌握项目各方面的情况，是判断、决策和指导项目工作的基础。

参考答案

（23）C

试题（24）

监控项目工作过程包含了监视和控制两方面的活动，__（24）__ 属于控制活动。

(24) A. 采取预防措施　　　　　　　　B. 收集绩效信息

C. 测量绩效信息　　　　　　　　D. 评价测量结果

试题（24）分析

参考《信息系统项目管理师教程》（第 3 版）4.5 节。监控项目工作：监控项目工作过程是监视和控制启动、规划、执行和结束项目所需的各个过程，采取纠正或预防措施控制项目的实施效果。监视是贯穿项目始终的项目管理的一个方面，监视包括收集、测量、发布绩效信息，并评价测量结果和实施过程改进的趋势。

参考答案

(24) A

试题（25）

当用户提出新需求时，项目组应在 __（25）__ 指导下进行项目范围管理。

(25) A. WBS　　　　　　　　　　　B. 范围管理计划

C. 项目范围说明书　　　　　　　D. 需求跟踪矩阵

试题（25）分析

参考《信息系统项目管理师教程》（第 3 版）5.2.1 小节。如果没有范围管理计划，那么在面对范围管理出现的问题时，项目团队就缺乏一个行动指导方针。

参考答案

(25) B

试题（26）

定义范围最重要的任务就是详细定义项目的范围边界，__（26）__ 不适合用于描述某个项目的范围。

(26) A. 系统开发完成后，开发人员针对系统操作为客户举行两次以上的培训

B. 服务软件在对外传输数据过程中不允许以明文形式传输

C. 将主会场原有的标清视频会议系统替换为高清（1080P）视频会议系统

D. 智能数据分析系统核心功能在 2 个月内完成，以满足验收要求

试题（26）分析

参考《信息系统项目管理师教程》（第 3 版）5.4.1 小节。定义范围最重要的任务就是详细定义项目的范围边界，范围边界是应该做的工作和不需要进行的工作的分界线。D 项是对项目进度的描述，并不能说明项目工作的边界。

参考答案

(26) D

试题（27）

关于 WBS 的描述，正确的是：__（27）__。

(27) A. WBS 分解得越详细越利于项目的执行

B. WBS 的元素可以几个人同时负责

  C．WBS 完成后，就不能对 WBS 进行修改

  D．WBS 中下级元素之和等于上级元素

试题（27）分析

  参考《信息系统项目管理师教程》（第 3 版）5.5.2 小节。如果将 WBS 分解得过于详细，那么容易让人掉进细节中，同时可能会忽略更重要的事情；WBS 的元素必须有人负责，而且只由一个人负责；WBS 完成后，仍有可能对 WBS 进行修改；WBS 必须符合项目的范围，所有下一级元素之和必须 100%地代表上一级元素。

参考答案

  （27）D

试题（28）

  关于范围确认和范围控制的描述，正确的是：　（28）　。

  （28）A．当变更会对进度、成本产生较大影响时，变更申请不应该被通过

    B．客户和项目团队成员往往有在当前版本中加入所有功能的意愿

    C．确认范围后该项目的范围不能再更改

    D．由于政府政策调整而导致项目范围的变更申请，可直接通过

试题（28）分析

  参考《信息系统项目管理师教程》（第 3 版）5.6.2 小节。在项目中，客户和项目团队成员往往有在当前版本中加入所有功能和特征的意愿。变更控制的目的就是要审核变更对项目各方面造成的影响，从而根据影响采取措施，当变更会对进度、成本产生较大影响时，需要由 CCB 做出评估后决定，不一定非要拒绝其变更申请；由于政府政策调整而导致项目范围的变更申请，也需要进行 CCB 评估，不能直接通过。确认范围后，如果项目进行过程中增加新的需求或进行了其他范围的变更，需要执行变更流程，重新进行范围确认。

参考答案

  （28）B

试题（29）～（31）

  某视频监控系统，项目活动如下表所示。则该项目中，　（29）　活动不需要在监视模块上传功能（M）活动完成前必须完成。项目总工期是　（30）　天。由于负责设备权限功能（H）研发的小王临时出差，导致该功能工期延长了 9 天，则项目总工期延期　（31）　天。

活动			工期/天	活动编号	紧前活动
需求分析	需求调研		16	A	
	需求确认		3	B	A
系统设计	概要设计		8	C	B
	详细设计		17	D	C
系统实现	数据库模块	数据库构建	10	E	D
	用户模块	信息维护功能	21	F	E
		身份认证功能	12	G	F
		设备权限功能	6	H	G

续表

活动			工期/天	活动编号	紧前活动
系统实现	设备模块	注册功能	5	I	E
		状态查询功能	8	J	I,H
	监控模块	监控功能	23	K	I,G
		轮询功能	12	L	J,K
		上传功能	9	M	K
系统测试		功能测试	15	N	K,L,M
		集成测试	10	O	N
系统交付		系统部署	3	P	O
		用户手册	5	Q	O
		用户培训	2	R	P,Q

（29）A. 信息维护功能（F）　　　　　B. 设备权限功能（H）
　　　　C. 身份认证功能（G）　　　　　D. 监控功能（K）
（30）A. 148　　　　B. 150　　　　C. 154　　　　D. 160
（31）A. 0　　　　　B. 3　　　　　C. 5　　　　　D. 9

试题（29）～（31）分析

参考《信息系统项目管理师教程》（第 3 版）6.3.3 小节。绘制该项目的网络图如下。

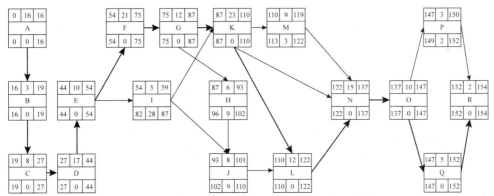

试题（29），监视模块上传功能（M）活动与 H 活动无关，其他 F、G、K 都是 M 的紧前活动。

试题（30），该项目的关键路径为：ABCDEFGKLNOQR，总工期=154 天。

试题（31），调整的是非关键路径上的活动，9 天后，HJ 路径的活动浮动时间为 18 天，所以延期不会影响总工期。

参考答案

（29）B　　（30）C　　（31）A

试题（32）

A 公司承接一报告厅音频系统改造项目，根据过去三次同类项目经验，现场改造需要的成本与现场布点数、服务器数量两个因素有关，具体如表所示。则利用线性回归分析建立参数法估算模型（$Z=aX+bY+c$），依据该模型估算得出本次现场改造的成本为___（32）___万元。

项目	布点数（X）	服务器数量（Y）	成本（Z）
项目A	30	2	300
项目B	50	1	280
项目C	100	3	590
本项目	80	2	?

（32）A．380　　　　B．420　　　　C．450　　　　D．480

试题（32）分析

参考《信息系统项目管理师教程》（第3版）7.3.1小节。参数估算是利用历史数据之间的统计关系和其他变量来进行项目的成本估算。利用线性回归法，三次估算模型=$30a+2b+c=300$，$50a+b+c=280$，$100a+3b+c=590$，可得：$a=3$，$b=80$，$c=50$，成本为 $80×3+2×80+50=450$ 万元。

参考答案

（32）C

试题（33）

___（33）___ 属于成本基准。

①管理储备　　　②应急储备　　　③材料成本　　　④服务费

（33）A．①③④　　　B．①②③　　　C．①②④　　　D．②③④

试题（33）分析

参考《信息系统项目管理师教程》（第3版）7.2.3小节。成本基准是经过批准且按时间段分配的项目预算，但不包括管理储备。

参考答案

（33）D

试题（34）

某公司项目的绩效数据如下表所示，能提前完成且不超支的项目有___（34）___个。

项目	计划价值	挣值	实际成本
A	1000	1500	1200
B	2000	1700	1800
C	2500	2700	2800
D	4000	3500	3200
E	1600	1800	1500

（34）A．1　　　　B．2　　　　C．3　　　　D．4

试题（34）分析

参考《信息系统项目管理师教程》（第3版）7.3.2小节。

项目A的SPI=1500/1000=1.5，CPI=1500/1200=1.25。

项目B的SPI=1700/2000=0.85，CPI=1700/1800=0.94。

项目C的SPI=2700/2500=1.08，CPI=2700/2800=0.96。

项目D的SPI=3500/4000=0.875，CPI=3500/3200=1.09。

项目 E 的 SPI=1800/1600=1.125，CPI=1800/1500=1.2。

A、E 两个项目成本结余，进度超前。观察也可得出 EV 均大于 PV 和 AC 的项目。

参考答案

（34）B

试题（35）

关于规划质量管理的描述，不正确的是：　 (35) 　。

（35）A. 质量测量中公差是实际测量值与预期值的差

　　　 B. 质量管理计划可以是非正式的

　　　 C. 干系人登记册有助于识别对质量重视或有影响的那些干系人

　　　 D. 质量核对单用来核实所要求的一系列步骤是否已得到执行

试题（35）分析

参考《信息系统项目管理师教程》（第 3 版）8.2.1 小节。测量指标的可允许变动范围称为公差。

参考答案

（35）A

试题（36）

　 (36) 　属于实施质量保证过程的活动。

①向项目团队成员宣贯和明确质量保证的重要性

②确定质量保证评估指标

③加强质量审计，建立制度保障

④策划质量保证活动，并形成质量计划

（36）A. ①②　　　　　B. ②④　　　　　C. ①③　　　　　D. ③④

试题（36）分析

参考《信息系统项目管理师教程》（第 3 版）8.2.2 小节。实施质量保证是审计质量要求和质量控制测量结果，确保采用合理的质量标准和操作性定义的过程。②和④是规划质量管理过程的活动。

参考答案

（36）C

试题（37）

在质量控制中，根据控制图七点运行定律，　 (37) 　需要接受检查。

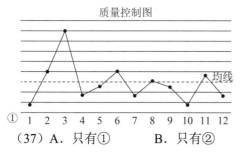
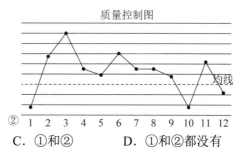

（37）A. 只有①　　　　B. 只有②　　　　C. ①和②　　　　D. ①和②都没有

试题（37）分析

参考《信息系统项目管理师教程》（第 3 版）8.3.2 小节。七点运行定律是指如果在一个质量控制图中，一行上的 7 个数据点都低于平均值或高于平均值，或者都是上升的，或者都是下降的，那么这个过程就需要因为非随机问题而接受检查。

参考答案

（37）B

试题（38）

　　（38）　是有效领导力的关键要素。

（38）A．尊重和信任　　B．畏惧和顺从　　　C．独立和创新　　　D．果断和勇敢

试题（38）分析

参考《信息系统项目管理师教程》（第 3 版）9.1.3 小节。尊重和信任是有效领导力的关键要素。

参考答案

（38）A

试题（39）

关于组建项目团队的描述，不正确的是：　（39）　。

（39）A．项目经理对团队成员的选择具有直接控制权

　　　B．人力资源不足可能导致项目取消

　　　C．项目经理应在项目管理计划中说明缺少所需人力资源的后果

　　　D．在人员分派谈判中，需要项目经理具备较强的影响他人的能力

试题（39）分析

参考《信息系统项目管理师教程》（第 3 版）9.2.2 小节。因为集体劳资协议、分包商人员使用、矩阵型项目环境、内外部报告关系或其他各种原因，项目管理团队不一定对团队成员选择有直接控制权。

参考答案

（39）A

试题（40）

建设项目团队的目标不包括　（40）　。

（40）A．提高团队成员的知识和技能

　　　B．减少团队成员间的文化差异

　　　C．创建富有凝聚力的团队文化

　　　D．提高团队成员之间的认同感

试题（40）分析

参考《信息系统项目管理师教程》（第 3 版）9.2.3 小节。项目管理团队应该利用文化差异，在整个项目生命周期中致力于发展和维护项目团队，促进在相互信任的氛围中充分协作。

建设项目团队的目标包括：（1）提高团队成员的知识和技能；（2）提高团队成员之间的信任和认同感；（3）创建富有生机、凝聚力和协作性的团队文化。

参考答案

（40）B

试题（41）

根据赫茨伯格双因素理论，属于保健因素的是　(41)　。

（41）A．工资薪水　　　B．升职机会　　　C．领导表扬　　　D．先进激励

试题（41）分析

参考《信息系统项目管理师教程》（第 3 版）9.3.9 小节。保健因素包括工作环境、工资薪水、公司政策、个人生活、管理监督、人际关系等。激励因素是高层次的需要，包括成就、承认、工作本身、责任、发展机会等。

参考答案

（41）A

试题（42）

某项目潜在沟通渠道数为 153，则项目干系人数量为　(42)　。

（42）A．16　　　　　B．17　　　　　C．18　　　　　D．19

试题（42）分析

参考《信息系统项目管理师教程》（第 3 版）10.3 节。潜在沟通渠道数为 $n(n–1)/2$，项目干系人数量为 n。$18×17/2=153$。

参考答案

（42）C

试题（43）

项目经理在　(43)　过程中，发现参加会议的主要领导无法出席，项目组原定的每周一的项目例会，改为每周二召开。

（43）A．实施整体变更控制　　　　　B．规划沟通管理

　　　　C．管理沟通　　　　　　　　　D．控制沟通

试题（43）分析

参考《信息系统项目管理师教程》（第 3 版）10.2.3 小节。控制沟通过程可能引发重新开展规划沟通管理和/或管理沟通过程。

参考答案

（43）D

试题（44）

干系人对项目的影响能力通常在项目　(44)　阶段最大。

（44）A．启动　　　　　B．规划　　　　　C．执行　　　　　D．收尾

试题（44）分析

参考《信息系统项目管理师教程》（第 3 版）10.5.3 小节。干系人对项目的影响能力通常在项目启动阶段最大，而随着项目进展逐渐降低。

参考答案

（44）A

试题（45）

项目管理过程中，针对低权力、高利益类的干系人应 ___(45)___ 。

(45) A．将项目的相关事项信息随时告知对方

　　　B．重点解决其提出的主要需求，争取其支持

　　　C．判断其对项目产生的影响，实施令其满意的行动策略

　　　D．避免其对项目产生负面影响，不需过多进行干预

试题（45）分析

参考《系统集成项目管理工程师教程》（第 2 版）[1]12.5.2 小节。根据权力/利益方格，针对低权力、高利益的干系人要随时告知，让其及时了解项目情况，维持他们的满意度。针对高权力、高利益的干系人要重点管理，采取有力的行动让其满意；针对高权力、低利益的干系人要令其满意，争取其支持；针对低权力、低利益的干系人，花最少的精力监督即可。

参考答案

(45) A

试题（46）

关于风险的描述，不正确的是： ___(46)___ 。

(46) A．已知风险为其后果可以预见的风险

　　　B．随机性、相对性、可变性都是风险的属性

　　　C．按可预测性划分为可预测风险和不可预测风险两种

　　　D．项目管理人员必须避免投机风险转化为纯粹风险

试题（46）分析

参考《信息系统项目管理师教程》（第 3 版）11.1.3 小节。项目风险按可预测性划分为已知风险、可预测风险和不可预测风险。

参考答案

(46) C

试题（47）

可用于风险识别的工具与技术是 ___(47)___ 。

(47) A．决策树　　　B．SWOT　　　C．概率影响矩阵　　　D．波士顿矩阵

试题（47）分析

参考《信息系统项目管理师教程》（第 3 版）11.3.2 小节。SWOT 分析法，即态势分析，就是将与研究对象密切相关的各种主要内部优势、劣势和外部的机会和威胁等，通过调查列举出来，并依照矩阵形式排列，然后用系统分析的思想，把各种因素相互匹配起来加以分析，从中得出一系列相应的结论，而结论通常带有一定的决策性。

A 项的决策树是实施定量风险分析的工具；C 项的概率影响矩阵是实施定性风险分析的工具；D 项的波士顿矩阵又称市场增长率-相对市场份额矩阵、波士顿咨询集团法、四象限分析法、产品系列结构管理法等，一般用于市场分析。

---

[1] 本章提及的《系统集成项目管理工程师教程》（第 2 版）是全国计算机技术与软件专业技术资格（水平）考试指定用书，由清华大学出版社出版。

参考答案

（47）B

试题（48）

应对可能对项目目标存在消极影响和威胁的风险，不宜采用的策略是：__(48)__。

（48）A．提高　　　　　　B．回避　　　　　　C．转移　　　　　　D．接受

试题（48）分析

参考《信息系统项目管理师教程》（第 3 版）11.6.2 小节。提高策略是应对积极的风险的策略，旨在通过提高积极风险的概率或其积极影响，识别并最大程度发挥这些积极风险的驱动因素，致力于改变机会的大小。通过促进或增强机会的成因，积极强化其触发条件，提高机会发生概率，也可着重针对影响驱动因素，以提高项目机会。

参考答案

（48）A

试题（49）

通常质量管理人员具有__(49)__的权限。

①对受控库文档的 Add　　　　　　②对受控库文档的 Check

③对受控库代码的 Read　　　　　　④对受控库代码的 Add

⑤对受控库代码的 Check　　　　　　⑥对产品库的 Read

⑦对产品库的 Add

（49）A．①④⑥　　　　B．②⑤⑥　　　　C．①③⑥　　　　D．②⑤⑦

试题（49）分析

参考《信息系统项目管理师教程》（第 3 版）14.2.1 小节。通常质量管理员不具有对受控库代码的 Add 权限、对受控库代码的 Check 权限和对产品库的 Add 权限。

参考答案

（49）C

试题（50）

属于物理配置审计活动的是：__(50)__。

（50）A．验证配置项已达到配置标识中的性能和功能特征

　　　B．验证配置项的开发已圆满完成

　　　C．验证要交付的配置项是否存在

　　　D．验证配置项的操作和支持文档已完成并且是符合要求的

试题（50）分析

参考《信息系统项目管理师教程》（第 3 版）14.2.3 小节。C 项是物理配置审计的内容，物理配置审计要验证以下几个方面：（1）要交付的配置项是否存在；（2）配置项中是否包含了所有必需的项目。功能配置审计要验证以下几个方面：（1）配置项的开发已圆满完成；（2）配置项已达到配置标识中规定的性能和功能特征；（3）配置项的操作和支持文档已完成并且是符合要求的。A、B、D 项属于功能配置审计的内容。

参考答案

（50）C

试题（51）

在采用基于配置库的变更控制对软件代码进行修改的过程中，请将下列活动按照时间先后顺序排列：___（51）___。

①将新基线存入产品库

②从产品库中取出待修改代码

③程序员在开发库中修改代码

④将待修改代码从受控库中检出

（51）A．①②③④　　　　B．②①④③　　　　C．②④③①　　　　D．③①②④

试题（51）分析

参考《信息系统项目管理师教程》（第3版）14.2.3小节。基于配置库的变更控制流程如下：（1）将待升级的基线从产品库中取出，放入受控库；（2）程序员将欲修改的代码段从受控库中检出，放入自己的开发库中；（3）程序员修改代码，修改后检入受控库；（4）升级完成后，将受控库中的新基线存入产品库。

参考答案

（51）C

试题（52）

在建立供应商战略合作伙伴关系时，不合适的做法是：___（52）___。

（52）A．考察供应商过去的业绩和商誉

　　　 B．采用基于互联网的管理模式

　　　 C．伙伴间信任和信息共享，共担风险

　　　 D．建立合作伙伴薪酬考核的激励机制

试题（52）分析

参考《信息系统项目管理师教程》（第3版）12.2.5小节。建立供应商战略合作伙伴关系时，要建立信任监督机制和合作伙伴的激励机制。薪酬考核是一个主体内部的考核机制，合作伙伴是隶属于不同法人的主体，不能通过薪酬考核机制来对合作伙伴进行激励。

参考答案

（52）D

试题（53）

在项目采购管理的定价环节，___（53）___过程不宜采用谈判方式进行定价。

（53）A．供应商有能力准确估计所需的成本

　　　 B．供应商需要很长时间开发和生产采购的物品

　　　 C．采购要求中的诸多绩效因素需要达成一致

　　　 D．买方要求供应商早期参与

试题（53）分析

参考《信息系统项目管理师教程》（第3版）12.3节。在定价环节，谈判方式适合下列

情况：①供应商需要很长时间开发和生产采购的物品时；②采购要求诸多绩效因素达成一致时；③买方要求供应商早期参与时；④当前述任何竞争性报价的标准都不存在时。而当供应商很清楚细节和要求，有能力准确估计生产所需的成本时，适合采用竞争性报价方式进行定价。

参考答案

（53）A

试题（54）

买方为卖方报销履行合同工作所发生的一切合法成本，买方再凭自己的主观感觉给卖方支付一笔利润，完全由买方根据自己对卖方绩效的主观判断来决定奖励费用，则双方签订的是 （54） 。

（54）A．成本加奖励费用合同　　　　B．成本加固定费用合同

　　　C．成本加激励费用合同　　　　D．总价加激励费用合同

试题（54）分析

参考《信息系统项目管理师教程》（第 3 版）13.1.1 小节。成本加奖励费用合同为卖方报销履行合同工作所发生的一切合法成本（即成本实报实销），买方再凭自己的主观感觉给卖方支付一笔利润，完全由买方根据自己对卖方绩效的主观判断来决定奖励费用，并且卖方通常无权申诉。

参考答案

（54）A

试题（55）

合同管理包括 （55） 、合同履约管理、合同变更管理、 （55） 、合同违约索赔管理。

（55）A．合同签订管理　　合同补充管理

　　　B．合同规划管理　　合同补充管理

　　　C．合同签订管理　　合同档案管理

　　　D．合同规划管理　　合同档案管理

试题（55）分析

参考《信息系统项目管理师教程》（第 3 版）13.2 节。合同管理包括合同签订管理、合同履约管理、合同变更管理、合同档案管理、合同违约索赔管理。

参考答案

（55）C

试题（56）

关于知识产权保护的描述，不正确的是： （56） 。

（56）A．文字作品、口述作品、计算机软件、产品设计图都受知识产权保护

　　　B．商标是使用在商品及其包装上或服务标记上的由文字、图形、字母、数字、三维标志等构成的一种可视性标志

　　　C．带有欺骗性、容易使公众对商品的质量等特点或者产地产生误认的标志不得作为商标使用

  D. 著作权由组织享有的职务作品,其发表权保护期截止于作品首次发表后第五十年的该作品发表日的前一日

试题 (56) 分析

  参考《信息系统项目管理师教程》(第 3 版)15.3.1 小节。根据《中华人民共和国著作权法》第二十一条,法人或者非法人单位的作品、著作权(署名权除外)由法人或非法人单位享有的职务作品,其发表权、使用权和获得报酬权的保护期为五十年,截止于作品首次发表后第五十年的十二月三十一日。根据《中华人民共和国著作权法》第三条,本法所称的作品包括文字作品、口述作品、音乐戏剧等艺术作品、工程设计图、产品设计图、计算机软件等。

参考答案

  (56)D

试题 (57)

  某饮料公司只生产某一系列的几种果汁饮料,且产品在市场的占有率较大,但是销售增长率并不太高。开发一种新配方的产品需要较长时间,在开发新产品期间,这家公司管理者最适宜采用的组织战略是 __(57)__ 。

  (57)A. 防御者战略   B. 探索者战略

      C. 分析者战略   D. 反应者战略

试题 (57) 分析

  参考《信息系统项目管理师教程》(第 3 版)17.2.1 小节。防御者战略:作为相对成熟行业中的成熟组织,组织内部产品线较窄,同时组织高层也不愿意积极探索熟知领域以外的机会。组织努力的方向主要是提高组织的运行效率,扩大或者继续保持目前的市场占有情况,预防竞争对手对组织原有市场的侵蚀,维持行业内的相对地位。

参考答案

  (57)A

试题 (58)

  通过管理工作量,并采用适当的技术方法和降低风险的策略来提供产品功能。这属于敏捷项目管理 __(58)__ 阶段的活动。

  (58)A. 构想   B. 推测   C. 探索   D. 适应

试题 (58) 分析

  参考《信息系统项目管理师教程》(第 3 版)19.4.2 小节。探索阶段有三个关键的活动域:①通过管理工作量和使用适当的技术方法和风险降低策略,交付计划的功能;②建立协作的、自我组织的项目团队,这是每个人的责任,但需要由项目经理推动;③管理团队与客户、产品经理和其他项目干系人的相互交流。

参考答案

  (58)C

试题 (59)

  组织级项目管理框架由最佳实践、 __(59)__ 和成果三部分组成。

（59）A．组织文化　　　　　B．组织能力　　　　C．组织战略　　　　D．组织结构

试题（59）分析

参考《信息系统项目管理师教程》（第 3 版）18.3 节。组织级项目管理框架由最佳实践、组织能力和成果三部分组成。

参考答案

（59）B

试题（60）

关于项目组合管理的描述，不正确的是：　(60)　。

（60）A．项目组合管理包含运营性质的工作

　　　B．项目组合管理通过管理项目间的依赖关系支持组织战略

　　　C．项目组合管理目标是确保项目组合与组织的目标保持一致

　　　D．项目组合管理是实现战略目标而对多个项目组合进行的集中管理

试题（60）分析

参考《信息系统项目管理师教程》（第 3 版）21.1.2 小节。项目组合包含项目集、项目以及日常运作业务，其目的在于通过组合管理方式实现组织的战略目标。项目组合中的项目和项目集可能没有必然的联系，但它们都是实现战略时需要关注的管理对象，而项目集管理需要对组件之间的依赖关系进行集成管理。

参考答案

（60）B

试题（61）

测试管理是为了实现测试工作的预期目标，以测试人员为中心，对　(61)　及其所涉及的相应资源进行有效的计划、组织、领导和控制的活动。

（61）A．产品生命周期　　　　　　　　　B．测试人员能力

　　　C．测试工具方法　　　　　　　　　D．测试生命周期

试题（61）分析

参考《信息系统项目管理师教程》（第 3 版）23.3.1 小节。测试管理是为了实现测试工作预期目标，以测试人员为中心，对测试生命周期及其所涉及的相应资源进行有效的计划、组织、领导和控制的协调活动。

参考答案

（61）D

试题（62）

组织级项目管理成熟度模型（OPM3）中，　(62)　属于 3 级的特征。

（62）A．在项目或职能层级上计划、执行、监督和控制项目

　　　B．组织的项目绩效是可预测的

　　　C．项目管理和流程管理是数据驱动的

　　　D．组织稳定且关注于持续改进

试题（62）分析

组织级项目管理成熟度模型（OPM3）中，A 项是第 2 级的特征，B 项是第 3 级的特征，C 项是第 4 级的特征，D 项是第 5 级的特征。

参考答案

（62）B

试题（63）

某软件的指标"处理用户请求响应时间小于 3s"，该指标是度量 ___(63)___ 的指标。

（63）A．产品规模　　　　　　　　B．技术有效性

　　　C．产品质量　　　　　　　　D．过程质量

试题（63）分析

参考《信息系统项目管理师教程》（第 3 版）25.3 节。响应时间是度量产品质量的指标。

参考答案

（63）C

试题（64）

依据 GB 17859—1999《计算机信息系统安全保护等级划分准则》，___(64)___ 适用于地方各级国家机关、金融单位机构、邮电通信、能源与水源供给部门、交通运输、大型工商与信息技术企业、重点工程建设等单位。

（64）A．系统审计保护级　　　　　　B．安全标记保护级

　　　C．结构化保护级　　　　　　　D．访问验证保护级

试题（64）分析

参考《信息系统项目管理师教程》（第 3 版）22.1.2 小节。安全标记保护级，为第三级，具有系统审计保护级的所有功能，还需提供有关安全策略模型、数据标记以及主体对客体强制访问控制的非形式化描述，具有准确地标记输出信息的能力，消除通过测试发现的任何错误。该级适用于地方各级国家机关、金融单位机构、邮电通信、能源与水源供给部门、交通运输、大型工商与信息技术企业、重点工程建设等单位。

参考答案

（64）B

试题（65）

信息安全系统工程中，信息系统"安全空间"三个维度包括安全机制、网络参考模型和 ___(65)___ 。

（65）A．安全设施　　　　　　　　B．安全平台

　　　C．安全人员　　　　　　　　D．安全服务

试题（65）分析

参考《信息系统项目管理师教程》（第 3 版）22.2.2 小节中的图 22-3。X 轴是安全机制，Y 轴是 OSI 网络参考模型，Z 轴是安全服务，X、Y、Z 三个轴构成了信息安全系统三维空间。

参考答案

（65）D

试题（66）、（67）

某公司承接了一项业务，需研发 2 个新产品 A，4 个新产品 B，需要市场上两种平台资源甲和乙。甲售价 300 万元/台，可支持研发 1 个新产品 A 和 2 个新产品 B；乙售价 200 万元/台，可支持研发 2 个新产品 A 和 1 个新产品 B。该公司应购买甲乙各 ___(66)___ 台，可完成业务且花费的成本最低，最低成本为 ___(67)___ 万元。

（66）A. 2、1　　　　　　B. 1、2　　　　　　C. 0、2　　　　　　D. 2、0

（67）A. 800　　　　　　B. 700　　　　　　C. 600　　　　　　D. 400

试题（66）、（67）分析

参考《信息系统项目管理师教程》（第 3 版）27.4 节。

该问题的数学模型为：

假设用甲 x 台，乙 y 台，总费用为 z 万元。

$\min z = 300x + 200y$

$$s.t. \begin{cases} x + 2y \geq 2 & ① \\ 2x + y \geq 4 & ② \\ x, y \geq 0 \end{cases}$$

绘制直角坐标系，如下图所示。

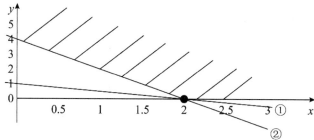

由图可知最优解为（2，0），最低费用为 $z = 600$ 万元。

参考答案

（66）D　　（67）C

试题（68）

有 10 名员工要参加 6 门技术考试，下表*代表每个员工应该参加考试的课程。

员工	A	B	C	D	E	F
员工 1	*	*		*		
员工 2	*		*			
员工 3	*					*

续表

员工	A	B	C	D	E	F
员工 4		*			*	
员工 5	*		*	*		
员工 6			*		*	
员工 7			*			*
员工 8		*		*		
员工 9	*	*				*
员工 10	*		*			*

　　另外，规定考试需要在三天内结束，每天上下午各安排一门。员工则希望每人每天最多考一门，课程 A 必须安排在第一天上午，课程 F 必须安排在最后一门，课程 B 只能安排在下午考。则 C 课程应该安排在　(68)　。

　　A．第一天下午　　　　B．第二天上午　　　　C．第二天下午　　　　D．第三天上午

试题（68）分析

　　根据题干信息，以 6 门课程为点，将同一员工需要参加的考试课程用边表示，两点之间由边连接，不能在同一天安排的课程如下图所示。

　　由图可知，课程 A 只能与课程 E 安排在一天，课程 B 与课程 C 安排在一天，课程 D 与课程 F 安排在一天。

　　基于此得到时间安排：第一天为 AE，第二天为 CB，第三天为 DF。

参考答案

　　（68）B

试题（69）

　　某公司为经营业务的需要，决定要在现有生产条件不变的情况下，生产一种新产品，现可供生产的产品有甲、乙、丙、丁四种类型。由于缺少相关背景资料，对新产品的市场需求只能估计为大、中、小三种状态，在不同的市场需求条件下，新产品的收益值如表所示。如果决策者采用后悔值方法进行决策，该公司应生产　(69)　。

市场需求 产品	需求量大	需求量中	需求量小
甲	800	320	−250
乙	600	300	−200
丙	300	150	50
丁	400	250	100

（69）A. 甲　　　　　B. 乙　　　　　C. 丙　　　　　D. 丁

试题（69）分析

每列最大值减去其他各值，得到后悔值表，如下表所示，选择后悔值最小的产品投产。

产品	需求量大	需求量中	需求量小	最大悔值
甲	0	0	350	350
乙	200	20	300	300
丙	500	170	50	500
丁	400	70	0	400

因此选择乙。

参考答案

（69）B

试题（70）

某项目现金流量如表所示，则项目的静态投资回收期为___（70）___年。

年末	0	1	2	3	4	5	6
现金流出	900						
现金流入		200	300	400	400	400	400

（70）A. 2　　　　　B. 2.5　　　　　C. 3　　　　　D. 3.5

试题（70）分析

根据静态投资回收期的计算公式，由于前三年的现金流入为 200+300+400=900，恰好等于项目的投入，因此，项目的投资回收期为 3 年。

参考答案

（70）C

试题（71）

___（71）___ is/are legally owned or controlled data resources that can be measured and bring economic and social value to the organization.

（71）A. Data collection　　　　　B. Data warehouse

　　　　C. Data preservation　　　　　D. Data assets

试题（71）分析

根据 GB/T 40685—2021《信息技术服务　数据资产　管理要求》，数据资产是合法拥有或者控制的，能进行计量的，为组织带来经济和社会价值的数据资源。

A 项为数据集合，B 项为数据仓库，C 项为数据保存，D 项为数据资产。

参考答案

（71）D

试题（72）

___（72）___ can be described by the following characteristics: volume, variety, velocity, veracity and value.

（72）A．Artificial intelligence
B．Integrated circuit

C．Parallel computing
D．Big data

试题（72）分析

大数据可以由以下特征来描述：体量大，多样性，速度快，准确性，数据有价值。

A 项为人工智能，B 项为集成电路，C 项为并行计算，D 项为大数据。

参考答案

（71）D

试题（73）

Project　（73）　includes making choices about: resource allocation, balancing competing demands, examining any alternative approaches, tailoring the processes to meet the project objectives and managing the inter dependencies among the Project Management Knowledge Areas.

（73）A．schedule management
B．scope management

C．integration management
D．resource management

试题（73）分析

项目整合管理包括进行以下选择：资源分配，平衡竞争性需求，研究各种备选方法，为实现项目目标而裁剪过程，管理各个项目管理知识领域之间的依赖关系。

A 项为进度管理，B 项为范围管理，C 项为整合管理，D 项为资源管理。

参考答案

（73）C

试题（74）

　（74）　refers to the management of the overall and long-term development direction, objectives, tasks and policies of an organization in a certain period, as well as the corresponding decisions on the organization's resource allocation, and the tracking, supervision and change of these decisions.

（74）A．Quality management
B．Communication management

C．Risk management
D．Strategy management

试题（74）分析

战略管理是一个组织在一定时期内对全局性、长远的发展方向、目标、任务和政策，以及对组织资源调配等方面做出的相应决策，以及对这些决策进行跟踪、监督、变更等方面的管理工作。

A 项为质量管理，B 项为沟通管理，C 项为风险管理，D 项为战略管理。

参考答案

（74）D

试题（75）

Project　（75）　management includes the processes required to identify the people, groups, or organizations that could impact or be impacted by the project, to analyze their expectations and impact on the project, and to develop the appropriate management strategies for effectively engaging them in project decisions and execution.

（75）A．supplier　　　　　　　B．customer

　　　 C．resource　　　　　　　D．stakeholder

试题（75）分析

项目干系人管理包括用于开展下列工作的各个过程：识别能够影响项目或会受项目影响的人员、团体或组织，分析相关方对项目的期望和影响，制定合适的管理策略来有效调动干系人参与项目决策和执行。

A 项为供应商，B 项为客户，C 项为资源，D 项为干系人。

参考答案

（75）D

第 26 章　2022 下半年信息系统项目管理师下午试题 I 分析与解答

试题一（24 分）

阅读下列说明，回答问题 1 至问题 3，将解答填入答题纸的对应栏内。

【说明】

某集团为提升企业服务水平和办公效率，通过招投标选定 A 公司为其开发企业协同办公管理信息系统。A 公司组建了项目团队，任命小张担任项目经理，并将系统中的数据可视化模块外包给某一软件公司。

在制订项目管理计划过程中，小张让负责研发的小陈制订沟通管理计划，作为项目管理计划的子计划。小陈认为编制沟通管理计划是一件重复性的工作，于是参考过去项目的沟通管理计划，简单进行了修改后放入了项目计划文件夹下作为公共信息供大家查阅，完成后的沟通管理计划表如下：

沟通内容	沟通方法	沟通时间	参与人	沟通目的
每周工作例会	谈话	每周五 16:00	A 公司项目组成员	汇报进度、解决遇到的问题
方案评审	会议	阶段性	A 公司项目组相关人员	确定方案
项目阶段性总结	电子邮件	里程碑点	A 公司主管领导、项目组相关成员	阶段性汇报
软件开发技能培训	在线课程	临时	A 公司软件研发人员	提高软件研发技能
项目交流会	电话	项目启动、结束时	A 公司项目组成员、客户、外包公司	各方了解项目情况

每次参加客户召集的项目沟通会，小张会根据项目组人员空闲时间临时安排参会人员。参会人员不固定，新的参会人员对之前会议需要确认的内容毫不知情，这种情况时有发生，引起客户强烈不满，沟通不畅，效率也不高。

在项目进行过程中，客户对数据可视化模块要求增加新的功能，经变更确认后，小张电话通知外包公司增加了新功能。项目验收时发现新功能并未实现。

【问题 1】（6 分）

请结合案例，指出小陈制订的沟通管理计划表中已列出内容的不合理之处。

【问题 2】（10 分）

请结合案例，在下表中补充沟通管理过程，并写出该项目在沟通管理各过程上存在的问题。

沟通管理过程	存在问题
过程 1：规划沟通	
过程 2：_____	
过程 3：控制沟通	

【问题 3】（8 分）

（1）请指出常用的沟通方法一般分为几类。

（2）案例中沟通管理计划表中所提到的沟通方法分别属于哪类沟通？

试题一分析

本题重点考核项目沟通管理，考生需全面多视角来综合分析并作答。

【问题 1】

综合案例分析题，本题结合案例考查考生对沟通管理的知识的掌握程度，要求考生能够根据项目实际情况发现沟通管理计划中不合理的事项（参考《信息系统项目管理师教程》（第 3 版）[①]10.2.1 小节）。

【问题 2】

综合案例分析题，本题重点考查考生对于沟通管理过程的知识的掌握程度（参考《信息系统项目管理师教程》（第 3 版）10.2 节）。

【问题 3】

（1）本题重点考查考生对于沟通管理方法的知识的掌握程度（参考《信息系统项目管理师教程》（第 3 版）10.3 节）。

（2）综合案例分析题，本题重点考查考生沟通管理计划表中涉及的沟通形式属于（1）中的哪类沟通方法（参考《信息系统项目管理师教程》（第 3 版）16.3.1 小节）。

参考答案

【问题 1】（6 分）

（1）每周工作例会的沟通方法不应该是谈话；

（2）方案评审的参与人不应该只有 A 公司的项目组相关人员，还应该有客户等其他干系人；

（3）项目阶段性总结的参与人不应该只有 A 公司的主管领导和项目组相关人员，还应该有客户等其他干系人；

（4）项目阶段性总结的沟通方法不应该是电子邮件；

（5）项目交流会的沟通方法不应该是电话；

（6）项目交流会的沟通时间不应该只在项目启动、结束时，应该根据项目进展情况随时沟通。

（每条 1 分，共 6 分）

【问题 2】（10 分）

沟通管理过程	存在问题
规划沟通	• 沟通管理计划不应该由小陈一个人编写 • 沟通管理计划需根据项目的特点制订，不能照搬或由其他项目简单修改形成 • 沟通管理计划未经过评审

---

① 本章提及的《信息系统项目管理师教程》（第 3 版）是全国计算机技术与软件专业技术资格（水平）考试指定用书，由清华大学出版社出版。

续表

沟通管理过程	存在问题
管理沟通	• 参加客户召集的项目沟通会时，应该根据会议内容派合适的人员参加 • 与客户沟通信息未记录，或沟通记录未及时传递
控制沟通	• 与客户沟通效果未进行监控 • 与外包沟通未进行监控 • 与客户沟通发现问题未采取措施 • 变更通知不应该口头沟通

（每条 1 分，共 10 分，归类错误不给分）

【问题 3】（8 分）

（1）常用的沟通方法包括：

交互式沟通；

推式沟通；

拉式沟通。

（每条 1 分，共 3 分）

（2）谈话：交互式

会议：交互式

电子邮件：推式

在线课程：拉式

电话：交互式

（每条 1 分，共 5 分）

试题二（26 分）

阅读下列说明，回答问题 1 至问题 4，将解答填入答题纸的对应栏内。

【说明】

某项目的基本信息如表所示：

活动	紧前活动	计划		采取措施后	
		计划工期（天）	直接成本（元/天）	最快完工时间（天）	直接成本（元/天）
a	/	60	100	60	100
b	*a*	45	45	30	63
c	*a*	10	28	5	43
d	*a*	20	70	10	110
e	*a*	40	100	35	125
f	*c*	18	36	10	54.4
g	*d*	30	90	20	125
h	*D, e*	15	37.5	10	57.5
i	*g*	25	62.5	15	91.5
j	*B, i, f, h*	35	120	35	120

【问题 1】（8 分）

（1）请绘制项目计划的双代号网络图；

（2）请给出项目的计划工期及关键路径；

（3）请按照计划分别计算活动 a 和 b 的总时差。

【问题 2】（8 分）

（1）项目要求 150 天内完工，请写出关键路径上可压缩的活动的成本变化情况；

（2）请给出成本最优的压缩工期的方案和总成本的变化情况。

【问题 3】（4 分）

请写出压缩工期为 150 天后的项目关键路径。

【问题 4】（6 分）

若项目不进行压缩，还按原计划进行，实施到第 80 天时，项目经理发现 a、c、d 活动已经完工，b 活动完成了一半。各活动的实际支出为：a 活动 6500 元、b 活动 1000 元、c 活动 280 元、d 活动 1400 元。

假设项目每个活动的预算按照活动工期平均分配，请计算项目实施到第 80 天时，活动 b 的绩效情况，并写出判断依据。

试题二分析

本题重点考核项目成本与进度管理知识，考生需全面多视角来综合分析并作答。

【问题 1】

（1）综合计算题，本题重点考查考生对箭线图法（双代号网络图）的掌握程度（参考《信息系统项目管理师教程》（第 3 版）6.3.2 小节）。

（2）综合计算题，本题重点考查考生对关键路径法概念的掌握程度，以及对项目中时间最长的活动顺序决定项目工期的理解（参考《信息系统项目管理师教程》（第 3 版）6.3.3 小节）。

（3）在问题（2）的基础上，判断 a 和 b 是否在关键路径上，从而分别得出总时差。

【问题 2】

（1）在问题 1 的基础上，本题重点考查考生对关键路径上的活动的理解，计算出压缩的活动的成本变化（参考《信息系统项目管理师教程》（第 3 版）6.3.3 小节）。

（2）本题要求考生结合活动的人天成本，对关键路径上的主要活动进行压缩工期，计算得出最优的总成本变化值。

【问题 3】

综合计算题，本题重点考查考生对关键路径与工期的关系与影响的理解（参考《信息系统项目管理师教程》（第 3 版）6.3.3 小节）。

【问题 4】

综合计算题，本题重点考查考生对挣值管理技术的掌握程度，尤其是对 PV、EV、AC 的含义的理解，并通过对 SV（SV=EV–PV）和 CV（CV=EV–AC）的计算，得出项目绩效（参考《信息系统项目管理师教程》（第 3 版）7.3.2 小节）。

参考答案

【问题1】（8分）

（1）根据项目基本信息表绘制项目的双代号网络图，具体如下。（2分）

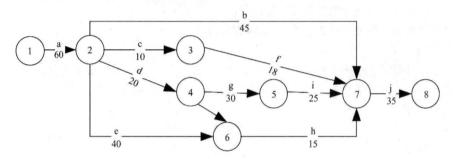

（2）项目关键路径为 $a \to d \to g \to i \to j$（1分），工期为170天（1分）。

（3）活动 a 在关键路径上，它的总时差为0。（2分）

活动 b 不在关键路径上，与关键路径②-⑦的75天差30，总时差为30。（2分）

【问题2】（8分）

（1）可压缩的活动及成本变化情况如下：

d 可压缩10天，成本从 $20 \times 70 = 1400$ 元到 $10 \times 110 = 1100$ 元，节约300元。（1分）

g 可压缩10天，成本从 $30 \times 90 = 2700$ 元到 $20 \times 125 = 2500$ 元，节约200元。（1分）

i 可压缩10天，成本从 $25 \times 62.5 = 1562.5$ 元到 $15 \times 91.5 = 1372.5$ 元，节约190元。（1分）

（2）最优方案为：活动 d（1分）应该缩短10天工期（1分），活动 g（1分）应该缩短10天工期（1分）。

总成本变化值：减少/节约500元。（1分）

【问题3】（4分）

压缩后关键路径：$a \to d \to g \to i \to j$（2分）和 $a \to e \to h \to j$（2分）。

【问题4】（6分）

根据已知条件，项目实施到第80天时，对于活动 b：

PV $= 20/45 \times (45 \times 45) = 900$ 元。（1分）

EV $= 1/2 \times 45 \times 45 = 1012.5$ 元（1分），AC $= 1000$ 元。

SV $=$ EV-PV $= 1012.5 - 900 = 112.5$。（1分）

CV $=$ EV-AC $= 1012.5 - 1000 = 12.5$。（1分）

因此单纯从活动 b 来看，该活动进度超前（1分），成本结余（1分）。

试题三（25分）

阅读下列说明，回答问题1至问题3，将解答填入答题纸的对应栏内。

【说明】

A公司为提升市场竞争力，计划针对制造业数字化转型的需求，新开发一套数字化软件，实现在工业产品生产和制造过程中的数据采集、分析和决策功能。公司让产品部前期对市场需求进行调研。产品部对软件预期能产生的经济效益和社会效益进行了详细的分析，并针对这两部分编制了《可行性分析报告》。公司高层领导看了报告后，认为该软件未来会为公司带来巨大的收益，当场拍板决定启动项目，要求产品部补充编制《项目建议书》，并组建项目团队。

小王作为某名校计算机专业刚毕业的研究生，被公司委以重任，担任该项目的项目经理。研发负责人向小王建议为配置管理设置一名专职配置管理员，但小王认为有配置管理工具对代码进行控制，大家只要对程序代码做好版本控制就可以了，考虑到项目组人员紧张，没必要再安排专人负责配置管理工作。

开发过程中，为避免多人同时修改代码，导致冲突，研发人员要先将服务器上的代码下载，待编码完成后，使用文本比对工具将代码中修改的部分进行上传整合。

软件研发完成，测试通过后，研发人员将最终版本软件和软件使用说明书提供给产品部，产品部人员发现，说明书描述的内容与软件不完全一致，于是将问题反馈给小王，小王经检查发现提交的说明书并不是最新的说明书。

【问题 1】（12 分）

请结合案例，分析项目在可行性研究和配置管理中存在哪些问题。

【问题 2】（7 分）

（1）请写出项目建议书的内容；

（2）说明项目建议书的作用。

【问题 3】（6 分）

请结合案例，说明项目组在软件研发工作完成后，移交给产品部之前，应完成哪些项目结项相关工作。

试题三分析

本题重点考核项目立项、配置管理、项目结项的知识，考生需全面多视角来综合分析并作答。

【问题 1】

综合问答题，本题重点考查考生对可行性研究和配置管理的理解与掌握程度，要求考生能够根据实际案例分析存在的问题（参考《信息系统项目管理师教程》（第 3 版）3.2.1 小节和 14.2.1 小节）。

【问题 2】

问答题，本题重点考查考生对项目立项中项目建议书的掌握程度（参考《信息系统项目管理师教程》（第 3 版）3.1.1 小节）。

【问题 3】

问答题，本题重点考查考生对项目结项的掌握程度（参考《信息系统项目管理师教程》（第 3 版）28.1.2 小节）。

参考答案

【问题 1】（12 分）

（1）在可行性研究时不能只包含经济效益和社会效益两方面，还应该包括技术可行性、风险、必要性等内容；

（2）可行性研究不能只由产品部完成；

（3）缺少对项目的第三方评估，只由领导当场拍板决定；

（4）小王缺乏配置管理经验；

（5）没有专职的配置管理员；

（6）配置项除了代码，还应包括文档资料；

（7）人工比对代码，没有正确使用配置管理工具或没有对配置管理使用方法进行培训；

（8）最终版本软件和软件使用说明书不应由研发人员提供，应该有统一的发布机制；

（9）软件说明书没有进行配置管理。

（每条 1.5 分，满分 12 分）

【问题 2】（7 分）

（1）项目建议书的内容包括：

● 项目的必要性；

● 项目的市场预测；

● 产品方案或服务的市场预测；

● 项目建设必需的条件。

（2）项目建议书的作用包括：

● 对拟建项目提出的框架性的总体设想；

● 上级主管部门选择项目的依据；

● 可行性研究的依据。

（每条 1 分，共 7 分）

【问题 3】（6 分）

（1）对软件进行质量验收；

（2）审查范围基准，确保项目所有工作都已经完成；

（3）邀请相关人员对项目进行评审；

（4）项目总结经验教训；

（5）资料归档；

（6）释放资源。

（每条 1 分，共 6 分）

第27章　2022下半年信息系统项目管理师下午试卷 II 写作要点

试题　论信息系统项目的质量管理

项目质量管理是项目管理的重要组成部分，包括确定质量政策、目标与职责的各过程和活动，从而使项目满足预定的需求。

请以"论信息系统项目的质量管理"为题进行论述：

1. 概要叙述你参与管理过的信息系统项目（项目的背景、项目规模、发起单位、目的、项目内容、组织结构、项目周期、交付的成果等），并说明你在其中承担的工作（项目背景要求本人真实经历，不得抄袭及杜撰）。

2. 请结合你所叙述的信息系统项目，围绕以下要点论述你对信息系统项目质量管理的认识。

（1）该项目质量管理的过程（包含工作内容、目的、涉及角色和主要工作成果）。

（2）请根据你所描述的项目，详细阐述你是如何进行质量保证的。

（3）请根据你所描述的项目，帮助 QA 制定一份质量核对单。

写作要点

第一部分评分要点：

（1）项目质量管理的过程包括：

- 规划质量管理：识别质量要求和标准，目的是为质量管理工作提供指导。由项目经理或质量经理负责。输出包括：质量管理计划、质量改进计划、质量测量指标、质量核对单、项目文件更新。
- 实施质量保证：审计质量要求和质量控制测量结果，目的是促进质量过程改进。由质量保证人员（QA）负责。输出包括：变更请求、质量审计报告、项目计划或文件更新。
- 控制质量：监督记录质量活动执行结果，评估绩效，目的是识别不合格并采取措施，确认可交付成果满足要求。由质量控制人员（QC）负责。输出包括：确认的变更、核实的可交付成果、工作绩效信息、质量控制测量结果、变更请求、项目计划或文件更新。

（2）质量保证过程需关注：

- 质量保证工作符合质量管理要求；
- 质量保证职责明确；
- 活动符合项目实际。

（3）质量核对单需关注：

- 是否包含要检查的项目各项工作；

- 是否包含预期结果、实际结果栏；
- 是否涵盖范围基准中定义的验收标准。

第二部分评分要点：

根据考生的论述，确定其叙述的内容是否切合题意，所承担的工作是否符合项目经理定位，是否具有一定的理论水平和实践能力，确定其叙述的项目质量管理过程是否合适，具体质量保证过程和质量核对单是否结合项目实际，是否客观、量化、可操作，是否具有解决质量管理过程实际问题的方法与能力，是否具有信息系统项目质量管理的实际经验。要求项目真实、结构合理、逻辑清晰、卷面整洁、字迹工整、文字通顺、论述得当。